Thomas Schubhard

Leben und Arbeiten in Chile

GD

INHALT

VORWORT

Nach der schweren Rezession mit riesigen Schuldenbergen, hohen Inflationsraten und negativem Wachstum Anfang der 80er Jahre befand sich fast ganz Südamerika im wirtschaftlichen Chaos. Der heute als „Pazifischer Tiger" oder „Schwellenland" bezeichnete Andenstaat Chile ist ein positives Beispiel für die Bewältigung dieser Probleme. Seit 1983 gab es dort über viele Jahre Wachstumsraten auf hohem Niveau und eine gemäßigte Inflation. Im politischen Bereich wurden nach extremen Links- (1970-73) und Rechtsregierungen (1973-1990) mit der Wiedereinführung der Demokratie seit 1990 durch ein Mitte-Links-Bündnis bedeutende Fortschritte in der Außenpolitik und der Außenwirtschaft erzielt.

Seine Ziele hat Chile erreicht: Schon im Jahr 2000 waren die Armutszahlen auf die Hälfte des Standes von 1990 gefallen; soziale Indikatoren wie Alphabetisierungsrate, Kindersterblichkeit oder Lebenserwartung sind ähnlich wie die der Industriestaaten. Zu diesem Kreis gehört Chile praktisch schon, was die Aufnahme in die Organisation für wirtschaftliche Zusammenarbeit und Entwicklung (OECD) Anfang 2010 beweist. Wegen des Erdbebens vom 27. Februar 2010 wird viel in den Wiederaufbau investiert, dies wird nach einem kurzen Tief einen zusätzlichen Impuls geben. Alles in allem also ein dynamisches und fortschrittliches Land.

Es bleibt die ungleiche Einkommensverteilung, die mit dem dynamischen Wirtschaftswachstum einhergehende zunehmende Umweltbelastung und die Unsicherheit in der Energieversorgung als Herausforderungen für die chilenische Regierungspolitik.

Das Buch soll dabei helfen, deutschsprachigen Auswanderern oder Personen, die sich für eine befristete Zeit in Chile befinden, Informationen über das Land sowie Hilfestellungen und Tipps zu geben. Die Lage in Chile soll relativ objektiv, kritisch und unabhängig dargestellt werden, ohne das Land aus Eigeninteresse über den grünen Klee zu loben.

Thomas Schubhard

ECKDATEN UND SONSTIGES

Staatsform:	Präsidiale Republik
Präsident	Sebastián Piñera
Staatsgebiet:	756.950 m^2
Hauptstadt:	Santiago de Chile
Einwohnerzahl:	16,8 Mio.
Bruttoinlandsprodukt (BIP):	USD 181,46 Mrd. (2008)
BIP pro Kopf:	ca. USD 10.000 (2009)
Demographie:	0-14 J.: 24%; 15-64: 67%; 65+: 9%
Bevölkerungswachstum:	0,92%
Kinder je Frau:	1,97
Geburtenrate:	15,03 / 1000 Einwohner
Sterberate:	5,87 / 1000 Einwohner
Kindersterblichkeit:	8,36 Totgeburten / 1000
Lebenserwartung:	Männer: 73,7 J.; Frauen: 80,4 J.
Landessprache:	Spanisch
Währung:	Chilenischer Peso $ (CLP)

Die Uhren werden am zweiten Oktobersonntag eine Stunde vorgestellt (Sommerzeit) und am zweiten Märzsonntag wieder zurückgedreht. Im chilenischen Sommer beträgt die Zeitdifferenz zu Mitteleuropa vier Stunden und im chilenischen Winter sechs Stunden.

Notfallnummern:
131: Krankenwagen (Ambulancia)
132: Feuerwehr (Bomberos)
133: Polizei (Carabineros)

Auskunft: 103

Kapitel 1

LANDESGEBIET

1.1 Einleitung

Chile ist ein Land für Naturliebhaber und „Outdoor-Freaks". Der Name Chile stammt wahrscheinlich aus der Aymara-Sprache (im Norden) und heißt dort „chilli", „Land, wo die Welt zu Ende ist".

Die durch die Anden abgeschirmte demokratische Republik erstreckt sich an der Pazifikküste Südamerikas mit der extremen Länge von ca. 4300 km zwischen den südlichen Breitengraden 17 (peruanische Grenze) und 56 (Kap Hoorn), die Landesbreite beträgt nur 90-435 km (im Durchschnitt ca. 200 km). Man kann es in etwa vergleichen mit einer Reise von Marokko nach Norwegen.

Chile ist mehr als zweimal so groß wie die BRD. Zum Staatsgebiet gehören auch die im Pazifischen Ozean gelegene Osterinsel, die Juan Fernandez Inseln (u. a. Robinson-Insel), die Desventurados Inseln und Sala y Gomez. Seit 1940 beansprucht Chile auch einen Sektor zwischen 53° und 90° westlicher Länge in der Antarktis. Das Land grenzt im Norden an Peru, im Nordosten an Bolivien und im Osten bis Feuerland an Argentinien.

Der Staat ist administrativ in 15 Regionen (plus chilenische Antarktis) eingeteilt, welche Intendanten unterstehen. Diese werden genauso wie die Gouverneure der 53 Provinzen vom Staatspräsidenten ernannt. Desweiteren gibt es 346 Kommunen mit Bürgermeistern und Stadt- oder Gemeinderäten, welche alle vier Jahre direkt vom Volk gewählt werden.

Die Region der Hauptstadt Santiago (Región Metropolitana) nimmt innerhalb des Landes trotz aller Dezentralisierungsbemühungen eine zentralistische Sonderstellung ein. Die Städte und Ortschaften sind meist schachbrettartig angelegt, die Entfernung von einer Straße zur anderen ist ein Block (una cuadra).

1.2 Geoökonomische Einteilung

Es gibt in Chile drei Großräume:

NORDCHILE ist dünn besiedelt und durch unfruchtbare Wüsten und karge Hochlandsteppen gekennzeichnet, die von kultivierten Tälern und Oasen unterbrochen sind. Nach dem Salpeterboom im letzten Jahrhundert stellen heute Kupfer und sonstige Erze die wichtigsten Wirtschaftsfaktoren dar.

MITTELCHILE ist das Hauptwirtschaftsgebiet, in dem über 80 % der Gesamtbevölkerung leben und zu dem die Hauptstadt Santiago (Wirtschafts- und Finanzzentrum), die Industriestadt Concepción und die Hafenstadt Valparaíso gehören. Der Nordteil besteht aus Halbwüste, im südlichen Teil gibt es aufgrund von regenreichen Wintern, milden Sommern und fruchtbaren Böden hervorragende Bedingungen für den Anbau von Obst, Wein und Gemüse sowie für die Viehzucht.

SÜDCHILE ist nur gering bevölkert und beginnt ab der Insel Chiloé. Es ist geprägt von Gletschern, Wäldern, Mooren, Seen, Fjorden und beeindruckenden Vulkanen. Es wird vor allem Viehzucht und Ackerbau betrieben, aber auch bedeutende Erdöl-, Erdgas- und Kohlelagerstätten sind dort anzutreffen.

1.3 Geomorphologische Einteilung

Auch geomorphologisch ist von der Grenze zu Peru bis zum 41. Breitengrad größtenteils eine Dreiteilung zu erkennen.

Das KÜSTENGEBIRGE zwischen Arica und Chiloé ist vom Eindringen eines magmatischen Tiefengesteinskörpers in der Kreidezeit geprägt und wird nur vereinzelt von Flusstälern (Ost-West-Richtung) unterbrochen. Es erreicht im Norden Höhen bis zu 3000 m, südlich von Santiago bis zu 2000 m und bei Puerto Montt teilweise noch 900-1000 m.

Der Küstencharakter ändert sich erst im skandinavisch wirkenden Süden, wo sich die Küsten- und die Andenkordillere vereinen. Es gibt dort viele kleine, vorgelagerte Inseln, die durch tiefe, fjordartige Meeresarme voneinander getrennt sind.

Zwischen der Kordillere am Pazifikrand und den Anden schiebt sich ein im Durchschnitt 30-40 km breites LÄNGSTAL, das von glazialen und fluvioglazialen Gletscher-Sedimenten erfüllt ist. Es ist im Norden durch das Trockengebiet „Pampa del Tamarugal" in der Atacamawüste und im Süden mit den Beckenlandschaften nördlich von Santiago bis zur südchilenischen Seenkette sehr ausgeprägt.

Im Osten schließt sich der mächtige GEBIRGSZUG DER ANDEN an, mit Höhen bis zu 6960 m (Aconcagua, einige Kilometer östlich der Grenze in Argentinien gelegen) bei Santiago. Ganze Gebirgsteile sind dort entlang von Verwerfungen gegeneinander versetzt.

Die nordchilenischen Anden (höchster Berg: Ojos del Salado, 6885 m) werden von den Deckenergüssen eines jungen Vulkanismus geprägt, der sich jedoch in der Gegenwart nur auf Geysire, Solfatoren und Fumarolen beschränkt. Südlich 38° nehmen die Gipfelhöhen ab, so dass nur noch junge Basalt- und Andesitvulkane bis 3000 m herausragen.

Die Anden entstanden durch Verlagerungen in der Gesteinskruste der Erde. Die westliche südamerikanische Kontinentalplatte schiebt sich auf die pazifische Nazcaplatte, die nach unten gedrückt wird. Die Interaktion dieser 2 Platten ist Ursache für die Erd- und Meeresbeben. Es besteht auch ein großer Einfluss auf den aktiven Vulkanismus, der dadurch entsteht, dass aufgeschmolzenes Gestein zur Erdoberfläche drängt.

Das stärkste je registrierte Beben war im Mai 1960, hatte eine Intensität von 9,5 auf der Richter-Skala und erschütterte vor allem das Gebiet von Valdivia und Osorno. Dieses Beben verursachte einen Tsunami, der sich über den pazifischen Ozean ausbreitete. Es gab mehrere tausend Todesopfer.

Chile ist nun auf Erdbeben besser vorbereitet, Neubauten unterliegen seit vielen Jahren strengen Auflagen zur „Erdbebensicherheit". Erdbeben der Stärke 5-6 auf der Richter-Skala führen deshalb in der Regel weder zu Personenschäden noch zu großen materiellen Schäden.

Die Hauptstadtregion wurde in ihrer Geschichte von zahlreichen starken Erdbeben getroffen, das erste war 1575. Die stärksten Beben seit 1900 in der Region nördlich von Valparaíso bis Puerto Montt waren 1906, 1939, 1960, 1985 und im Februar 2010. Der Autor erlebte das letzte Beben, es dauerte 2-3 Minuten und war im Gebäude wie in einem Schiff bei Sturm. Die Schäden in der einige hundert Kilometer vom Epizentrum entfernten Hauptstadt hielten sich in Grenzen. Vor allem bauliche Mängel wurden offenbar.

Empfehlenswert ist es, im Erdbebenfall unter Türrahmen oder unter robusten Möbeln (z. B. Schreibtisch) Schutz zu suchen. Auf die Straße rennen wird nicht empfohlen wegen umstürzender Gebäudeteile, Stromleitungen, Dachziegeln, Fensterglas etc., Bilder mit Glas sollten nicht über dem Bett hängen und das Bett weg vom Fenster stehen.

Infos zum Verhalten im Erdbebenfall
www.onemi.cl
www.gfz-potsdam.de

1.3 Klima und Vegetation

Die Jahreszeiten in Chile sind den europäischen wegen der Lage auf der südlichen Erdhalbkugel entgegengesetzt. Aufgrund der enormen Längsausdehnung gibt es unterschiedliche Klima- und Vegetationszonen, von der Wüste im Norden zur kalten Zone im Süden sinken die Temperaturen bei zunehmenden Niederschlägen.

Das Klima wird von den hohen Ostkordilleren und vor allem vom kalten Humboldtstrom im Pazifik beeinflusst. Dieser fließt parallel zur Küste Chiles nach Norden und verhindert hohe Temperaturen im Norden sowie niedrige Temperaturen im Süden.

Ein Drittel des Landes ist ohne Vegetation. Pampa und Buschland haben einen Anteil von 27 % der Landesfläche, Wälder 22 %, Feuchtgebiete 6 %, Schnee- und Gletscherflächen 6 %, die landwirtschaftliche Nutzfläche nur 5 % und die urbanen/industriellen Gebiete beanspruchen nur 0,3 %.

ZONE 1: Im „Norte Grande" von der peruanischen Grenze bis zur Wasserscheide zwischen dem Copiapotal und dem Huascotal (18° bis 28° südlicher Breite) trägt nur das Küstengebirge eine schüttere Nebelvegetation. Tag und Nacht, im Sommer (Höchsttemperaturen 25-30°C) und im Winter herrschen angenehm milde Temperaturen. Die mittlere Jahrestemperatur liegt bei ca. 18°C. Die relative Luftfeuchtigkeit beträgt fast 75 %.

Weiter im Osten befindet sich die extrem trockene Atacamawüste auf etwa 1000-2500 m Höhe, der Einfluss der Meeresluft schwindet, Regenfälle sind sehr rar. Aufgrund der Höhenlage beträgt die Jahresdurchschnittstemperatur unter 20°C, trotz der südlichen Breite zwischen Tropen und Subtropen. Bei meist wolkenlosem Himmel steigen die Temperaturen am Tage bis auf etwa 25°C, in der Nacht können sie im Winter bis in die Gefrierpunktnähe fallen. Die niedrigen Nachttemperaturen entstehen wegen einer von der Andenkordillere in die Längssenke abfließenden Strahlungskaltluft. Am Morgen und am Abend hat die Luft eine relative Feuchte von 35-50 %, zur Mittagszeit aber nur 18-34 %. Die Gegend ist fast völlig vegetationslos, nur vereinzelt wachsen aufgrund wasserführender Talböden Dorngehölze und Salzsträucher.

Die Wüstenregionen in Nordchile verdanken ihre Existenz vor allem einem sich kaum verlagernden Hochdruckzentrum (Antizyklon) über dem Pazifik. Es befindet sich etwa zwischen 20° und 40° Süd bzw. 80° und 100° West.

Vom östlichen Rand des Zyklons werden Luftmassen durch die Südostpassatwinde zum Äquator transportiert, wo sich die auf dem Weg über das Meer aufgenommene Feuchtigkeit durch heftige Niederschläge ablädt. Dort erwärmte aufsteigende Luftmassen fließen dann im Uhrzeigersinn um das Hochdruckgebiet nach Süden (und Westen) und steigen schließlich in der windstillen Antizyklonzone ab. Die nun trockenen, warmen und transparenten Luftmassen verursachen so am Rande des Antizyklons in Nordchile die extreme Trockenheit. Die Permanenz dieses Hochdruckgebiets hat ihren Grund im Einfluss des Humboldtstroms. Dieser kommt aus der subpolaren Kälte und übt eine kühlende und stabilisierende Wirkung auf die Luft aus.

Das Gegenstück zum Humboldtstrom bildet der warme El-Niño-Strom. Er fließt an der peruanischen Küste von Nord nach Süd entlang und beeinflusst das Klima bis in den Zentralsüden Chiles. Das erwärmte Meer erlaubt dann eine größere Verdampfung, die sich im Norden in einer vermehrten Nebelbildung ausdrückt und weiter südlich durch viel Regen.

Der Küstennebel (Comanchaca) kann der Wüste im Landesinneren des Nordens keine Feuchtigkeit geben. Die starke Verdampfung vom Meer wird durch den Hochdruck zurückgehalten, der Nebel kann nicht aufsteigen und das Küstengebirge überwinden.

Bei der Atacamawüste kommt außerdem hinzu, dass fast alle in den Hochanden entspringenden Flüsse nach Bolivien oder Argentinien abfließen. Ein weiterer Grund für die Trockenheit ist das Zurückhalten der Regenwolken vom Amazonasbecken durch die Barriere der Anden. Nur im Nordosten Chiles, an der Grenze zu Bolivien, treten fast alle Jahre tropische Sommerregen auf (Jahresniederschlag ca. 250-350 mm), bei einer mittleren Jahrestemperatur zwischen 15°C und -5°C (je nach Höhenlage). Von 2000 m bis 3000 m erscheinen Kandelaber- und Säulenkakteen, ab 4000 m andine Büschelgräser.

ZONE 2: Südlich von Copiapó zwischen 28° und 32° Süd – „Kleiner Norden" genannt – gibt es Halbwüstengewächse wie Zwerg- und Dornsträucher, Säulenkakteen und Büschelgräser. Es kommt dort in Wintern mit etwas

Regen zum Phänomen der blühenden Wüste, wenn Kräuterfluren das sonst öde Land bedecken.

Die Niederschlagsmenge pro Jahr nimmt bis zum südlichen Teil dieser Zone auf bis zu 500 m zu. Die mittlere Jahrestemperatur liegt an der Küste bei ca. 14°C, im Landesinneren etwas darüber.

ZONE 3: Vom Norden Santiagos bis Concepción erstreckt sich die subtropische Zentralzone (32° bis 37° Süd). Das Klima ist mediterran mit langen, trockenen Sommern von Dezember bis März und milden Wintern als Hauptniederschlagszeit.

Auch hier steigen die Regenfälle von Nord nach Süd an. Sie fallen jedoch aufgrund der zyklonalen Entstehung von Jahr zu Jahr sehr unterschiedlich aus, was Überschwemmungen oder Dürren zur Folge haben kann.

Das Klima von Santiago weist mediterrane Züge auf. Der Winter – Juni bis September – ist die feuchtere Jahreszeit mit Regenfällen und nachts kühlt es ab bis zum Gefrierpunkt, tagsüber hat es meist zwischen 8 und 18 °C. Die meisten Unterkünfte und Büros sind nicht zentral beheizt, die Chilenen harren die wenigen kalten Wochen aus. Im Sommer – November bis März – ist es trocken und warm bis heiß (um 30°C), es gibt nur wenige Niederschläge. Nachts kühlt es meist ab bis auf unter 15°C.

An der Küste bei Valparaíso bewirken kalte Meeresströmungen und Pazifikwinde, dass die Temperaturen das ganze Jahr über ähnlich sind. Die Tageshöchsttemperatur beträgt im Sommer etwa 18-28°C, im Winter um 15°C. Die Luftfeuchtigkeit liegt bei ca. 65 %, die Jahresniederschlagsmenge bei maximal 500 mm.

In der dichtbesiedelten, kultivierten Zentralregion wurden vom Menschen einschneidende Eingriffe in die Vegetation vollzogen, die ehemaligen Hartlaubgewächse verschwanden fast vollständig. Häufig wurden am Rande der Anbaufelder Eukalypten, Pappeln oder Zypressen angepflanzt und viele nichtanbaufähige Böden in ein Land von Gebüschen, Sträuchern und Akaziengewächsen verwandelt. Die Negativfolgen der intensiven

Bodenbewirtschaftung waren Erosion, vermehrte Einstrahlung auf den Bodenuntergrund und Erhöhung der Verdunstung.

ZONE 4: Südlich von Concepción beginnt der „Kleine Süden“ (37° bis 42° Süd), das ganze Jahr über gibt es dort Niederschläge. Ursache dafür sind pazifische Antizyklone und eine Westwinddrift. Die Niederschlagsmenge ist pro Jahr meist höher als 2000 mm, in bestimmten Gegenden der Küstenkordillere und den Anden werden sogar 4000-5000 mm errreicht. Die Tageshöchsttemperaturen liegen im Sommer bei durchschnittlich 15-25°C, in der Nacht um 10-15°C. Im Winter kann es bis in die Ebenen schneien.

Die Vegetation besteht aus Sommer-Lorbeerwäldern und weiter südlich aus dem immergrünen Valdivianischen Regenwald (benannt nach der Stadt Valdivia) mit Lärchen, Buchen, Zypressen, Araukarien und Kiefern. Es gibt im sehr fruchtbaren Längstal Südchiles keine großen zusammenhängenden Waldgebiete mehr, da sie für Getreideanbau und Weideflächen geopfert wurden.

ZONE 5: Der „Große Süden“ (Chile Austral), zwischen 42° und 56° südlicher Breite, von der Insel Chiloé bis Feuerland, wird ständig durch den Pazifischen Ozean und die südhemisphärische Westwinddrift beeinflusst, welche Kaltluft antarktischen Ursprungs mit sich führt. Das Klima ist hochozeanisch und subantarktisch. So kommt es, dass schon am 46. Breitengrad (Nordteil der Erde: Südtirol) das patagonische Inlandeis anfängt und manche Gletscher sogar bis zum Meeresspiegel reichen.

Die Temperaturen nehmen hier nach Süden hin ab und sind im Sommer frisch. Es wehen fast ständig starke Pazifikwinde, die ihre Feuchtigkeit an den Gebirgen abladen. Die Tageshöchsttemperatur beträgt im Sommer 12-18°C (Chiloé: um 20°C). Die Winter sind kalt mit Durchschnittsgraden nur knapp über Null. An der Küste fallen ganzjährig je nach Region etwa 2000-3000 mm Niederschlag, im Landesinneren aber nur noch wenige Hundert Millimeter.

Von der Küste in Richtung Osten geht der immergrüne Regenwald mit hohem Anteil an Farnen, Flechten, Lianen und Moosen in sommergrüne Südbuchenwälder und an der argentinischen Grenze in die patagonische Steppe über.

Kapitel 2

GESCHICHTE UND POLITIK

2.1 Indios

Bereits vor 10.000 Jahren durchstreiften Jäger den Süden des amerikanischen Kontinents und an der Küste im Norden des heutigen Chile lebten schon im 4. Jahrhundert vor Christus Menschen vom Fischfang. Es konnte sich aber nirgendwo eine Kultur sesshafter Ackerbauern entwickeln, bis auf eine Ausnahme: die Hochebene von Atacama. Dort spielte die Tihuanacu-Kultur aus Bolivien und Südperu eine große Rolle. Es wurden dort Tongefäße und Webwaren hergestellt, Bewässerungssysteme angelegt sowie Kupfer, Silber und Gold verwendet.

Im neunten Jahrhundert siedelten sich im Gebiet von La Serena die ersten Ackerbauern an. Die Diaguita-Kultur aus dem heutigen Nordargentinien übte dort ihren Einfluss aus. Am Ende des 15. Jahrhunderts gehörte der Norden Chiles zum von Cusco aus regierten Inkareich. Dessen Macht dehnte sich bis ins Gebiet von Concepción aus, wo das kriegerische Nomadenvolk der Mapuches den Inkas erfolgreich Widerstand entgegensetzte.

2.2 Spanier

Das heutige Chile wurde 1520 vom Portugiesen Fernão de Magalhaes entdeckt, einem in spanischen Diensten stehenden Seefahrer, der den Engpass zwischen dem Festland und Feuerland (Magellanstraße) als Seeweg zwischen Europa und Asien ausfindig machte.

Nach der Eroberung der Inkahauptstadt Cusco 1533 durch die Spanier, begann Diego de Almagro 1536 mit der Eroberung Chiles von Peru aus. Er fand aber keine Goldschätze, hatte bei der Wüstendurchquerung Probleme und stieß im kleinen Süden auf die Übermacht der wehrhaften

Mapuches mit deren dezentralen Organisationsstrukturen. Enttäuscht kehrte er nach Peru zurück.

1541 wurde das Land bis Concepción für das Spanische Vizekönigreich Peru durch Pedro de Valdivia erobert, der in jenem Jahr auch die heutige Hauptstadt Santiago gründete. Eine eigene Gerichtsbarkeit erhielt Chile am Anfang des 17. Jahrhunderts und im 18. Jahrhundert wurde es ein eigenes Generalkapitanat.

2.3 Unabhängigkeit

Da die in Amerika geborenen Weißen europäischer Abstammung die Regierungsgeschäfte nicht mehr den von Spanien geschickten Beamten überlassen wollten und die spanische Krone durch die Besatzung Napoleons geschwächt war, wuchs der Wunsch nach Unabhängigkeit. Ab 1808 regierte ein Bruder Napoleons in Spanien. So kam es, dass eine königstreue Junta am 18. September 1810 (heutiger Nationalfeiertag) den spanischen Gouverneur in Santiago zur Abdankung zwang. Die Junta-Soldaten unterlagen jedoch 1814 bei Rancagua gegen spanische Militärs aus Lima.

Dem nach Argentinien vertriebenen General O'Higgins gelang es mit argentinischen Truppen von General San Martín, die Spanier 1817 und 1818 in den Schlachten von Chacabuco und Maipu endgültig zu schlagen und die Macht zu übernehmen.

2.4 Pazifikkrieg

Aufgrund von Interessenskonflikten wegen des bedeutenden Abbaus von Salpeter, Silber und Guano-Dünger im heutigen Nordchile entzündete sich der Pazifische Krieg (Salpeterkrieg) von 1879-1883. Die Chilenen gewannen gegen die alliierten Peruaner und Bolivianer und zwangen sie, die Regionen Tarapacá und Atacama abzutreten. Dies führt noch heute zu politischen Spannungen. Durch die Einverleibungen kam Chile in Besitz eines weltweiten Monopols für Salpeter (Natriumnitrat), welches als Düngemittel und als Bestandteil für die Herstellung von Schießpulver eine große wirtschaftliche Bedeutung hatte.

2.5 Krisenzeiten und Wohlstand

Der liberale Präsident Balmaceda führte ab 1886 Reformen durch, die unter anderem die Trennung von Kirche und Staat sowie eine Bodenreform vorsahen. Wegen seiner Politik feindete er sich mit dem Parlament an, woraus 1890 ein Bürgerkrieg entstand.

Das im ersten Weltkrieg entwickelte Robert-Bosch-Verfahren ermöglichte es, den Salpeter-Stickstoff aus der Luft zu gewinnen – dies brachte Chile in große wirtschaftliche und soziale Not. Die Spezialisierung auf Salpeter war zu extrem und andere Wirtschaftszweige konnten sich kaum entwickeln.

Die 20er Jahre waren durch ständig wechselnde politische Verhältnisse geprägt, welche eine Stabilisierung kaum zuließen.

Wirtschaftlich brachte der Zweite Weltkrieg wegen steigender Kupfer- und Salpeterpreise dem Land Vorteile. Zusätzlich wurden damals auch die Kohle- und Eisenerzminen verstärkt ausgebeutet. Es gab relativen Wohlstand, der Anteil der Mittelschicht stieg.

In der Folgezeit gab es wirtschaftliche und politische Krisen, hinzu kamen noch Naturkatastrophen, wie das Erdbeben von 1960.

Während der Präsidentschaft des Christdemokraten Eduardo Frei (1964-1970), der das Zentrum vertrat, wurden Reformprogramme vorgenommen, die unter anderem vorsahen:

- Verbesserung des Erziehungs-, Gesundheits- und Sozialsystems.
- Eine Bodenreform, die eine Grundenteignung gegen Entschädigung bei Besitz von über 80 Hektar vorsah. Neubauern sollten so Besitzer ihrer

bewirtschafteten Felder werden und in Genossenschaften eintreten. Ziel war eine gemeinsame Maschinennutzung und der gemeinsame Verkauf ihrer Produkte.
- Nationalisierung von Kupferminen – die meisten waren in US-Besitz – durch Mehrheitsbeteiligung (51 %) des Staates.

Der christdemokratische „Dritte Weg" von sozialrevolutionären Maßnahmen zwischen Kommunismus und Kapitalismus verstand sich als Konkurrenzmodell zur kubanischen Revolution. Die katholische Kirche unterstützte teilweise diese Bewegung

2.6 Allende und der Sozialismus

Bei den Präsidentschaftswahlen von 1970 errang der Arzt Salvador Allende eine knappe Mehrheit der Stimmen mit Hilfe der Christdemokraten, unter deren Bedingung eines Verfassungsstatuts zur Erhaltung der bürgerlich-demokratischen Prinzipien. Allende versuchte dann aber radikale sozialistische Grundsätze und Maßnahmen durchzusetzen. Er begann damit, Grund und Boden sowie Schlüsselbetriebe zu verstaatlichen, was sowohl zu wirtschaftlichen Problemen als auch zu einer Versorgungskrise führte und den Verfall der Währung mitverursachte. Auch US-Unternehmen mit erheblichen Investitionen im Bergbau in Chile waren von der Verstaatlichung (ohne Entschädigung) betroffen. Die US-Regierung war nicht gerade erfreut über diese Entwicklung.

Im Rahmen der Schulpolitik sollte durch eine Erziehungsreform eine Einheits-Volksschule nach sozialistischem Muster entstehen, was unter anderem heftige Proteste auslöste. Außerdem bekam Allende Probleme mit dem Parlament, weil er Gesetzeslücken ausnutzte und sich am Rande der Illegalität bewegte. Zusätzlich sollte eine Einkommensumverteilung stattfinden.

1973 befand sich das Land im wirtschaftlichen und politischen Chaos, es gab Kampfstreiks, Massendemonstrationen in beiden Lagern und

Anschläge. Die Abgeordnetenkammer unter dem Vorsitz von Patricio Aylwin (späterer Präsident) und der oberste Gerichtshof verlangten schließlich den Rücktritt von Präsident Allende.

2.7 Pinochet und das Militärregime

Am 11. September 1973 übernahm dann eine Militärjunta unter Führung von General Augusto Pinochet durch einen Putsch die Macht, wobei Allende ums Leben kam. Es herrschten in jenen Tagen bürgerkriegsähnliche Zustände. Die USA wirkten wohl im Hintergrund mit. Es bestand die Furcht, dass sich Chile stark an die kommunistische Staatengemeinschaft annähert und nach Kuba und Chile auch andere wichtige Staaten auf dem amerikanischen Kontinent den sozialistischen Weg einschlagen. Nach dem Putsch war Pinochet neuer Präsident, das Parlament wurde aufgelöst und der Ausnahmezustand verhängt. Die oppositionelle Presse wurde verboten und die Universitäten wurden von der Armee kontrolliert. Die Anhänger Allendes mussten ins Exil oder sie wurden unter Missachtung der Menschenrechte verfolgt und gefoltert. Einige Tausend von ihnen mussten dabei ihr Leben lassen, verschwanden oder landeten als politische Häftlinge im Gefängnis. So erging es auch Leuten von anderen Parteien, welche den Verfolgten halfen.

Die Christdemokraten erwarteten, dass das Militär die Macht nach einer Beruhigung der Lage zurückgibt, was aber nicht geschah. Trotz der Diktatur bildete sich eine Opposition, die auch Kundgebungen abhielt. Es kam häufig zu Zusammenstößen von Demonstranten mit den Militärs und der Polizei, mehrere Todesopfer waren dabei zu beklagen. 1978 kam es fast zum Krieg gegen Argentinien wegen drei kleiner Inseln im äußersten Süden des Landes. Der Vatikan vermittelte und so endete der Streit der beiden mehrheitlich katholischen Länder 1984 in einem Friedensvertrag, der in Rom unterzeichnet wurde.

Außenpolitisch war Chile fast isoliert, vor allem die Europäische Gemeinschaft und die USA (u. a. Präsident Carter) kritisierten Chile wegen seiner Diktatur.

1987 besuchte Papst Johannes Paul II. das Land und rief zur nationalen Versöhnung auf. Danach bildete sich ein Komitee für freie Wahlen. Pinochet beharrte auf einer Volksabstimmung im Oktober 1988, in der er bis 1997 in seiner Position bestätigt werden sollte. Die Chilenen lehnten ihn mit 54,7 % der Stimmen ab.

Trotz aller Vorwürfe gegen die Militärregierung (Menschenrechte) sorgte diese für relative Ordnung im Land. Die Kriminalität in Chile war relativ gering, im Gegensatz zu anderen Ländern Südamerikas.

2.8 Demokratie und die Concertación

Die Präsidentschaftswahl Ende 1989 gewann der Christdemokrat Patricio Aylwin. Pinochet blieb vorerst noch Oberbefehlshaber der Armee und Mitglied des Nationalen Sicherheitsrats.

Chile öffnete sich zu Beginn der 90er Jahre und erreichte die Wiedereinführung in die internationale Staatengemeinschaft.

Die neue demokratisch gewählte Regierung musste beweisen, dass es möglich ist, gleichzeitig politische und wirtschaftliche Stabilität zu erreichen. Auch auf die sozialen Bedürfnisse der Mittelschicht und der armen Bevölkerung musste reagiert werden. Nach einem Gesellschaftssystem, das während der Militärdiktatur auf Polarisation und Konfrontation ausgerichtet war, bestand nun die Notwendigkeit, bei den Gesellschaftszielen den Konsens und die Stabilität zu betonen. Die Menschen sollten gemeinsame Ziele für die Zukunft haben, sich zusammenfinden und einen nationalen Wohlstand für alle aufbauen.

Die Regierung verzichtete auf Populismus mit vielen Versprechungen und der Folge von hohen Fiskaldefiziten, einer Verschlechterung der

Zahlungsbilanz sowie einer Hyperinflation. Es sollten soziale Aspekte in die marktorientierte Wirtschaftspolitik einfließen und ferner eine stabile Demokratie mit Wachstum und sozialer Gerechtigkeit aufgebaut werden.

Im Wirtschafts- und Sozialbereich und bei der Festlegung der jungen Demokratie wurden Fortschritte erzielt. Die Sperrminorität der Ultra-Rechten im Parlament bestand aber aufgrund der 1980 ausgearbeiteten Verfassung noch immer. Unbefriedigend war auch die Vergangenheitsbewältigung der Diktatur.

Bei den Präsidentschaftswahlen von Dezember 1993 konnte Patricio Aylwin laut Verfassung nicht mehr kandidieren. Es gewann Eduardo Frei, Kandidat der Regierungskoalition „Concertación" aus Christdemokraten (DC), Sozialisten (PS), linksliberalen Sozial-Demokraten (PPD) und Radikalen. Der Sohn des Ex-Präsidenten – Christdemokrat, Technokrat und Bürgerlicher – setzte die Politik des Ausgleichs und der Kontinuität fort. Ziele waren u.a. die Armutsbekämpfung und die Ablösung des Heereschefs Pinochet.

Bei den gleichzeitigen Senats-Wahlen erlangte die Concertación zwar die absolute Mehrheit, aber nicht die erforderliche Zwei-Drittel-Mehrheit zur Änderung der Verfassung. Pinochet bestellte neun von ihm erwählte Senatoren auf Lebenszeit, wodurch die Regierung weiterhin nicht die höchsten Offiziere ernennen konnte.

Die beiden Präsidenten Frei (1994-2000) und Ricardo Lagos (2000-2006, Partido Socialista) modernisierten Staat, Verwaltung, Gesundheitswesen, Rentenversorgungssystem, Erziehungswesen und investierten in Infrastrukturprojekte. Das Wirtschaftswachstum betrug pro Jahr bis 1997 im Schnitt 7%, danach immerhin (außer Negativwert 1999) zwischen 2% und 6%.

Der frühere Präsident Pinochet starb nach mehrjährigem Hausarrest und Gerichtsprozessen im Dezember 2006.

Von März 2006 bis März 2010 regierte die sozialistische Concertación-Präsidentin Michelle Bachelet das Land. Sie führte die liberale Wirtschaftspolitik fort und förderte verstärkt soziale Projekte. Ihre Hauptziele waren die Verbesserung des Gesundheits- und Bildungssystems, eine gerechtere Einkommensverteilung sowie umweltpolitische Themen zur nachhaltigen Wirtschaftsentwicklung.

Gleichzeitig sah das Regierungsprogramm die Stärkung der kleinen und mittleren Unternehmen, die Anregung von Investitionen, technologischem Fortschritt und Innovation, die Modernisierung des Kapitalmarkts sowie den weiteren Ausbau und die Modernisierung der Infrastruktur vor.

2.9 Demokratie und die Rechtskonservativen

Die Präsidentschaftswahl vom 17.01.2010 gewann mit 51,6 % der Milliardär und Unternehmer Sebastián Piñera Echenique (RN), Kandidat der „Alianza por Chile" (rechtskonservatives Bündnis aus Renovación Nacional (RN) und Unión Demócrata Independiente (UDI)). Eduardo Frei von der Concertación unterlag nur knapp. Bei dieser Wahl herrschte noch Wahlpflicht – wer sich einmal als Wähler eingeschrieben hat, muss immer wählen, wenn er sich nicht weiter als 200 km vom Einschreibeort befindet, sonst drohen Geldstrafen. Dieses umstrittene Gesetz wird aber heftig diskutiert.

Die Vorfahren des neuen Präsidenten stammen aus Spanien (Asturien und Navarra/Baskenland). Er wurde 1949 in Santiago geboren und verbrachte seine ersten Lebensjahre in Belgien und in den USA, wo sein Vater als Botschafter von Chile in Brüssel und bei der UN in New York tätig war. 1955 kehrte er nach Santiago zurück und wurde in das renommierte katholische „Colegio del Verbo Divino" eingeschult. Nach dem Studium an der Universidad Católica von Santiago und in Harvard lehrte er an chilenischen Universitäten als Professor für Wirtschaft. Er war Anfang der 80er Jahre involviert in die Kreditkarteneinführung in Chile und hielt bis Anfang 2010 unter anderem Aktienanteile beim Fernsehkanal Chilevisión, bei der Fluggesellschaft LAN und beim Fußballclub Colo Colo.

Während seines Wahlkampfes distanzierte er sich von Menschenrechtsverletzungen der Diktaturzeit. Piñeras Philosophie ist ein christlicher Humanismus. Der frühere unter mysteriösen Umständen verstorbene Ex-Präsident Frei war sein Vorbild aus den 60er Jahren. Beim Referendum von 1988 stimmte er mit NEIN und distanzierte sich somit schon damals von der Militärregierung. Er betonte die Pflichten und Rechte der Staatsbürger. Einschneidende Politik-Änderungen wurden nicht erwartet. Die Außenpolitik orientiert sich bei ihm eher an den USA als an linksgerichteten Regierungen Lateinamerikas. Die Regierungsparteien RN und UDI unterhalten enge Beziehungen zur bayerischen CSU.

Der dynamische Piñera versprach eine Million neuer Arbeitsplätze in fünf Jahren, eine Förderung der Mittelschicht und einen Rückgang der Kriminalität. Da sich aber kurz vor seinem Amtsantritt im März 2010 das Erdbeben ereignete, sind er und seine Regierung vor allem mit dem Wiederaufbau beschäftigt. Er betont den Zusammmenhalt und die Solidarität des chilenischen Volks und legt dabei Wert auf die Kooperation mit der Opposition zum Wohle der Menschen.

2.10 Legislative, Judikative und Rechnungshof

Die Legislative tagt im Kongressgebäude von Valparaíso und verabschiedet die Gesetze. Der Kongress besteht aus dem Senat (38 Mitglieder, erst seit 2006 alle direkt gewählt) und dem Abgeordnetenhaus (Cámara de Diputados, 120 direkt gewählte Mitglieder). In der Regel wird jeweils ein Abgeordneter von der Regierungspartei und ein Abgeordneter von der Opposition gewählt. Das erstplatzierte Parteibündnis stellt jedoch beide Abgeordnete, wenn es doppelt so viele Stimmen wie das oppositionelle Wahlbündnis erreicht. Dieses binominale Wahlsystem verhindert, dass kleinere Parteien ins Parlament gewählt werden.

Die unabhängige Judikative hat als leitende Gremien den Obersten Gerichtshof (Corte Suprema de Justicia, 21 Richter) und das Verfassungsgericht (Tribunal Constitucional).

Der autonome Rechnungshof (Contraloría General de la República, www.contraloria.cl) überprüft die staatlichen Verwaltungsorgane.

Kapitel 3

VERSCHIEDENE ANSÄTZE DER WIRTSCHAFTSPOLITIK

3.1 Negative Folgen des Interventionismus

Seit dem Ende des zweiten Weltkriegs tendierte die chilenische Wirtschaftspolitik zu Interventionen und Protektionen. Der Interventionismus sollte die Abhängigkeit von Importen vermindern. Ziel war es, viele Importprodukte zu substituieren, sie also selbst im Inland herzustellen. Damit sollte die Gefahr gebannt werden, Importgüter nicht durch ausreichende Exporte bezahlen zu können und folglich ein Handelsbilanzdefizit hinnehmen zu müssen.

Die Politik der Importsubstitutionen wies aber ein negatives Resultat auf: Die geschützte inländische Industrie produzierte mit zu hohen Kosten. Die Produkte waren für den Weltmarkt zu teuer und konnten nur auf dem relativ kleinen und bald gesättigten Inlandsmarkt abgesetzt werden. Bei den Investitionsgütern und Nahrungsmitteln stieg jedoch die Importnachfrage, die aber aufgrund der geringeren Devisenzuflüsse (weniger Exporte) nicht gedeckt werden konnte.

Das Festlegen von Mindestlöhnen, hohe Sozialabgaben sowie die künstliche Verbilligung der Investitionsgüterimporte durch eine überbewertete chilenische Währung förderte die kapitalintensiven Branchen und Produktionsverfahren. Die Beschäftigungswirkung von Investitionen war somit relativ unbedeutend.

3.2 Sozialistische Wirtschaftspolitik (1970-1973)

Der 1970 demokratisch gewählte Präsident Allende förderte noch intensiver den Interventionismus und führte einen „relativ groben Keynesianismus von populistischem Zuschnitt" ein.

Die Wirtschaftspolitik war nun beeinflusst durch linke politische Argumente aus marxistischen, gesellschaftspolitischen Motiven. Das Regierungsprogramm sah unter anderem vor, die Banken, Kupfergesellschaften und Kohlegruben zu verstaatlichen, an denen vor allem ausländische Unternehmen beteiligt waren. Im Agrarbereich wurden Reformen mit dem Ziel einer Eigentumsumschichtung beschleunigt.

Ab Ende 1970 wurden Fabrikenteignungen auf der Grundlage von Basisnormen – Regeln für die Sozialisierung von Betrieben – durchgeführt, wobei auch radikale Gruppen beteiligt waren. Als Betriebsleiter agierten staatliche Zwangsverwalter, meistens Belegschaftsvertreter, welche die Firmen oft schlecht führten.

Der Staatshaushalt wurde durch hohe öffentliche Ausgaben stark belastet. Für die Fabrikenteignungen mussten Entschädigungen gezahlt werden und viele dieser Firmen fuhren nun Verluste ein und brauchten Staatskredite. Die öffentlichen Verwaltungen hatten zu viel Personal und Mehrkosten wurden auch verursacht durch starke Lohnerhöhungen sowie Arbeitsbeschaffungsprogramme.

Trotz anfänglicher Erfolge 1970/71 in der Wirtschaftspolitik – das Bruttoinlandsprodukt (BIP) und die Industrieproduktion stiegen um 8,5 % bzw. 13 %; die Arbeitslosenrate sank von 8,3 % auf 3,8 % – und der Sozialpolitik – Verbesserung des Lebensstandards für die Unterschicht – zeichnete sich schon zu diesem Zeitpunkt die kommende Krise ab. Der Weltmarktpreis und die Inlandsproduktion des bedeutenden Exportprodukts Kupfer sanken, die Mindererlöse konnten nicht durch weniger Importe kompensiert werden.

Die Opposition kritisierte die zunehmende Politisierung, Bürokratismus und schlechtes Management bei den Minenfirmen. Die Regierung bemängelte technische Schwierigkeiten (u. a. Wasserversorgung) und den schlechten Zustand der 1970 an sie übergebenen Minen. Andere Gründe für die Probleme in diesem Sektor waren die Massenabwanderung von Minen-Technikern ins Ausland und das Fehlen von Ersatzteilen wegen Devisenmangels.

Allende legte sich außerdem mit zwei multinationalen US-Firmen an, denen er vorhielt, dass sie 52,8 % bzw. 21,5 % der Gewinne aus den chilenischen Kupferminen abschöpften, im Gegensatz zu ihrem durchschnittlichen Profit von weltweit 10 % bzw. 3,5 %.

Im Nahrungsmittelbereich ging die Inlandsproduktion zurück, da auf den enteigneten Ländereien die Fachkenntnis und die Organisation mangelhaft war. Für die verbliebenen privaten Agrarbetriebe war es wegen Lebensmittel-Preiskontrollen unrentabel, ihre Produkte zu verkaufen. Die Folge waren vermehrte Nahrungsmittelimporte bei gleichzeitiger Zunahme der Einfuhrpreise.

Es kam zu einer drastischen Verschlechterung der Handelsbilanz. Das Mittel einer Währungsabwertung wollte die Regierung nicht anwenden, da sie wegen der dadurch erhöhten Importpreise für Grundnahrungsmittel die Armen nicht belasten wollte. Außerdem sollten die Industrie- und Minenfirmen vor erhöhten Kosten für importierte Ersatzteile und Rohmaterialien geschützt werden.

Beim Netto-Kapitalzufluss gab es auch eine negative Tendenz – mehr Geld verließ das Land, als hineinfloss. Chile kam in erste Schwierigkeiten, Zinsen und Amortisationen der Schulden- und Finanzdefizite verschiedener Zahlungsbilanzposten zu bezahlen. Normalerweise konnten diese durch den positiven Kapitalzufluss gedeckt werden. Hinzu kam, dass US-Handelsbanken, Weltbank, Inter American Development Bank und die ausländischen Firmen wegen der instabilen Lage dem Land kaum neue Investitionen und Kredite mehr zukommen ließen. Demgegenüber konnten und wollten auch die sozialistischen Staaten keinen finanziellen Ausgleich mit günstigen Krediten leisten.

Die außenwirtschaftlichen Probleme erreichten einen Höhepunkt, als die Allende-Regierung Schulden in Höhe von 80 Mio. US-Dollar nicht beglich. Eine Verschlechterung gab es auch bei den Devisenreserven, die von 342 Mio. US-Dollar (Dezember 1970) auf 30 Mio. (Dezember 1971) sanken.

In den Jahren 1972 und 1973 überwog dann das wirtschaftliche Chaos. Die Real-Produktion sank, das Handelsbilanzdefizit und das Haushaltsdefizit (1973: 24,7 % des BIP's) wurden immer größer, die Geldmenge wurde ständig erhöht, die offene Inflationsrate betrug etwa 200 % (trotz Preiskontrollen in einigen Bereichen), die Reallöhne sanken, der Schwarzmarkt blühte und die Investitionen sowie die Produktivität waren extrem niedrig.

Die Versorgungslage wurde kritisch, Streiks und Unruhen häuften sich bis zum Militärputsch am 11. September 1973, in dessen Folge ein total entgegengesetzter wirtschaftlicher Kurs eingeschlagen wurde.

3.3 Neoliberales Wirtschaftsmodell (ab 1973)

Nach dem Militärputsch begann eine Periode von dramatischen ökonomischen Veränderungen. Chile verwandelte sich von einem international eher isolierten Land mit starker Interventionspolitik in ein Land mit liberaler und weltmarktorientierter Wirtschaftsordnung, wo allein der Markt die ökonomischen Entscheidungen bestimmt. Die extrem liberalen Grundsätze der orthodoxen, monetäristischen Wirtschaftspolitik orientierten sich an der Idee der freien Marktwirtschaft und wurden von Milton Friedman (Chicago) entwickelt. Dessen chilenische Schüler („Chicago-Boys") übten nun großen Einfluss auf die Regierungspolitik aus.

Die erste wichtige ordnungspolitische Maßnahme war die Auflösung des Preiskontrollsystems. Der Wettbewerb zwischen den chilenischen Firmen untereinander und mit den ausländischen Unternehmen sollte dadurch angeregt werden. Gleichzeitig verzichtete die Regierung den Geldüberhang abzuschöpfen, was einen starken Anstieg des Verbraucherpreisindex zur Folge hatte. Auch danach war das Geldmengenwachstum stets höher als das Wachstum des realen Sozialprodukts, woraufhin ein regelmäßiger Preisanstieg entstand.

Enteignete Banken, landwirtschaftliche Produktionsstätten und Betriebe wurden den vorherigen Besitzern zurückgegeben und viele Industrien (außer die großen Kupferminen) wurden privatisiert. In dieser Zeit befand sich der Markt in einer starken Rezession und die Zinssätze waren hoch. Nur wenige Interessenten konnten die Staatsbetriebe erwerben, wodurch eine große Besitzkonzentration entstand. Der Verkauf der Staatsbetriebe erfolgte meist zu Billigpreisen, so dass die dadurch erzielten Einnahmen weit unter dem Gesamt-Buchwert lagen.

Die Sanierung der Staatsfinanzen (Minderung des Haushaltsdefizits von 30,5 % des BIP's (1974) auf 2,6 % des BIP's (1975)) wurde u.a. durch Verminderung des aufgebauschten Personalbestands, Kürzung von Subventionen und weniger öffentliche Bauvorhaben erreicht. Für weniger wichtig wurde dabei die Budgetkürzung der privaten Haushalte und der Anstieg der Arbeitslosigkeit betrachtet.

Auch die Privatwirtschaft entließ zunehmend Arbeitskräfte, da die Industrieproduktion zurückging. Der Grund hierfür lag in den Problemen vieler chilenischer Firmen, die der Konkurrenz aus dem In- und Ausland nicht gewachsen waren.

Im Rahmen einer Steuerreform wurde die Besitz- und Kapitalsteuer abgeschafft, die Körperschaftssteuer gesenkt und eine Mehrwertsteuer eingeführt. Steuerflucht sollte verhindert werden. Die Sozialausgaben stiegen anteilig an den öffentlichen Ausgaben. Im Bezug auf die realen Pro-Kopf-Ausgaben und auf das Bruttoinlandsprodukt gingen sie jedoch zurück.

In den gesellschaftlichen Organisationen wurden strukturelle Veränderungen unter anderem bei den Universitäten, den Primärschulen, im Gesundheitswesen und bei den Gewerkschaften durchgeführt. Ziel war eine Entwicklung der Gesellschaft von „freien Menschen" in Konkurrenz zueinander. Eine Reduzierung der Reallöhne konnte vor allem durch die Schwächung der Gewerkschaften leichter durchgesetzt werden. Dabei erhöhte sich die Produktivität der Arbeitskräfte, weil viele Arbeitnehmer Angst hatten, ihre Arbeitsplätze zu verlieren.

Die kurzfristigen Ergebnisse der neuen Wirtschaftspolitik waren eine wachsende Arbeitslosigkeit bis auf 20 % (1975), die Inflationsrate betrug noch 340 %, das reale BIP sank um 18,9 %, die Reallöhne sanken und die Investitionsrate fiel auf 12,7 % des BIP's (normal 20 %). Die Weltwirtschafts-Rezession hatte in Chile dreimal so große Auswirkungen wie durchschnittlich in anderen Ländern.

In der Folgezeit wurden im Rahmen der Schockbehandlung die öffentlichen Investitionen halbiert und die Staatsausgaben um 27 % gekürzt und ab 1976 erholte sich dann die chilenische Wirtschaft aus ihrem Tief.

Die Zunahme des realen BIP's pro Jahr von 1976 bis 1981 betrug im Durchschnitt 7,1 %, außerdem sank die Inflationsrate bis 1981 auf unter 10 %. Diese beiden sich positiv entwickelnden Indikatoren brachten dem chilenischen Modell weltweit Beachtung und es wurde auch als der Weg aus einer Inflations- und Stagnationskrise gepriesen.

Bei einer kritischen Betrachtung ist jedoch festzustellen, dass das Wachstum der produktiven Sektoren weniger stark ausfiel als das der Gesamtwirtschaft. Das reale BIP, die Wertschöpfung der Industrie und die Industrieproduktion erreichten erst in den Jahren 1978-1980 das Niveau von 1974. Die meisten privatisierten Banken wurden von Finanzspekulanten erworben, welche sie für die Bildung von großen Konglomeraten benutzten.

3.4 Wirtschaftspolitik, Wirtschaftsdaten und wirtschaftliche Lage

Chile versuchte seine Abhängigkeit von den Rohstoffpreisen durch eine gezielte Diversifizierung der Exportprodukte zu verringern. Die von der Regierung Bachelet angestoßenen Projekte betrafen insbesondere die Tourismusbranche, IT und Bergbauzulieferer, den agrarindustriellen Sektor sowie regenerative Energien.

Berichte internationaler Banken und Finanzinstitute betonten, dass Chile das Wirtschaftswachstum Lateinamerikas auch in den kommenden Jahren mit anführen wird. Im internationalen Vergleich bezüglich der wirtschaftlichen Freiheit lag Chile 2008 mit einem 11. Platz noch vor Deutschland und den USA. Die erfolgreichen Leistungen, die internationale Anerkennung sowie das erfolgreiche Zusammenwirken von Staat und Wirtschaft für eine konsequente Diversifizierung der Zielmärkte für chilenische Produkte fanden in vielen Freihandelsabkommen ihren Niederschlag.

In den Jahren vor 2009 waren beträchtliche Überschüsse erzielt worden. Die Haushaltspolitik war dann aber 2009 wegen der Weltwirtschaftskrise stark antizyklisch ausgerichtet. Sie beinhaltete unter anderem ein Anfang 2009 beschlossenes Ausgabenpaket von rund 4 Mrd. US$ oder 2,8 % des BIP. Dem Konjunkturabschwung begegnete das Finanzministerium mit einer diversifizierten Strategie, die sich aus öffentlichen Investitionen, Transferzahlungen, Subventionen, Steuersenkungen, Kapitalerhöhungen bei staatlichen Unternehmen sowie Anreizen zur Kreditaufnahme zusammensetzte.

Dem Etat 2010 mit einer Ausgabensteigerung von 4,3 % lag eine langfristig ausgeglichene Haushaltsplanung (strukturelles Budget) zugrunde, die unter anderem mittelfristig mit einem BIP-Anstieg von 4,2 % sowie einem Kupferpreis von 2,13 US$/lb kalkulierte. Zentrale Schwachstellen waren die unbefriedigende Entwicklung der Produktivität und die zu geringe Wachstumsdynamik. Darüber hinaus warf das Erdbeben von 2010 viele Planungen über den Haufen.

Einige Wirtschaftsdaten in Zahlen

Haushaltssaldo (in Prozent des BIP):
2006: 7,7; 2007: 8,8; 2008: 4,9; Prognosen: 2009: -5,5, 2010: -2,5.
Staatsverschuldung (in Prozent des BIP):
2006: 15,7; 2007: 13,4; 2008: 13,7; Progn.: 2009: 16,1; 2010: 15,7.
Schuldendienst (in Prozent der Exporte):
2006: 20,1; 2007: 13,3; 2008: 15,5; Progn.: 2009: 24,9, 2010: 10,4.

Die im März 2010 angetretene neue Regierung dürfte vor allem daran gemessen werden, ob es gelingt, den Wiederaufbau nach dem Erdbeben zu bewältigen und ähnlich hohe Wachstumsraten zu erreichen wie in der Phase von 1987 bis 1996, als das BIP um durchschnittlich 7,9 % stieg.

Kapitel 4

DIE CHILENISCHEN WIRTSCHAFTSZWEIGE

Die wichtigste Branche in Chile ist mit Abstand der Bergbau, dann folgen die Energiewirtschaft, die Land- und Forstwirtschaft, die Fischerei und der Tourismus.

4.1 Besitzverhältnisse und Agrarprobleme

Den wenigen gut verdienenden Großunternehmen steht eine Vielzahl von Klein- und Kleinstbetrieben gegenüber, die sich vorwiegend auf den Inlandsmarkt konzentrieren. 2005 gab es rund 720.000 Unternehmen, davon galten 1,2 % als Großkonzerne, 2,4 % als mittelgroße Unternehmen, 16,1 % als kleine Betriebe sowie 80,3 % als Kleinstbetriebe.

Die Großkonzerne machten rund 80 % der Gesamtumsätze von umgerechnet etwa 330 Mrd. US$. Sie verdienen ihr Geld schwerpunktmäßig mit Kupfer, Zellulose und anderen Rohstoffen im Ausland oder als Versorger auf anderen oligopolistisch strukturierten Inlandsmärkten. Familienkonzerne wie Luksic (Bergbau, Banken, Nahrungsmittel, Telekommunikation), Matte und Angelini (je Forst- und Energiewirtschaft) bestimmen den Inlandsmarkt sowie den Export.

Weitere Oligopole gibt es bei Kaufhäusern (Paris, Falabella, Ripley), Supermärkten (Cencosud: Jumbo und Santa Isabel; Walmart/D&S: Lider und Ekono; Unimarc), beim Kabelfernsehen, beim Mobilfunk (Entel, Claro, Movistar) und beim Internet (VTR und Telefónica).

Bei öffentlichen Infrastrukturprojekten sind meist der Staat und die Privatwirtschaft beteiligt, wobei der Staat die Aufsicht behält.

Ebenso wie die anderen lateinamerikanischen Staaten mit spanischer Kolonialgeschichte erbte auch Chile die Agrarstruktur des Latifundium/Minifundium-Komplexes. Dabei stand der Masse von oft kaum überlebensfähigen Klein- und Zweigbetrieben eine geringe Zahl von Großgrundbesitzern gegenüber. Nur im u. a. von Deutschstämmigen besiedelten Gebiet zwischen Valdivia und Puerto Montt gab es auch eine gesunde mittelbäuerliche Schicht.

Bis zu den Agrarreformen der 60er Jahre stellte Bodenbesitz nicht nur ein Produktionsmittel dar, sondern bedeutete Macht, Ansehen und soziale Herrschaft. Folgen waren eine hohe Konzentration beim Bodenbesitz, ein niedriges Produktions- und Produktivitätsniveau und eine Marginalisierung der Landbevölkerung.

Die ersten Ansätze einer Agrarreform gab es dann unter der Alessandri-Regierung im Jahr 1962. Auch die katholische Kirche drängte nun zunehmend auf durchgreifende Maßnahmen, welche schließlich in Folge eines Wahlversprechens 1964 durch die christlich-demokratische Regierung unter Präsident Frei beschlossen wurden.

Eine Agrarreform bedeutete für die Christdemokraten:

- Erhöhung der landwirtschaftlichen Produktion
- Umwandlung von 100.000 Landarbeiterfamilien in Landeigentümer
- Förderung eines ruralen Entwicklungsprogramms

Die Konsequenzen und Ziele daraus waren unter anderem:

- Enteignung unproduktiver Latifundien
- Vergabe von Land an Landarbeiter (Campesinos)
- Förderung der Landarbeiter-Organisierung und deren staatlicher Unterstützung
- Intensivierung der Landnutzung
- Steigerung von Produktion und Produktivität
- Verbesserung der Lebensbedingungen auf dem Land

Auf der Grundlage eines Landreformgesetzes von 1967 wurden dann Enteignungen gegen Entschädigungen durchgeführt, wobei der Grundeigentümer jedoch im Besitz der Wohngebäude und der landwirtschaftlichen Einrichtungen blieb.

Die Höchstgrenze von landwirtschaftlichem Privateigentum betrug 80 ha (Orientierung an der Provinz Santiago). Diese Norm konnte jedoch entsprechend den ökologischen Bedingungen variieren, so dass sie im südchilenischen Seengebiet etwa 500 ha betrug, währenddessen sie bei Provinzen mit Bewässerungslandschaft auch unter 80 ha liegen konnte. Wenn das Land schlecht bewirtschaftet wurde, vollzog die Reformbehörde CORA eine Vollenteignung.

Eine Übergangsphase von drei bis fünf Jahren sollte dazu dienen, die ehemaligen Landarbeiter auf ihre späteren Aufgabengebiete vorzubereiten und die kollektive Landbewirtschaftung zu erproben.

Die zwischen 1970 und 1973 herrschende Volksfrontregierung Allendes forcierte dann die Enteignungskampagne, wobei teilweise auch illegale „tomas“ (Beschlagnahmungen) unter Führung von radikalen Sozialisten angewandt wurden. In diesen drei Jahren änderte sich die alte Agrarstruktur gravierend. Der Druck der Landarbeiter wurde größer, neue Übergangs- und endgültige Eigentumsformen hin zu kollektiver, staatlicher Verwaltung wurden geschaffen und die Syndikatsbewegung nahm zu. Die Folge war, dass die Agrarproduktion um mehr als 25 % sank, so dass das Land die Lebensmittelimporte von 200 auf 800 Mio. US$ steigern musste. Fleisch, Fisch, Geflügel, Gemüse und Obst, wovon Chile vorher im Überfluss produzierte, war kaum mehr auf dem Markt vorhanden und wurde schon 1972 zu hohen Schwarzmarktpreisen gehandelt.

Mit der neuen ab 1973 regierenden Militärregierung gab es dann tiefgreifende Strukturveränderungen. Die vorher enteigneten Ländereien wurden wieder an die vorhergehenden Besitzer rückerstattet oder in Privateigentum überführt und staatliche Agrarbetriebe wurden veräußert. Gleichzeitig wurde die Gewerkschaftsbewegung der Campesinos unterdrückt.

Ziel der neoliberalen Agrarpolitik war das Wachstum und die Modernisierung einer exportorientierten, kapitalisierten Landwirtschaftsindustrie. Dabei wurde eine Zunahme der Landarbeiter-Proletarisierung, der Landarbeitslosigkeit und der saisonalen Beschäftigungsverhältnisse in Kauf genommen.

Ende der 70er Jahre setzte ein starker Konzentrationsprozess in der chilenischen Wirtschaft ein, wodurch bestimmte wirtschaftliche und finanzielle Gruppen zunehmend Einfluss und Kontrolle auf Unternehmen ausübten, die mit dem Agrargeschäft verbunden waren. Durch das Wachstum der Agrarexporte ab den 80er Jahren wurde dann die Konzentration, Ausweitung und Modernisierung der landwirtschaftlichen Aktivitäten gefördert.

Die Agrarproblematik Chiles von heute stellt sich in einer anderen Form dar. In der neuen Ordnung ist nun das Landeigentum nicht mehr die einzige Machtbasis auf dem Land. Die Macht haben nun diejenigen, welche die Vermarktung, Finanzierungsquellen und technische Beratung kontrollieren.

Es gibt eine neue Klasse von Agrarunternehmen, welche 20-80 ha Land und mehr bewirtschaften und sich auf die Produktion mit komparativen Kostenvorteilen spezialisieren. Landbesitz ist nicht mehr Statussymbol, sondern ein effizient zu nutzender Produktionsfaktor. Der Einsatz neuer Technologien rationalisierte den Arbeitseinsatz und führte zu einem Anstieg an billigen Saisonarbeitskräften und einer Abnahme von Dauerarbeitskräften.

Wegen der klimatischen und topographischen Bedingungen des Landes sind nur ca. 23 % der Gesamtfläche Chiles landwirtschaftlich nutzbar, knapp 7 % als Ackerland und für Dauerkulturen sowie etwa 16 % als extensiv genutzte Wiesen- und Weideflächen.

Vor allem im Norden Chiles mit seinen Wüstenregionen ist eine Kultivierung des Landes abseits der Flussoasen nicht möglich. Der Ackerbau, die Gartenkulturen (Obst, Gemüse, Wein) und die Viehzucht konzentrieren sich auf das durch Klima- und Wasserreichtum begünstigte Mittelchile sowie den Kleinen Süden. Es müssen nur wenige Agrochemikalien eingesetzt werden wegen des geringen Einflusses von Krankheiten und Insekten.

Die hohen Temperaturdifferenzen zwischen Tag und Nacht in Mittelchile bewirken einen hohen natürlichen Zuckeranteil in Obst und Gemüse. Dadurch sind Geschmack, Aroma und Farben sehr gut ausgeprägt.

4.2 Ackerbau

An Ackerland stehen etwa 5,3 Mio. ha zur Verfügung, wovon 1,1 Mio. ha künstlich bewässert werden können.

In Chile gibt es noch eine Vielzahl von Kleinst- und Kleinbetrieben, die Agrarpolitik bevorzugt aber eine Erweiterung der Anbauflächen, vor allem für die Exportprodukte Obst, Gemüse, Wein etc.

Die wichtigsten Anbaukulturen sind Getreide (vor allem Weizen, Mais), Hackfrüchte, Öl- und Hülsenfrüchte, Gemüse, Wein und Obst. Der Großteil des Obstes wird während des Winters auf der nördlichen Erdhalbkugel exportiert, wobei Chile in Konkurrenz zu Ländern wie Argentinien, Südafrika, Neuseeland und Australien steht. Ein Wettbewerbsvorteil für Chile ist, dass die Produktions- und Marketingkosten niedrig sind.

4.3 Wein

Die spanischen Eroberer und Mönche pflanzten bereits 1551 die ersten Weinreben in Chile, weil man Messwein für die Eucharistie benötigte. Vor allem die robuste Rebsorte País war und ist die Tafelwein-Hauptsorte. Erste Exportbemühungen gab es bereits Ende des 16. und Anfang des 17. Jahrhunderts, jedoch wurden in Europa Schutzmaßnahmen ergriffen, um die eigenen Weine keiner ungebetenen Konkurrenz auszusetzen.

Der kommerzielle Weinanbau wurde erst ab der zweiten Hälfte des 19. Jahrhunderts u.a. von reichen Kupfer- und Salpeterbaronen in die mediterrane Zone Chiles eingeführt. Vor allem Reben und Experten aus Frankreich waren für erste Erfolge chilenischen Weins auf internationalen Märkten verantwortlich. Der größte Erfolg kam bei der Weltausstellung in Paris 1889, wo die chilenischen Weine als Gruppe einen Grand Prix erhielten, neben zahlreichen Goldmedaillen für individuelle Weine.

Zunehmenden Erfolg hatten die Weinexporteure Chiles in den vergangenen 20 Jahren auf dem internationalen Markt. Grundlage des Erfolgs waren vor allem hohe Investitionen in eine moderne technische Ausrüstung und das Marketing im Ausland.

Heute findet sich überall in den Kellern Chiles neueste Technik: Schonendste Einmaisch-Apparate, pneumatische Pressen, computergesteuerte Gärbehälter, moderne Filteranlagen, optimal temperierte Keller oder sterile automatische Abfüllanlagen. Neben der Individualität chilenischer Weine ist auch die gleichbleibende Qualität ein großes Plus. Jahrgangsschwankungen existieren zwar auch in Chile, fallen aber bei weitem nicht so drastisch aus wie in Europa. Schlechte Jahrgänge gibt es praktisch nicht.

Ein großer Vorteil der Weine aus Chile besteht auch in dem guten Verhältnis von Qualität und Preis. Bereits für 1500 Pesos (ca. 2 EUR) gibt es trinkbare, gute Weine und ab 3000 Pesos gibt es Reserva-Wein (mehrere Monate in Eichenholzfässern gelagert).

Bei den Rotweinen ist die Hauptrebsorte Cabernet Sauvignon, gefolgt von Merlot, Carmenère, Syrah, Pinot Noir, Cabernet Franc und Malbec.

Bei den Weißweinen sind Sauvignon Blanc und Chardonnay führend, danach folgen der Moscatel (de Alexandria) und in kleinen Mengen Riesling sowie Gewürztraminer.

Der Carmenère ist eine einstmalige Bordeauxsorte, die in Chile erst Angang der 90er Jahre in bestehenden Anlagen wiederentdeckt worden ist. Obwohl spät reifend, hatte man die Sorte mit Merlot verwechselt, zu früh gelesen und verkannt. Heute gilt Carmenère als einzige autochthone Rebsorte Chiles. Sie hat eine intensive Frucht von roten und schwarzen Früchte und Beeren, dunkle Farbe, ein würziges Bouquet, teils delikate vegetale und mineralische Noten, niedrige Gesamtsäure und weiche, geschmackvolle Tannine mit guter Persistenz, in jungen Jahren oft streng.

Die Weinbauregionen sind östlich von den Anden und westlich von einem weiteren Gebirgsstreifen, der Küstenkordillere, abgegrenzt. Diese Tallandschaft ist vor zu starken Meereseinflüssen geschützt. Dafür, dass das heiße Klima dennoch von moderaten Meeresbrisen etwas abgekühlt wird, sorgen die zahlreichen Flüsse, die von den Anden zum Pazifik Schneisen gegraben haben, die der Meeresluft Türen zur genannten Tallandschaft öffnen. Die meisten Reben, die Qualitätsweine ergeben, findet man in den Quertälern.

Nördlich von Santiago liegt das Aconcaguatal. Es ist das nördlichste Anbaugebiet für Qualitätsweine. Im Aconcaguatal ist es sehr heiß, es wird aber von relativ starken Winden durchzogen. Weiter im Norden (Elqui-Tal) werden überwiegend Trauben (Muskateller) für den chilenischen Weinbrand Pisco angebaut.

Zum heißen Klima bildet das Casablancatal eine Ausnahme. In diesem relativ kühlen Tal östlich von Valparaíso werden seit kurzem hervorragende Weißweine angebaut.

Südlich von Santiago liegt das Zentraltal, das als wichtigstes Anbaugebiet bezeichnet werden kann. Die bekanntesten Regionen sind das Maipotal und Colchagua.

Eine Weinlesekontrolle gibt es in Chile nicht; Ende Herbst werden die Quantitäten erfasst und den zuständigen Behörden (SAG: Servicio Agrícola y Ganadero) mitgeteilt. Überhaupt werden die Gesetze in Chile im Vergleich zu anderen Weinbauländern sehr locker gehandhabt.

1995 trat ein neues Weinrecht in Kraft, das die Anbaugebiete für Trauben genau definiert. Kommt ein Wein aus einem dieser Gebiete, so kann er auf dem Flaschen-Etikett eine „Denominación de Orígen“ erhalten, was aber eher eine Ursprungs-Bezeichnung als ein Qualitäts-Nachweis ist. Qualitäts-Weine müssen mindestens 11,5 % Alkohol aufweisen. Ein Anreichern des Mostes mit Zucker ist verboten, ein Säurezusatz (Azidifikation) aber ist erlaubt. Auf dem Etikett darf die Rebsorte angeführt werden, wenn der Wein aus mind. 75 % dieser Sorte gekeltert wird - muss aber nicht. Diese 75 % gelten auch für die Angabe eines Jahrganges. Die auf den Etiketten enthaltenen Bezeichnungen Reserva, Gran Reserva, Reserva Especial, Reserva Privada, Gran Vino, Selección und Superior unterliegen keiner Vorschrift.

Lag der Pro-Kopf-Konsum der Chilenen Anfang der 70er Jahre noch bei über 40 Litern Wein im Jahr, sind es heute nur noch etwa rund 15 Liter. Dagegen stieg der Konsum von Lager-Bier. Diese Änderung im Konsumverhalten ging nicht ohne Strukturwandel bei den Weingütern vor sich. Nach dem Ende der Ära Allende (Verstaatlichungen) und der Militärregierung hatte sich das Land ab 1990 wieder den ausländischen Märkten geöffnet. Zudem zwangen die desolate Weinqualität und sinkender Konsum die Viñas dazu, ihre Situation neu zu überdenken. Dank staatlicher Unterstützung für Forschung und Ausbildung konnten die Weine qualitativ stark verbessert werden. Dies kam den wenigen großen Viñas zugute, welche sich zu Marktführern vor allem im Export entwickelten.

Eine Überbewertung des Exportpotenzials führte in den 15 Jahren zu einem enormen Pflanzboom mit Überproduktion. Waren es 1985 nur 47.300 ha Weinanbaufläche, so beträgt diese heute fast das Zweieinhalbfache, was Wein- wie auch Traubenpreise in den Keller gehen ließ. Und man will noch weiter expandieren.

Kann man in Mitteleuropa einen Winzer mit 20-30 Hektar Weinanbaugebiet bereits als relativ groß bezeichnen, sind die Dimensionen in Chile anders. 50 Hektar sind relativ klein. Meist wird der Wein in der Ebene angebaut, Hanglagen sind selten.

Der chilenische Weinexport betrug 1,376 Mrd. US$ im Jahr 2008.

Der größte Teil des chilenischen Wein-Exports geht in die EU, die höchsten Steigerungsraten haben asiatische Länder (u. a. China).

Hauptexportländer sind Großbritannien, USA, Deutschland und Kanada. Über die Hälfte des chilenischen Exportweinvolumens wird in Plastikbehältern (z. B. 24.000 Liter) verschifft und dann in den Bestimmungsländern abgefüllt. Gerade in Deutschland wird dies in großen Mengen praktiziert.

Dominiert wird der chilenische Weinmarkt von einigen Giganten, die den Kleinen wenig Spielraum lassen. Größte Weinfirma ist Concha y Toro, gefolgt von San Pedro, Santa Rita und Cono Sur.

Chile ist ein sehr attraktives Investitionsland, trotz des global gesättigten Weinmarkts. Die Bodenpreise betragen einen Bruchteil derer in Europa oder Kalifornien, eine vergleichbare Traubenqualität kostet in Chile weniger als ein Zehntel. Oft werden Neuanlagen unveredelt erstellt, da die Reblaus bisher in Chile nicht vorkam. Gründe dürften die Barriere der Anden und das Meer gewesen sein, aber auch durch Flutungen konnte die Reblaus vermieden werden. Ein weiterer Pluspunkt ist, dass durch das Fehlen des Insekts weniger Pflanzenschutzmittel benötigt werden. Die Reben konnten also in Chile auf ihren eigenen Wurzeln wachsen und nicht auf aufgepfropften amerikanischen Wurzeln, denen das Insekt nicht schaden kann. Fachleute bewerten dies hoch, da sie davon ausgehen, dass die edlen Rebsorten ihren Charakter verändern, wenn sie sich über „fremde" Wurzeln ernähren müssen.

Seit über 30 Jahren bauen auch bekannte Weinproduzenten aus Kalifornien, Frankreich und Spanien edle Weine in Chile an, da sie dort ein ideales Klima und gute Bodenverhältnisse vorfinden.

Das Klima ist im Winter sehr feucht und kühl, im Sommer mehrheitlich trocken und heiß. Durch das Schmelzwasser aus den Anden ist immer für eine ausreichende (teilweise qualitätsfördernde Tropfen-)Bewässerung gesorgt. Die Temperaturschwankungen betragen im Sommer 15-20°C. Die Reife, der Zuckergehalt und die Fruchtigkeit in den Trauben sind dadurch bestens, also geradezu ideale Verhältnisse für einen erfolgreichen Rebbau.

Einer der ersten war 1979 der aus Spanien stammende Miguel Torres. Später gesellten sich Unternehmen wie Marnier, Casa Lapostolle und die Domaines Barons de Rothschild (Los Vascos) dazu. In deren Sog zog es unzählige weitere Investoren nach Chile, welche die Qualität der Kellereieinrichtungen auf ein besseres Niveau hoben. Man investierte auch in moderne Edelstahltanks, welche hygienischer und günstiger sind als Holz- oder Betonbehälter. Auch von Deutschen und Schweizern wurden je zwei Betriebe in Chile gegründet: Es waren Boutique-Winzer wie Heinrich Männle (www.vinamaennle.cl, bei Chillán) und Klaus Schröder (www.altacima.cl, bei Curicó), aber auch Schweizer wie der Rechtsanwalt Marco von Siebenthal (www.vinavonsiebenthal.com, bei Los Andes) sowie Roland Lenz, Ruedi Rüesch und Michele Rüfenacht (www.vinachillan.cl), die die günstigen Landpreise und Anbaubedingungen nach Chile führten. Einige der Weingüter bieten Verköstigung, Restaurant und Gästehaus zum Übernachten an.

Weintouren mit Verköstigung in oder bei Santiago

www.conchaytoro.com, www.aquitania.cl, www.cousinomacul.cl, www.santacarolina.com, www.undurraga.cl, www.santarita.cl, www.cavasdelmaipo.cl

www.rutadelvino.cl: Valle Colchagua

Es gibt einen Weinzug (Tren del Vino), in Santa Cruz ein Wein- und Geschichtsmuseum und einige Kilometer weiter westlich eine Seilbahn.
www.bisquertt.cl, www.casasilva.cl, www.casalapostolle.com, www.conosur.cl, www.lfewines.com, www.vinalosvascos.com, www.estampa.com, www.emiliana.cl, www.viumanent.cl, www.monteswines.com, www.montgras.cl, www.laurahartwig.cl, www.vinasantacruz.cl

Rund um Curicó

www.sanpedro.cl, www.migueltorres.cl, www.altacima.cl

Valle Casablanca und Valle San Antonio (neue Weißweinregionen)

www.mateticvineyards.com, www.indomita.cl, www.casasdelbosque.cl

Nördlich von Santiago

www.errazuriz.com, www.vinavonsiebenthal.com

Weingeschäfte in Santiago www.wain.cl, www.elmundodelvino.cl, www.cav.cl	
Weinzubehör www.thewinehouse.com	
Weinverband www.vinosdechile.cl	
Weintourenveranstalter www.wineandsavourtour.cl www.chilefuntravel.cl www.cumbreandina.cl www.santiagoadventures.com www.cascadadelasanimas.cl www.rutacruz.cl www.turisvino.cl	

Weitere chilenische, alkoholische Spezialitäten sind Vaina (Mix aus Portwein, Wermut, Kakao, Ei und Zimt) und Cola de Mono (Pisco, Milch, Kaffee, Zucker, Zimt, Nelken, Vanille und Muskat).

4.4 Viehzucht

Die Viehhaltung in größerem Stil auf ganzjährig nutzbarer Fläche ist erst südlich des Flusses Bio Bio (VIII. Region) möglich, vor allem in der südlichsten Region (Magallanes).

4.5 Agrar- und Lebensmittelindustrie

Nach der Zollherabsetzung seit 1974 gab es auch in diesem Bereich einschneidende strukturelle Veränderungen, wobei Speiseöl-, Zucker- und Milchproduktbranchen besonders hart betroffen waren. Heute gibt es in diesen Industrien mehr Stabilität, da u. a. bestimmte Schutzmaßnahmen verstärkt wurden.

Die modernen Bereiche der Agrarbranche gewannen in den letzten Jahren immer weiter an Bedeutung. Die wichtigsten Produkte sind Obst und Gemüse, aber auch sogenannte „industrielle" Arten, die der vertikalen Integration in der Vieh- und Fischzucht dienen. Chile ist heute bereits weltweit einer der bedeutendsten Lieferanten von Äpfeln, Trauben, Pflaumen, Himbeeren und Avocados. Zunehmend wird neben der Diversifizierung mit Blumen und Saaten in die Weiterverarbeitung von Früchten, Obst und Gemüse investiert, um neben dem Export von frischer Ware auch die Wertschöpfung im Land zu erhöhen. Dazu werden komplette Verarbeitungs- und Verpackungslinien eingerichtet und internationale Qualitätskriterien übernommen. Zum Beispiel sah das größte Projekt des Agrarunternehmens Agrosuper Gesamtinvestitionen von etwa 500 Mio. US$ vor, um im Norden des Landes einen völlig neuen Agroindustriekomplex aus dem Boden zu stampfen. Neben Obst- und Gemüseanbau und -verarbeitung gibt es dort auch eine Schweine- und Geflügelzucht sowie entsprechende Schlachthäuser.

Die deutsche Südzucker AG hat mit einer Investition von 220 Mio. US$ in Pemuco eine Inulinfabrik gebaut, die 2006 in Betrieb genommen wurde und von Chile aus die internationalen Märkte bedient. Auch der Schweizer Konzern Nestlé ist in Chile sehr aktiv.

Während vor einigen Jahren das Andenland noch Nettoimporteur von Fleisch und Milch war, baute es inzwischen hochmoderne Kapazitäten auf, die u. a. so anspruchsvolle Märkte wie die EU und Japan beliefern. Auch chilenisches Olivenöl macht inzwischen den traditionellen Produzenten aus Spanien und Italien Konkurrenz.

Zur Stützung der Agrarwirtschaft in der aktuellen Finanzkrise schuf die Regierung Anfang 2009 neue Instrumente wie Kreditgarantiegemeinschaften, Förderung des Zugangs zu Darlehen zu günstigeren Bedingungen oder Refinanzierung von Verbindlichkeiten durch die Staatsbank.

4.6 Fischerei

Vor allem wegen der natürlichen Bedingungen (kalter Humboldt-Strom und 4000 km lange Küste) gehört Chile zu den fünf größten Fischereinationen der Welt.

Die Industriefischerei mit ihren Verarbeitungs- und Gefrieranlagen hat ihren Schwerpunkt in der VIII. Region, von wo aus auch der Großteil der Exporte versandfertig abgewickelt wird. Aber auch der Norden des Landes hat Tradition in der Fischverarbeitung. Hauptabnehmerland ist Japan, dessen Schiffe auch direkt vor den chilenischen Hoheitsgewässern auf Beutefang gehen. Als Folge sind in Küstennähe die Fänge geringer geworden.

Die Fischwirtschaft Chiles gehört zu den größten der Welt und ist in den letzten Jahren erheblich gewachsen. Zudem bringt das Ökosystem der chilenischen Küsten einen außerordentlichen Artenreichtum hervor, so dass jährlich ca. 5 Mio. Tonnen Fisch- und Meeresprodukte gefangen werden. Die wichtigsten Produkte sind Frisch- und Tiefkühlfisch, Meeresfrüchte sowie Fischmehl und Fischöl.

Bei Speisefischen gehört der Lachs zu den Exportschlagern. Die Lachszucht wurde schon Anfang des 20. Jahrhunderts aus Nordamerika eingeführt, sie war jedoch jahrzehntelang eher handwerklich geprägt.

1974 wurden die ersten Lachs-Süßwasserzentren (für die Aufzucht im Anfangsstadium) gegründet, unterstützt mit einem CORFO-Kredit. Ab 1976 war Fundación Chile Eigentümer von mehreren Lachsfirmen und unterstützte gerade die Bereiche Forschung und Entwicklung. Im selben Jahr installierten die nordamerikanische Firma Union Carbide in Chiloé und die Universidad Técnica del Estado in Río Sur je ein Aufzuchtzentrum. 1978 gab es die ersten Exporte, ein Jahr später stiegen die Japaner ein und 1984 die Norweger. 1986 wurde der Lachsverband gegründet (heutiger Name: SalmonChile).

Ab dem Ende der 80er Jahre kam es zu einer industriellen Revolution im Süden Chiles, vor allem in der Gegend von Puerto Montt. Konzentrierte sich früher ein großer Teil der Bevölkerung auf die Landwirtschaft sowie den Fischfang und lebte teilweise autark, so waren viele Einwohner ab dem neuen Jahrtausend größtenteils von der modernen und global orientierten Lachszucht abhängig. Puerto Montt hatte 1985 nur 80.000 Einwohner, 2009 waren es 225.000. Neue Stadtviertel, moderne Malls, Universitäten und auch Hochhäuser entstanden.

Ab 2007 kam es durch den aus Norwegen eingeschleppten ISA-Virus zu Produktionsausfällen in der boomenden chilenischen Lachszucht und dadurch zu kräftig gesunkenen Einnahmen.

Von ehemals knapp 400 Lachszuchtzentren waren in 2009 nur noch etwa 150 operativ tätig. Im Juni 2007 arbeiteten 20.619 Beschäftigte in der Lachsindustrie der X. Region de Los Lagos, im Juni 2009 nur noch 12.154. Viele verloren also ihre Arbeitsplätze mit all den Folgen für die Familien, in Puerto Montt herrschte Krisenstimmung. Der Staat musste durch spezielle Programme eingreifen. Die Problematik auf der traditionell auch agrarischen und fast autarken Insel Chiloé war dabei weniger groß als im urbanen Boom-Zentrum Puerto Montt.

Andere Lachsnationen warfen den Chilenen einen übertriebenen Einsatz von Antibiotika vor. Es dauert wohl mehrere Jahre, bis sich die Lachsbestände wieder erholen. Für die nächsten zehn Jahre wird wieder mit einer jährlichen Wachstumsrate von 10 % und Investitionen von über 2 Mrd. US$ gerechnet.

4.7 Forstwirtschaft

Wegen günstigen klimatischen und geographischen Bedingungen ergeben sich Standortvorteile für die chilenische Forstwirtschaft.

Von der Gesamtfläche des Landes sind 21,5 % bewaldet, über 40 % wären für Wald geeignet. Nur etwa 25 % des Waldes werden forstwirtschaftlich genutzt, ca. 40 % stehen unter staatlichem Schutz und der Rest ist völlig ungenutzt. Der Forstsektor hat einen Anteil von 3 % an der nationalen Wirtschaft und 9 % an den Exporten.

Bei den Neuanpflanzungen werden oft Eukalyptusarten und die Kiefer „Pinus Radiata" verwendet. Diese Aufforstungen konzentrieren sich vor allem auf die Regionen Maule, Bío Bío und Araucania. Dort agieren auch die meisten Holz-Exportfirmen.

Einheimische Baumarten sind Buchen wie Coihue, Lenga, Ñirre, Raulí sowie Eichen/Südbuchen (Roble), Ulmen (Ulmo), Lorbeer (Laurel) und Lärche (Alerce).

Wegen günstiger Bodenverhältnisse und Witterungsbedingungen (Temperatur- und Luftfeuchtigkeit) beträgt der durchschnittliche Holzzuwachs im südlichen Zentral-Chile 22 cbm/ha im Jahr, währenddessen er in den USA und Schweden nur bei 7 bzw. 4 cbm/ha liegt.

Die Kiefernart Pino Radiata bedeckt ca. 1,3 Mio. Hektar Chiles. Sie wird bis zu 50 m hoch mit einer durchschnittlichen Höhenzunahme von 1,5 m im Jahr, ihr Durchmesser wächst 1,5 bis 3 cm pro Jahr.

Im Jahr 2007 betrug der Holzeinschlag 52 Millionen Kubikmeter, 73 % davon wurde industriell verwertet, je ca. 40 % für Sägewerke und die Papier- und Zellstoffindustrie und 27 % für Energiezwecke (Ofenholz etc.). Der Naturholzanteil betrug dabei nur 1,3 %.

Der Naturwald (über 80 % der gesamten Waldfläche) besteht aus ungefähr 60 Baumarten, von welchen rund 20 forstwirtschaftlich genutzt werden (u. a. Lenga, chilenische Eiche, Coigue, Rauli, Ulmo, Olivillo). Unter besonderem Schutz steht der chilenische Nationalbaum, die Araukaria.

Im Jahr 1970 wurde die chilenische Forstwirtschaftsbehörde CONAF gegründet. Deren Aufgabe ist es, die Forstressourcen des Landes zu schützen, zu bewahren und durch Aufforstung zu vergrößern sowie Unterstützung zu leisten bei deren Verwaltung und Nutzung.

Bei der chilenischen Forstwirtschaftsindustrie wird nach den vier Produktgruppen Schnittholz, Zellstoff, Holzspäne (Chips) und Holzplatten unterschieden. In manchen Statistiken werden diese Bereiche (wie auch der Wein und Fischmehl) zum produzierenden Gewerbe dazugezählt.

Die Schnittholzindustrie besteht aus einer Vielzahl von Firmen, von kleinen saisonalen Sägewerkmühlen bis zu großen, computergesteuerten und höchstproduktiven Anlagen, die beide für den heimischen und den internationalen Markt produzieren.

Chiles Forstwirtschaft ist die zweitwichtigste Exportbranche des Landes. Schwerpunktmäßig wird Zellulose produziert. Wichtigste Zelluloseproduzenten sind CMPC und Celulosa Arauco y Constitución. Letztgenannte Firma wurde 2004 beschuldigt, im nahegelegenen Naturpark Carlos Anwandter einen Umweltskandal verursacht zu haben (Wasserverschmutzung und Schwansterben).

Der chilenische Forstsektor hat seit über 30 Jahren ein weltweit gutes und bekanntes Image und verbuchte, dank hoher internationaler Nachfrage und anziehender Weltmarktpreise, steigende Exporte von Holz, Holz- und Faserplatten, Papier, Zellulose und Karton.

Wichtigster Markt für die chilenischen Exporte im Forstwirtschaftssektor ist China (zu 96 % Zellulose). 2008 und 2009 ist aufgrund der amerikanischen Bau- und Immobilienkrise die Nachfrage nach Holz erheblich gesunken und somit auch die Produktion in Chile. Der Chilenische Forst- und Holzverband (CORMA) prognostizierte dennoch eine positive Entwicklung. Neue Investitionen sind geplant, insbesondere für den Bau neuer Zellulosewerke und für Anlagen zur Wellkartonproduktion.

Zunehmende Bedeutung gewinnt auch die Produktion von Holzplatten und die Entwicklung höherwertiger Produkte für die Bau- und Möbelindustrie. RF Lumber ist heute in Chile die modernste und größte Forstwirtschaftsfirma, die Naturhölzer bearbeitet. Der deutsche Geschäftsführer Dr. Thomas Ruf legt viel Wert auf Energie aus Biomasse und auf die Solarenergie.

4.8 Bergbau

Im traditionell für Chile immens wichtigen Bergbausektor mit dem Hauptexportartikel Kupfer gibt es eine Vielzahl von ausländischen Investitionen sowie stets neue Chancen für Zulieferer.

Lediglich 1,5 % der Beschäftigten des Landes sind im Bergbau tätig, der Sektor brachte aber 2008 fast ein Fünftel der nominellen Wirtschaftsleistung.

Hauptexportland sind in diesem Bereich die USA, allerdings haben auch andere Länder wie Schweden, Deutschland und Frankreich den Exportanteil nach Chile gesteigert.

Im Jahr 2006 kaufte die deutsche K+S Gruppe für 477 Mio. US$ das Salz-Bergbauunternehmen Sal Lobos auf, was die größte deutsche Direktinvestition der vergangenen Jahre in Chile war.

Neben dem traditionell herausragenden Kupfer sind noch der Abbau von Eisenerz, Molybdän, Rhenium, Lithium, Jod, Nitraten, Gold, Silber, Mangan, Schwefel, Phosphat, Salz und Zink erwähnenswert, wo meist internationale Spitzenstellungen hinsichtlich der Produktion eingenommen werden.

Der Anteil der Bergbauindustrie am BIP ist in den letzten Jahren von durchschnittlich 8 % auf 22 % im ersten Halbjahr 2008 gestiegen. 2008 entfielen – auch wegen des hohen Kupferpreises – rund 59 % der gesamten Ausfuhren auf die Bergbaubranche.

Im chilenischen Bergbau waren für 2010 Investitionen von 3,7 Mrd. US$ geplant (2009: 3,2 Mrd.). Es wurde eine Nachfrageerhöhung von 6 % erwartet. Mit dem neuen Bergwerk Esperanza (Betreiber: Antofagasta Minerals) und mit reaktivierten Projekten kann die Produktion die nächsten Jahre weiter gesteigert werden.

Die Goldproduktion wird vor allem infolge der Inangriffnahme der Vorhaben Pascua Lama und Cerro Casale auf mehr als das Doppelte expandieren.

Kupfer

Kupfer ist ein zähes, weiches, rotglänzendes Metall und nach Silber der beste Leiter für Elektrizität und Wärme. Verwendet wird es in der Elektrotechnik und beim Heizungsbau (z. B. Heizschlangen) sowie als Gefäßmaterial (z. B. Brauereikessel) und als Legierungsmaterial (z. B. Messing: 70-80 % Kupfer und Zinn).

Das Verkupfern geschieht auf galvanischem Weg, wobei die Anode aus Kupfer besteht. Das Erz gelangt zunächst in Kupferhütten, wo das Metall ausgeschmolzen wird. In Kupferraffinerien erfolgt dann meistens noch eine elektrolytische Raffinerie. Daher unterscheidet die Statistik zwischen Hüttenkupfer und Raffinadekupfer.

Bereits zwischen 1850 und 1880 spielte das Kupfer eine wichtige Rolle bei den chilenischen Exportprodukten. Chile war zu dieser Zeit noch vor den USA der größte Kupferproduzent der Welt. Nachdem die hochprozentigen Kupferlagerstätten jedoch erschöpft waren, sank der Weltmarktanteil bis auf 6 %. Erst nach 1945 konnte die Produktion durch die Ausbeutung von geringerwertigen Kupfervorkommen (zwischen 1,6 % und 2,2 % Cu-Gehalt) wieder gesteigert werden. Dies war aber nur durch hohen Kapitaleinsatz und mit Unterstützung von komplizierten technischen Verfahren möglich – vor allem US-Konzerne engagierten sich stark.

Ein großer Wettbewerbsvorteil der chilenischen Kupferminen war und ist die Konzentration auf Großlagerstätten wie Chuquicamata in der Region Atacama (kostengünstiger Tageabbau) und El Teniente südlich von Santiago (Untertageabbau). Schon seit 1906 bzw. 1915 sind diese beiden Kupferminen in Betrieb. Ein weiterer Vorteil ist die Nähe zu Wasserreservoirs der Anden und zu den Pazifikhäfen.

Die wichtigsten Exportländer von chilenischem Kupfer sind die USA, Deutschland, Japan, Italien und neuerdings China.

Wichtige Minen sind in der Hand von CODELCO, der staatlichen Bergbaugesellschaft. Jedoch stieg der Anteil der privaten Firmen in der

Kupferproduktion erheblich von 15 % im Jahr 1980 auf 73 % (3,9 Mio. Tonnen) im Jahr 2008.

Negativ für die Kupfernachfrage ist das Substituieren von Kupferkabeln durch Fiberglas in der Telekommunikation. Auf der anderen Seite entstehen neue Möglichkeiten, wie zum Beispiel bei der Solarenergie (durch Solarkollektoren), wo Kupfer benötigt wird.

Chile verfügt über ca. 28 % der weltweiten Kupferreserven. Wegen seiner reichen Vorkommen sowie den stabilen politischen und rechtlichen Rahmenbedingungen wurde Chile vom kanadischen Fraser-Institut als eine der weltweit attraktivsten Investitionsstandorte für Minenunternehmen eingestuft.

Der Haupthandelsplatz für Kupfer ist die Londoner Metallbörse.

Seit 2003 stieg der Kupferpreis stetig an. Im Juli 2008 erreichte der Kupferpreis seinen historischen Höchststand mit 4,07 US$/lb. Die internationale Finanz- und Wirtschaftskrise ist aber auch in Chile nicht ohne Auswirkungen geblieben: Der Kupferpreis betrug im Dezember 2008 nur noch 1,35 US$/lb. Chile konnte seine Position als Marktführer in der Kupferproduktion mit 5,33 Millionen Tonnen in 2008 dennoch beibehalten.

Von 2009 bis 2015 wurden 18,5 Mrd. US$ an Investitionen im Kupferbergbau geplant (laut chilenischer Kupferkommission, www.cochilco.cl). Das größte Investitionsprojekt ist die Erweiterung der Grube Andina bei Santiago durch CODELCO. Die Inbetriebnahme wird für 2015 mit einer geplanten Verarbeitungskapazität von 230.000 Tonnen prognostiziert.

Weitere Neue Projekte:

Anglo American strebt an, die Verarbeitungskapazität seiner Kupfermine Los Bronces (ehemals La Disputada) von 60.000 t pro Tag auf 160.000 t zu erhöhen. BHP Billiton plant, die größte Mine des Landes „Escondida" für 3,3 Mrd. US$ zu erweitern.

Zu den weiteren Großprojekten gehören die Kupferminen Collahuasi und Los Pelamberes.

Auslandsinvestitionen im Minenbereich kommen hauptsächlich aus Kanada, Skandinavien, Australien, USA und Brasilien.

Seit Jahrzehnten pflegt CODELCO enge Geschäftsbeziehungen mit NA-Cumerio (früherer Name: Norddeutsche Affinerie, Hauptsitz in Hamburg). Die Hüttenwerke Kayser schlossen sich ab 1974 dieser Kooperation an und es wurde das Gemeinschaftsunternehmen „Deutsche Giessdraht GmbH" mit CODELCO (Anteil 40 %) gegründet, 1981 die Codelco Kupferhandel GmbH (100 % Codelco) und 1992 Codelco Kupferhandel Metall Agentur GmbH.

Salpeter

Die noch um 1900 für Chile lebenswichtige Salpetergewinnung, vor allem in den Wüsten des Nordens, ging im Laufe der Zeit wegen der Herstellungsmöglichkeit künstlicher Düngemittel stark zurück.

In Chile wurde es seit dem Beginn des Salpeterbooms im 19. Jahrhundert versäumt, die daraus entstehenden Gewinne in den Aufbau einer verarbeitenden Industrie zu stecken.

In der Zeit vom Pazifischen Krieg bis zum Ersten Weltkrieg stieg die Produktion rasch an, was unter anderem durch den Bau einer Eisenbahn-Infrastruktur von den Abbaugebieten zu den Häfen und durch steigende Weltmarktpreise begünstigt wurde.

Die große Krise zeichnete sich dann im Jahr 1913 ab, als die Entwicklung der synthetischen Stickstoffherstellung das Ende des auf den Salpetereinnahmen basierenden chilenischen Wohlstands einläutete. Damals exportierte Chile 2,7 Mio. Tonnen Salpeter, der in 170 Betrieben (sogenannten „Oficinas") mit 454.000 Arbeitern hergestellt wurde. Der endgültige Zusammenbruch konnte durch die Entwicklung neuer Aufbereitungsverfahren noch bis zur Weltwirtschaftskrise zu Beginn der 30er Jahre verzögert werden, wobei es nochmals leichte Zuwachsraten gab. Ab 1933 brach jedoch der Salpeterexport mit nur 433.100 Tonnen völlig ein und die Branche konnte sich von diesem Schlag nie mehr erholen.

Die Zahl der Betriebe verringerte sich über die Jahre und bis heute blieb nur noch Maria Elena als einziger Salpeterstandort in der Welt übrig.

Molybdän

Von diesem Bodenschatz, ein Nebenprodukt der Kupferproduktion, lagern in Chile etwa ein Drittel der gesamten Weltvorkommen. Bis jetzt wird jedoch nur etwa ein Achtel der Weltproduktion von Chile meist unverarbeitet exportiert. Häufig wird dieses Metall in Legierungen mit Stahl und Eisen verwendet. Die Produkte, welche mit diesen Legierungen hergestellt werden, setzt man in Teile ein, die besonders resistent sein sollen (z. B. Autoteile, Flugzeugteile, Zugteile). Aber auch in der Chemie findet dieser Stoff in Form von Legierungen Verwendung.

Lithium

Dieses Mineral kommt in Chile am häufigsten und in höchster Konzentration in der Welt vor. Lithium ist in etwa 145 Mineralien enthalten, aber nur in einigen Mineralien reicht die Konzentration für einen rentablen Abbau. Ferner enthalten auch Thermal- und Meereswasser diesen Stoff. Eingesetzt wird Lithium unter anderem in Legierungen, Batterien, bei der Nuklearfusion und in chemischen Produkten. Die bedeutendsten Lagerstätten befinden sich in den Salzpfannen des Nordens (z. B. Salar de Atacama).

Nitrat/Jod

Die chilenischen Vorkommen an Nitrat, welche sich in den nördlichen Wüstenregionen des Landes befinden, gehören weltweit zu den größten. Im Nitrat sind beträchtliche Jod-Beimengungen enthalten. Fast die gesamte Produktion wird exportiert, vor allem in die USA.

Eisenerz

Die wichtigsten Lagerstätten sind die Minen El Algarrobo und El Romeral, welche sich in der III. und IV. Region befinden und der Compañia Minera del Pacífico gehören. Fast die gesamte Produktion wird exportiert. Nur eine geringe Menge wird an die Muttergesellschaft, den Stahlkonzern Compañía Acero del Pacífico (CAP) nach Huachipato bei Concepción geliefert.

Gold und Silber

Der Gold- und Silberbergbau plante Investitionen über 3,1 Mrd. US$ für den Zeitraum 2008-2012.

4.9 Energiewirtschaft

Chile verfügt zwar über natürliche Energieressourcen wie Erdöl, Erdgas, Kohle und ein großes Potential an Wasserkraft, aber volkswirtschaftlich gesehen spielt diese Branche eine eher untergeordnete Rolle. Der moderat ansteigende Inlandsbedarf an Energie konnte in der Vergangenheit weitgehend abgedeckt werden, die Selbstversorgung mit Erdöl ging aber zurück.

Der Anteil an erneuerbaren Energien – vor allem Wasserkraft –beträgt etwas mehr als die Hälfte der Energieerzeugung, der Rest entfällt auf fossile Brennstoffe, vor allem Gas.

Der Sektor Elektrizität, Gas und Wasser konnte in den letzten Jahren große Zuwächse verzeichnen. Nach den erfolgreichen Privatisierungsprozessen der 90er Jahre haben die neuen Eigentümer lokaler und internationaler Herkunft enorme Investitionen in den Ausbau und die Modernisierung der Versorgungsnetze getätigt. Der Energiebereich steht durch das anhaltende Wirtschaftswachstum, die hohe Abhängigkeit von Klimaverhältnissen (Wasserkraftwerke) und von ausländischen Rohstoffen

(Gas, Öl) unter dem Druck, seine Kapazitäten in den nächsten Jahren erheblich zu erweitern. Schätzungen der nationalen Energiekommission (CNE) gehen davon aus, dass zur Deckung des Strombedarfs jährlich Kraftwerkskapazitäten von mindestens 400 MW neu geschaffen werden müssen. Für 2020 wird von einer installierten Kapazität von 24.000 MW ausgegangen – ungefähr einer Verdopplung der Kapazität von 2009.

Momentan werden Projekte wie der Bau von fünf Wasserkraftwerken im Süden Chiles durch das spanische Unternehmen Endesa entwickelt, die über eine Kapazität von insgesamt 2355 MW verfügen werden und wofür insgesamt circa 3,2 Mrd. US$ aufgewendet werden. Endesa hat außerdem den Bau eines Wärmekraftwerks auf Kohlebasis in der Region Atacama angekündigt. Das Werk (Punta Alcalde) wird voraussichtlich gegen Ende 2013 in Betrieb genommen. Für die nächsten Jahre steht die Inbetriebnahme von acht Kohlekraftwerken zur Diskussion, die gemeinsam etwa 2.000 MW produzieren können.

Aufgrund unbeständiger argentinischer Gasexporte, steigender Ölpreise sowie einem schnell wachsenden Energieverbrauch erfreuen sich Themen wie Energieeffizienz, erneuerbare Energien sowie die Sondierung eigener Offshore-Gasvorkommen eines starken Interesses innerhalb der Branche.

Durch gesetzgeberische Maßnahmen sowie die Förderung des Baus von Kleinkraftwerken durch CORFO wurde eine solide Basis für den Einsatz regenerativer Energien geschaffen. 2008 trat ein neues Gesetz zu erneuerbaren Energien (ERNC) in Kraft, welches besagt, dass ab 2010 mindestens 5 % Strom aus ERNC stammen muss. Ab 2015 soll diese gesetzlich vorgeschriebene Quote jährlich um 0,5 % gesteigert werden, um 2024 einen Anteil von 10 % zu erreichen. Diese Ziele sollen errreicht werden unter anderem durch Änderungen an den Energiegesetzen.

Sehr aktiv im Bereich erneuerbare Energien ist die Firma Gestión de Proyectos Eléctricos (GPE), gegründet von den Gesellschaftern Erwin Hoehmann, Rodolfo Renz und Walter Duwe, welche auch Verdienste und Funktionen bei der Deutsch-Chilenischen Handelskammer hatten. Das Wasserkraftwerk Puclaro wurde von GPE entwickelt und gebaut,

u. a. mit Krediten von der KfW und von CORFO. Weitere Projekte sind Trueno, Huasco, Mallarauco und Allipén, alle konform mit den Umweltvereinbarungen von Kyoto.

Zu den neuesten, den Umweltschutzbehörden vorgelegten Energieprojekten gehören unter anderem das Wasserkraftwerk Cuervo von Energía Austral (733 Mio. US$), der Windpark Calama des staatlichen Kupferkonzerns Codelco (700 Mio. US$), der Windpark El Arrayán von Rodrigo Ochagavía (288 Mio. US$), der Windpark Arauco von Element Power Chile (235 Mio. US$) sowie das Kohlekraftwerk Patache des gleichnamigen Unternehmens (150 Mio. US$). Es ist auch mit der Inangriffnahme von zahlreichen, seit längerer Zeit geplanten Kohle- und Wasserkraftwerken zu rechnen.

Das umstrittene 3,2 Mrd. US$-Staudammprojekt Hydroaysén wurde auf die Amtsperiode der neuen Regierung ab 2010 vertagt.

Elektrische Energie

Die Produktion von elektrischer Energie erfolgt hauptsächlich in Wasserkraftwerken. Die Erzeugung und Versorgung wird überwiegend von den privaten Gesellschaften ENDESA und CHILECTRA sichergestellt, deren Hauptaktionär die staatliche CORFO-Gesellschaft ist.

Erdöl/Erdgas

Ursache für einen abnehmenden Selbstversorgungsgrad war eine starke Abnahme der Ölfelder im Hauptfördergebiet an der nördlichen Magellanstraße und der stark ansteigende Mineralölverbrauch in Folge des wirtschaftlichen Booms.

Durch ein Milliarden-Dollar-Gasprojekt bei Quinteros, 150 km nordwestlich von Santiago, wurde dieses Manko jedoch beseitigt und in 2010 soll sogar Argentinien mit Gas versorgt werden, was früher umgekehrt war.

Kohle

Es gab früher die drei Kohlelagerstätten Concepción-Arauco, Valdivia-Chiloé und Magallanes. Heute wird Kohle importiert, der größte Standort Lota ist heute ein „Kohlemuseum" und wird von Touristen besucht.

Solarenergie

Besonders im Landesinneren von Nord-Chile sind die Voraussetzungen für die Nutzung dieser alternativen Energieart hervorragend, da wegen des meist wolkenlosen Himmels die Aufnahmefähigkeit der Solarenergie 95 % beträgt.

In Combarbalá (IV. Region) zum Beispiel entstand eine Solar-Wohnsiedlung für 115 bedürftige Familien. Das Projekt wurde u. a. unterstützt von der Freiburger Regionalgruppe der deutschen Nichtregierungs-Organisation „Ingenieure ohne Grenzen" und der Firma HaWi Energietechnik. Die Transportkosten wurden von der Firma „Das Grüne Emissionshaus" übernommen, am Kontrollsystem war das Fraunhofer-Solarinstitut Freiburg beteiligt und die Heinrich-Böll-Stiftung unterstützte den Aufbau einer Schulungseinrichtung. Das Photovoltaiksystem ist an das Stromnetz von CONAFE angeschlossen.

Windenergie

Chile hat durch seine außergewöhnliche geographische Lage enormes Potenzial für Windenergie. Aufgrund seiner Nord-Süd-Ausdehnung bestehen große Installationsmöglichkeiten sowohl an Land (on-shore) als auch im Pazifik (off-shore). Gemäß Schätzungen der CNE existiert in Chile ein Potenzial an Windenergie zwischen 5.000 bis zu 10.000 MW.

Nuklearenergie

Es gibt 2 Mini-Versuchsreaktoren, im Stadtteil La Reina (Santiago) und einige km westlich von Santiago (Lo Aguirre) – Infos bei www.cchen.cl.

4.10 Bauwirtschaft

Das Baugewerbe ist einer der wichtigsten Wirtschaftssektoren Chiles und zeigt seit 2000 ein anhaltendes Wachstum – 2008 waren es 12 %. Aber auch dieser Bereich bekam die globale Finanzkrise zu spüren und wies 2009 eine niedrigere Rate auf. Besonders der Immobilienmarkt und Neubauprojekte waren betroffen. Einen Ausgleich für die rückläufige Entwicklung im Wohnungs- und Gewerbebau schaffte die Tätigkeit im Infrastrukturbereich.

Das Budget des Ministeriums für öffentliche Arbeiten (MOP) wurde 2009 erhöht. Der Etat des Ministeriums für Wohnungs- und Städtebau (MINVU) wurde ebenfalls ausgeweitet. Der soziale Wohnungsbau stand im Mittelpunkt. Ein Konjunkturpaket von etwa 2,1 Mrd. US$ wurde geschnürt.

Projekte im Bergbau und in der Energieversorgung, sowie im Bau öffentlicher Infrastruktur schafften damit einen gewissen Puffer für die Baubranche. Am Ausbau des konzessionierten städtischen Autobahnsystems, dass in Santiago inzwischen mit kontaktfreier Maut läuft, nahm auch die deutsche Firma HochTief erfolgreich teil.

Der Baufachverband Cámara Chilena de la Construcción (CChC) rechnete 2009 mit Sektorinvestitionen von umgerechnet 23 Mrd. US$ (-1,6 %; 2008: +10,5 %). Im Wohnungsbau wurde ein Rückgang um 18,2 % auf ca. 6 Mrd. US$ erwartet. Andererseits sollten die Infrastrukturinvestitionen um 6 % auf 17 Mrd. US$ zunehmen.

Das Wachstum wird ab 2010 in Folge des Erdbebens enorm sein, nach einer Schrumpfung von etwa 5 % in 2009.

Ein wichtiges staatliches Ziel war und ist es, die internationale Wettbewerbsfähigkeit der chilenischen Wirtschaft durch den systematischen Ausbau der Infrastruktur zu steigern. In diesem Sinne führte die öffentliche Hand das umfassende „Programa de Infraestructura para la Competitividad 2007-2010“ durch. Außerdem sah der „Plan Conectividad de Chiloé" bis 2012 Infrastrukturmaßnahmen vor – u.a. Bau von Häfen und Flughäfen – zum besseren Anschluss der Insel Chiloé ans Festland.

Ferner gibt es ein Programm zur Instandhaltung und Verbesserung vorhandener sowie zum Bau zusätzlicher Brücken. Zudem informierte der Fachverband Asociación de Concesionarios de Obras de Infraestructura Pública darüber, dass die Konzessionäre im Bereich der Verkehrsinfrastruktur bis 2015 mehrere Milliarden US$ in die Expansion des vorhandenen Netzes stecken wollen. Ausschreibungen von Infrastrukturprojekten kündigt generell das Ministerium für öffentliche Arbeiten (Ministerio de Obras Pùblicas, MOP) an – sowohl im Rahmen von Betreibermodellen als auch in eigener Regie.

Marktchancen für europäische Anbieter von Gütern und Dienstleistungen ergeben sich vor allem aus der realen Aufwertung der lokalen Währung beispielsweise gegenüber dem Euro und den daraus entstehenden Preisvorteilen. Hinzu kommen die traditionell guten Beziehungen zu Europa.

Die Beteiligung ausländischer Unternehmen am chilenischen Baugeschehen hat seit Mitte der 1990er Jahre mit dem Aufleben des Konzessionswesens deutlich zugenommen. Zu den wichtigsten Gesellschaften zählen spanische Unternehmen, die vorwiegend im Bereich der Verkehrsinfrastruktur tätig sind, sowie Vinci (Frankreich, u.a. Gefängnisbau). Hinzu kommen einige US-Konzerne, deren Spezialgebiet der Bau von Einkaufszentren ist.

Gut am Markt positioniert sind ausländische Baufirmen bei der Errichtung von Kraftwerken und Industrieanlagen. Fest in chilenischer Hand befindet sich der Wohnungs- und Bürogebäudebau.

Der Marktzutritt für deutsche Firmen wird vielfach durch die starke einheimische Konkurrenz erschwert. Hochtief begann 150 km südlich von Santiago mit dem Bau eines 160-MW-Wasserkraftwerks. Der Plan umfasst ein schlüsselfertiges Kraftwerkhaus für zwei Turbinen, zwei Flussfassungen sowie Tunnelbauwerke mit einer Gesamtlänge von 19 Kilometern in unwegsamem Gebirge. Das deutsche Unternehmen beabsichtigt, den Auftrag bis 2010 fertigzustellen. Hochtief ist zudem in

Santiago der Betreiber eines Straßentunnels und eines Teils der Ringautobahn. Ferner ist die Züblin AG vor Ort tätig, vorwiegend im Bergbau.

Um sich für Aufträge des MOP qualifizieren zu können, müssen Unternehmen in einem Lieferantenverzeichnis des Ministeriums eingeschrieben sein. Informationen zu Konzessionen finden sich unter www.concesioneschile.cl.

Chile gilt als wenig korrupt, Transparency International stuft das Land etwa wie die USA und Belgien ein. Privatwirtschaftliche Aufträge werden in der Regel über Ausschreibungen nach internationalen Richtlinien vergeben. Im Bergbau veröffentlicht der Staatskonzern Codelco viele Tender, während private Unternehmen dazu normalerweise einen geschlossenen Kreis von Firmen einladen.

4.11 Verarbeitende Industrie

Der Zusammenbruch des Salpetermonopols und die Weltwirtschaftskrise Anfang der 30er Jahre gaben den Anstoß zum Aufbau einer eigenen, zunächst auf Importsubstitution ausgerichteten Industrie. Der Staat legte Schutzzölle fest, schränkte den Devisenverkehr ein und unterstützte neue Unternehmen in neuen Industriebranchen. Durch die 1939 gegründete Wirtschaftsinstitution CORFO beteiligte er sich dann sogar selbst beim Aufbau der Zwischenindustrie. Es wurden unter anderem das staatliche Stromversorgungsunternehmen ENDESA, der Eisen- und Stahlkonzern CAP, das nationale Erdölverarbeitungsunternehmen ENAP sowie kleinere Firmen gegründet, welche teilweise mit den genannten Unternehmen eng verbunden waren.

Die Phase der schnellen und erfolgreichen Substituierung der Importe ging dann in den 50er Jahren zu Ende. Die jährlichen Steigerungsraten der Industrie konnten mit der Zunahme der Bevölkerung nicht mithalten und so setzte folglich eine Stagnation des Industriesektors ein. Daneben kamen vom kleinen chilenischen Markt wenig Wachstumsimpulse und ein

Ausweichen auf den Export war wegen zu hoher Produktionskosten sowie überzogener Gewinnspannen nicht möglich. In vielen Industriezweigen gab es vor allem wegen der Marktenge keine gesunde Konkurrenz. Der chilenische Staat schirmte außerdem die einheimischen Unternehmen von der ausländischen Konkurrenz ab, so dass produktionstechnische Probleme meist über Preiserhöhungen an die Konsumenten weitergeleitet wurden. Der Importbedarf an hochwertigen Investitionsgütern und langfristigen Gebrauchsgütern nahm stark zu, dafür fehlte der chilenischen Industrie das nötige Know-how und der Mindestabsatz im eigenen Land. Der Tiefpunkt wurde 1975 erreicht, als die Industrieproduktion um 27 % sank.

Die ausländischen, meist multinationalen Investoren legten ihr Kapital hauptsächlich im Bergbau an, für ein Engagement in der Industrie wurden dagegen die größeren Märkte Brasilien und Argentinien bevorzugt. In Chile selbst konzentriert sich die Industrie bis heute trotz staatlicher Dezentralisierungsbemühungen auf den Großraum Santiago, welcher eher europäisch wirkt und sich vom ländlich geprägten, teilweise rückständigen Chile in seiner Struktur unterscheidet.

Zunehmend bewegten sich in den vergangenen Jahren mittlere und kleine chilenische Industriebetriebe am internationalen Markt und konnten mit Produkten wie Textilien, Schuhe, Lebensmittel, Keramik und Glas einen Beitrag zur Exportdiversifikation leisten.

Die großen und mittleren Industrieunternehmen verzeichnen gute Wachstumsraten, da sie über international wettbewerbsfähige Technologie, Know-how, Finanzmittel und Managementqualitäten verfügen. Auf der anderen Seite gibt es viele Kleinbetriebe, welche nicht derart ausgestattet sind und sich oft am Rande des wirtschaftlichen Existenzminimums bewegen.

Die verarbeitende Industrie beschäftigt sich vor allem mit der Weiterverarbeitung und Veredelung der nationalen Rohstoffe sowie von Forst- und Agrarprodukten. Bedeutung haben Metallschmelzen, Ölraffinerien, Methanolwerke, die Nahrungsmittel- sowie die Verpackungsindustrie, die Papier-, Kunststoff- und Druckerei-, aber auch Pharma- und Kosmetikindustrie. Seit 2006 konnten die Produkte der verarbeitenden Industrie ihren Anteil an den chilenischen Exporten vergrößern. Hierin zeigt sich die von Regierung und Unternehmen betriebene Diversifizierung der chilenischen Wirtschaft, um die Abhängigkeit von den Rohstoffpreisen zu senken.

Hinter Brasilien und Argentinien ist Chile heute eines der industriell am meisten entwickelten Länder Südamerikas. Die Wirtschaftskrise 2009 traf zwar das verarbeitende Gewerbe stark, jedoch gab es schon im September 2009 wieder eine Trendwende für künftiges Wachstum.

Metallindustrie

Die Metallbranche war während der 60er Jahre eine der führenden Industrien der chilenischen Wirtschaft, da sie durch tarifäre und nichttarifäre Handelshemmnisse künstlich gegen die internationale Konkurrenz geschützt wurde.

Während der 70er Jahre sank die Produktion um durchschnittlich 0,8 % pro Jahr. Die Rezession von 1982 bedeutete dann bei einem Rückgang von 17,6 %, zunehmenden Importen und negativen Folgewirkungen wegen des Austritts aus dem Andenpakt für viele Firmen das Aus. In den letzten zwei Jahrzehnten wurden aber wieder Fortschritte erzielt.

Chemische Industrie

Schon im 19. Jahrhundert wurden in Chile Chemikalien hergestellt. Benötigt wurden unter anderem Chloride und Soda von der Zellstoffindustrie, Schwefelsäure von den Kupferminen und Soda-Asche von der Glasindustrie.

Die Einfuhren chemischer Produkte gingen 2009 stark zurück mit Ausnahmen von einigen (in kleinen Mengen eingeführten) Spezial- und

Nischenerzeugnissen. Beispiele sind Argon, verschiedene Magnesium- und Natriumverbindungen, Peroxide und Fluorethane.

Vom negativen Konjunkturverlauf war die Pharmabranche relativ wenig betroffen, vor allem Generika florieren. Prioritäten in der Gesundheitspolitik sowie geringe Preis- und Einkommenselastizitäten bei zahlreichen Pharmaprodukten sind dafür verantwortlich.

Es gab eine Beschleunigung der lokalen Kosmetikproduktion sowie bei der Produktion von Grundchemikalien wie Molybdänoxid und Nitraten.

Textil- und Bekleidungsindustrie

Nach einer Krise zu Beginn der 80er Jahre erholte sich die chilenische Textil- und Bekleidungsindustrie. Viele Firmen standen vor der Entscheidung, entweder tiefgreifende Strukturveränderungen durchzuführen oder im harten Wettbewerb unterzugehen. Etwa seit 1986 wurden zunehmende Erfolge erzielt, die vor allem aufgrund von mehr Produktivität, Technologie sowie Professionalität zustandekamen. In den letzten Jahren drängen verstärkt asiatische Produkte auf den Markt.

Papier- und Druckindustrie

Die Stärken dieser aufstrebenden chilenischen Branche sind vor allem ein hoher Technologiestand, Innovationen und ein gutes Management.

Stahlindustrie

Der 1946 gegründete Konzern CAP in Huachipato bei Concepción stellt fast ausschließlich den in Chile produzierten Stahl her.

Wichtige Faktoren bei der Standortwahl waren die Nähe zu den Kohleminen von Coronel und Lota, die Versorgung mit elektrischer Energie durch das Kraftwerk El Abanico und genügend Süßwasser durch den Fluss Bio Bio.

Elektroindustrie

Beispiel Haushaltsprodukte: Bis 1975 stimmte die inländische Produktion mit dem gesamten Angebot des Landes überein. In der Folgezeit nahmen jedoch wegen der Zollsenkungen die Importe stark zu und die Inlandsproduktion ging stark zurück. Die Unternehmen mussten zwangsweise ihre Fertigungsanlagen, Fertigungsprozesse und Werkstoffe modernisieren sowie die Modellvielfalt und die Fertigungstiefe reduzieren. Daneben importierten sie immer mehr Vorprodukte und Komponenten mit dem Ziel, eine Qualitätssteigerung bei ihren Produkten zu erreichen. Um modernes Know-how zu bekommen, wurden auch Kooperationen mit ausländischen Produzenten eingegangen oder deren Produkte in das Sortiment aufgenommen.

Die Nachfrage für elektrotechnische Produkte wird bis auf weiteres vor allem durch Großprojekte der Stromversorger angeheizt.

Auch 2009 wurde erheblich in Kraftmaschinen investiert. Im ersten Halbjahr erhöhten sich die Importe von Kraftmaschinen um 37,2 % auf 838 Mio. US$. Dagegen schrumpften die Einfuhren sonstiger Elektrotechnik um 20,7 % auf 664 Mio. US$.

Kfz-Industrie

Im Kfz-Sektor war ab Ende 2009 wieder vorsichtiger Optimismus zu beobachten, nachdem in den ersten neun Monaten 2009 der Absatz um 41,0 % auf 113.944 Einheiten zurückging. Für 2010 bewegten sich die Vorhersagen auf bis zu 200.000 Einheiten.

In dem erwarteten Umsatzanstieg spiegelte sich vor allem die optimistischere Grundeinstellung der chilenischen Verbraucher wider.

Geholfen hatten aber auch bessere Kreditbedingungen. Vom Einbruch 2009 waren insbesondere Anbieter kleinerer Fahrzeuge betroffen, vor allem koreanische und japanische Hersteller.

Die Pkw-Importe in 2008 betrugen 2,17 Mrd. US$ (2007: 1,74 Mrd. US$). Wichtigste Bezugsländer waren Japan mit 0,67 Mrd. US$, Korea (Rep.) mit 0,59 Mrd. US$, die USA (0,16 Mrd. US$) sowie Deutschland (0,13 Mrd. US$). Im Lkw-Geschäft summierten sich die Einfuhren auf 1,69 Mrd. US$ (2007: 1,42 Mrd. US$). Hier führten die USA 2008 mit 0,5 Mrd. US$ vor Japan (0,24 Mrd. US$), Thailand (0,23 Mrd. US$) und Brasilien (0,2 Mrd. US$).

Der Absatzanteil deutscher Pkw-Marken in Chile erhöhte sich 2008 von 2,3 auf 3,1 %. Einen hohen Anteil hatte daran wie im Vorjahr die Lieferung von VW- und Mercedes-Modellen aus Brasilien. Ähnliches trifft auf das Lkw-Segment zu. Die Konkurrenz aus China erreichte 2008 auf dem chilenischen Pkw-Markt einen Anteil von 5,5 %, nach 1,2 % im Vorjahr. Auch Indien ist mittlerweile mit Fahrzeugen des Typs Mahindra präsent (Absatzanteil 2008: 0,4 %).

Absatz von Pkw und leichten Nutzfahrzeugen nach Herstellern
Chevrolet, Toyota, Nissan, Hyundai, Suzuki, Peugeot, Kia, Mitsubishi, Ford.
Lkw-Absatz nach Herstellern
Mercedes-Benz, Chevrolet, Ford, Freightliner, Mitsubishi, Hino, Volkswagen.

Dieselfahrzeuge sind wegen ihrer Wirtschaftlichkeit immer beliebter, vor allem bei Nutzfahrzeugen (inklusive Busse). Der Anteil von Diesel-Pkw war 2008 mit 12,8 % (2007: 9,2 %) aber immer noch relativ unbedeutend. Außerdem ist die Nachfrage nach Autos mit ABS und Airbags gestiegen.

Im Gebrauchtwagengeschäft gelten relativ attraktive Preise für jüngere Fahrzeuge aus zweiter Hand als wichtiges Verkaufsargument. Zwar versuchen manche lokalen Händler mit Anreizen den Absatz von Neufahrzeugen zu fördern – beispielsweise durch die Unterstützung bei der Kreditaufnahme. Generell aber sind die einheimischen Banken trotz spürbar verminderter Leitzinsen äußerst vorsichtig bei der Kreditvergabe.

Durch scharfe Abgasvorschriften wurde der Umweltschutz ab 2008 durch die Förderung von Hybridelektrofahrzeugen vorangetrieben. Für einschlägige Fahrzeuge, die bis zum 31.3.10 erworben wurden, war eine

Aussetzung der jährlichen Kfz-Steuer in einem Zeitraum von bis zu vier Jahren vorgesehen. Ferner aktualisierte die Umweltbehörde Conama (Comisión Nacional del Medio Ambiente) ihr Umweltschutzprogramm. Die Anpassung einschlägiger Abgasvorschriften, weitere Regelungen für Neufahrzeuge, die Ausmusterung älterer Pkw sowie die Förderung von nahezu abgasfreien Automobilen waren geplant.

Ende 2007 waren in Chile 2,76 Mio. motorisierte Fahrzeuge für den Straßenverkehr zugelassen (2006: 2,60 Mio.). Davon waren 2,24 Mio. Einheiten mit einem Kolbenverbrennungsmotor ausgestattet. Rund 40 % aller Autos hatte ein Alter von mindestens zehn Jahren.

General Motors schloss zur Jahresmitte 2008 den bis dahin einzigen Kfz-Montagebetrieb in Chile (in Arica, Pick-ups des Typs LUV D Max).

Kfz-Teile und -Zubehör

Zu den Hauptlieferländern zählten 2008 die USA mit 196 Mio. US$ (2007: 159 Mio. US$) und Brasilien mit 61 Mio. US$ (59 Mio. US$). Danach folgten mit Einfuhrwerten von 37 Mio. bis 38 Mio. US$ China, Argentinien und Japan sowie Korea (Rep.) mit 28 Mio. US$. Lieferanten aus Deutschland kamen auf ca. 26 Mio. US$.

In der Arbeitsgruppe „Automobile" des Verbandes Asociación de la Indústria Metalúrgica (Asimet) waren 2009 etwa 55 Unternehmen zusammengeschlossen. Davon befassten sich etwa 30 Firmen nur mit der Herstellung von Kfz-Teilen, meist kleine und mittelgroße Betriebe. Zu den bekannteren lokalen Lieferanten gehört die Firma J. Riveros. Sie produziert Filter unter Lizenz von Mann+Hummel und besitzt einen Marktanteil von etwa 50 %. Die Renault-Tochter Cormecánica exportiert Getriebe.

Die technische Überprüfung der Kfz führen eine Reihe privater Firmen durch, darunter der TÜV Rheinland. Wichtige Vorschriften können auf den Seiten des Verkehrsministeriums nachgelesen werden (www.subtrans.cl). Neue Kfz müssen mindestens die Emissionsnorm Euro III oder vergleichbare andere internationale Standards (zum Beispiel EPA 98 oder Tier 1) erfüllen. Für Dieselfahrzeuge (Pkw bis 2.700 kg und leichte Nutzfahrzeuge) ist in der Hauptstadtregion Euro IV oder Tier 1 California bindend.

4.12 Maschinen- und Anlagenbau

Wichtigste Maschinenabnehmer in Chile sind das Baugewerbe und der Bergbau. Wenige Firmen dominieren den lokalen Absatzmarkt. Ansonsten ist eine Vielzahl kleinerer Unternehmen im Vertrieb aktiv. Außerhalb der beiden genannten Sektoren besitzen auch Lieferanten mit Sitz in Deutschland führende Marktpositionen. Die lokale Produktion hat einen beschränkten Umfang.

Durch umfangreiche Investitionsgüteranschaffungen wurde bis 2008 eine gewisse Marktsättigung erreicht. 2008 wurden noch Einfuhren im Wert von 2,717 Mrd. US$ registriert, nach Lieferungen von 2,163 Mrd. US$ im Jahr zuvor.

Eine Projektliste des Industriellenverbandes Sofofa (Sociedad de Fomento Fabril) umfasste Ende 2008 insgesamt 114 Bergbau-Vorhaben im Wert von ca. 25 Mrd. US$. Im Bereich des Infrastrukturbaus gibt es 123 Vorhaben für 7,4 Mrd. US$, davon 5,1 Mrd. US$ für neue Aktivitäten. Durch das Erdbeben von 2010 sind viele zusätzliche Investitionen nötig.

Wenig überraschend ist die überragende Bedeutung des chilenischen Einfuhrhandels im Bereich Bau- und Bergbaumaschinen. Er machte 2008 bei einem Gesamtumfang von 1.135 Mio. US$ den Löwenanteil des gesamten chilenischen Maschinengeschäfts aus (2007: 854 Mio. US$). Ebenfalls bedeutend ist der Import von Pumpen und Kompressoren (2008: 416 Mio. US$) und von Fördertechnik (2008: 530 Mio. US$). Die chilenische Minenindustrie nimmt in der Regel den Großteil an importierten Bau- und Bergbaumaschinen, Pumpen und Kompressoren sowie Förderzeugen auf. Die Nahrungsmittelbranche als wichtigster Industriezweig benötigt viele Verpackungsmaschinen.

Zwar handelt es sich bei den chilenischen Maschinenabnehmern in vielen Fällen um kleinere oder allenfalls mittelgroße Unternehmen mit einer entsprechenden Kaufkraft. Andererseits sind manche Firmen Bestandteil einer größeren Unternehmensgruppe, die sich in der Regel im Besitz kapitalkräftiger Familien befinden. Beispielsweise ist die Angelini-Gruppe in der Forst- und Fischwirtschaft führend. Zu weiteren wichtigen Maschinenkäufern zählen die Gruppen Matte (Forstwirtschaft, Pumpen), Larraín (Nahrungsmittel), Luksic (Getränke) sowie Cía. de Acero del Pacífico (Eisen und Stahl).

Das Niveau der lokalen F&E ist steigerungsfähig. Moderne Technologie muss weiterhin aus dem Ausland beschafft werden.

Lieferanten mit einem Standort in Deutschland waren 2008 in folgenden Marktsegmenten bei Maschinen besonders gut positioniert: Kunststoff- und Gummi, Nahrungsmittel, Druckerei, Holzbearbeitung sowie Papier (jeweils Marktführer), bei Kompressoren, Verpackungsmaschinen sowie Fördertechnik gab es jeweils zweite Plätze, bei Pumpen belegte man Platz 3. Bei Bau- und Bergbaumaschinen belegten deutsche Anbieter den fünften Platz – hinter den USA, Japan, Brasilien und Schweden.

Zum lokalen Angebot gehören meist einfachere Maschinen für die Landwirtschaft, die Nahrungsmittelverarbeitung und die Baustoffherstellung sowie Pumpen und Armaturen.

Wichtige Maschinenimporteure in Chile (Einfuhren in Mio. US$ cif)			
Importeur	**2007**	**2008**	**web**
Finning Chile	243,0	255,8	www.finning.cl
Komatsu	113,9	183,0	www.komatsu.cl
Codelco	103,0	86,0	www.codelco.com
Atlas Copco	67,3	92,4	www.atlascopco.cl
Salinas y Fabres	43,8	66,6	www.salfa.cl

Sandvik	40,0	63,9	www.coromant.sandvik.cl
SKC Maquinaria	37,3	53,1	www.skcomercial.cl

Quelle: Germany Trade & Invest (GTAI)

Auf dem Vormarsch befinden sich die Hersteller aus China, die 2008 bei Lieferungen im Wert von 181 Mio. US$ (2007: 114 Mio. US$) den fünften Rang im chilenischen Maschinenimportgeschäft belegten. Die Chinesen hatten 2008 Wettbewerbsvorteile in den Segmenten Bau- und Bergbaumaschinen, Fördertechnik, Textilmaschinen und Werkzeugmaschinen.

Einfuhren von Maschinen nach Chile (in Mio. US$ cif)			
Produktgruppe	**2007**	**2008**	**aus D (2008)**
Bau-/Bergbaumaschinen	853,7	1.135,4	62,3
Textilmaschinen	37,9	39,0	2,8
Papiermaschinen	71,8	67,1	16,7
Druckmaschinen	64,1	67,5	22,8
Nahrungsmittelmaschinen	116,3	85,6	14,3
Verpackungsmaschinen	92,7	89,7	18,7
Holzbearbeitungsmaschinen	57,0	37,8	10,1
Kunststoff- und Gummimaschinen	90,9	81,6	22,6
Werkzeugmaschinen	62,4	99,3	16,5
Metallbearbeitungsmaschinen	97,8	67,2	4,3
Pumpen	181,9	252,7	18,7
Kompressoren	129,7	163,4	24,7
Fördertechnik	363,0	530,4	95,7

Quelle: GTAI

Chiles Maschinenexporte haben sich in den zurückliegenden Jahren deutlich erhöht. Einige Großimporteure – darunter Sandvik – benutzen Chile als Sprungbrett für den Absatz in Lateinamerika.

Nach einem kurzen Rückgang 2009 wurde für 2010 eine Belebung der Investitionstätigkeit mit einer entsprechenden Erhöhung der Importnachfrage bei Maschinen und Anlagen erwartet.

4.13 Informationstechnologie IT

Chile ist bei Technologieinvestitionen führend in Lateinamerika. Aufgrund der hohen PC- und Internetanschluss-Raten und dem elektronischen System zur Zahlungsabwicklung (e-invoicing) existiert ein günstiges Umfeld für E-Business.

Auch die chilenische Regierung hat in den vergangenen Jahren ein umfangreiches Dienstleistungsangebot per Internet aufgebaut. Über 90 % der Chilenen wickeln ihre Steuererklärung inzwischen per Computer ab. Die Online-Jobbörse der chilenischen Arbeitsagentur wird von den Vereinten Nationen als "Best practice"-Beispiel weltweit verbreitet. Die öffentliche Beschaffung erfolgt über www.chilecompra.cl.

www.acti.cl, chil. Verband für IT-Unternehmen
www.gechs.cl, chil. Gesellschaft für Software und Dienstleistungen

Der selbstverständliche Umgang mit den modernen Informationstechnologien in Chile schafft ein ideales Klima für Firmen im IKT-Bereich und trägt zur hohen Wettbewerbsfähigkeit des Landes bei.

Die IT-Industrie in Zahlen

Insgesamt sind 1.800 Unternehmen in der Branche tätig, 3 % werden exportiert. Über die Hälfte bietet Dienstleistungen an (56 %), ca. ein

Viertel Software (24 %) und ein Fünftel Hardware (20 %). Die überwiegende Mehrheit der Firmen sind mittlere (44 %) und kleine (44 %) flexible Unternehmen. 42 % der Unternehmen liefern maßgeschneiderte Produkte und identifizieren ihre Geschäftsmöglichkeiten anhand der Nachfrage.

33 % der Software-Firmen bieten ausschließlich Professional Services an. Für die Internationalisierung dieser Firmen bedeutet dies, dass sie auf Partner in den Zielmärkten angewiesen sind, die für sie die After-Sales-Dienstleistungen bei ihren ausländischen Kunden übernehmen können.

4.14 Telekommunikation

Chile besitzt eines der modernsten Telekommunikationsnetze Lateinamerikas und weist den höchsten Elektrifizierungsgrad der Region auf. Die Entwicklung in der Telekommunikationsbranche war in den letzten Jahren von einer starken Dynamik geprägt und konzentriert sich weiterhin auf den Ausbau von Mobilfunk- und Breitbandverbindungen. Geschäftschancen für deutsche Firmen ergeben sich aus der Umstellung von Mobilfunknetzen auf den europäischen GSM-Standard sowie UMTS (G3). Im Durchschnitt wurden in den letzten Jahren 900 Mio. US$ jährlich investiert.

Während sich die Zahl der Festnetzleitungen (vielfach Breitband) mittlerweile bei 3,3 Mio. Kunden eingependelt hat, existieren inzwischen ca. 13 Mio. Mobiltelefone und decken fast 84 % der Bevölkerung mit einem Handy ab. Damit verfügt Chile über die höchste Marktdurchdringungsrate in Südamerika. Den Markt dominieren Prepaid-Handys. Die Einführung neuer Technologien wie WLAN, Telefonieren über das Internet (VOIP) oder Breitbandverbindungen sorgten für eine rasante Entwicklung der Branche. 2007 nutzten 43 % der Bevölkerung Internet.

Mobiltelefone gehören in Chile ähnlich zum Standard wie in Deutschland, die Flächendeckung ist allerdings nur in den urbanen Zentren und entlang der Panamericana gesichert. Handynummern sind achtstellig und beginnen mit 9, 8 oder 7, bei Anrufen aus dem Festnetz muss eine 09 vorgewählt werden.

Um aus dem Ausland per Handy in Chile erreichbar zu bleiben, gibt es diese Möglichkeiten:

1) Das **eigene Handy** mitbringen und vor Ort im Roaming-Betrieb benutzen, wenn der Netzbetreiber diesen Service für Chile anbietet und es sich um ein Triband-Gerät handelt. Das ist aber teuer, da nicht nur aus-, sondern auch eingehende Anrufe und SMS zu hohen Roaming-Tarifen bezahlt werden müssen.

2) Vor Ort ein **Prepaid-Handy** erwerben (celular de prepago). Man kann nicht ins Ausland telefonieren, von dort aber Gespräche empfangen. Die Anbieter Movistar, Entel PCS und Claro haben alle ein ähnliches Preis-Leistungs-Niveau. Oft gibt es Sonderangebote mit Freiminuten. Die einzelnen Tarifmodelle sind sehr unterschiedlich. Ausländer mit Visum können auch Handys mit Vertrag („plan") erwerben. Diese bieten Paketpreise mit günstigeren Minutentarifen, die Verträge haben aber mindestens ein Jahr Laufzeit. Kioske, Supermärkte oder Apotheken bieten den Aufladeservice an.

Für den Start in Chile: es gibt Angebote für einfache Prepaid-Handys für 20.000 Pesos, davon sind z. B. 10.000 Pesos für Anrufe enthalten. Die Gebühr ist z. B. 150 Pesos/Minute – in alle Netze –, die in 30 Tagen vertelefoniert werden müssen.

3) Das eigene Handy mitbringen und von einem chilenischen Netzbetreiber einen **SIM-Chip** einbauen lassen. Das kostet lediglich eine kleine Grundgebühr und das Handy kann dann wie ein chilenisches Prepaid-Gerät verwendet werden (siehe oben). Es ist die preiswerteste Variante. Das eigene Handy darf aber keine SIM-Sperre (SIM-Lock) haben.

Die Vergabe neuer Konzessionen für die vierte Mobilfunkgeneration (4G) wurde geprüft. Bis 2011 sollen die Breitbanddienste über Mobilfunk die Bedeutung traditioneller Technologien wie ADSL (Asymmetric Digital Subscriber Line) und Kabelmodem übertreffen.

Die Zahl der Anschlüsse für drahtlose Datenübertragung betrug Ende 2009 um die 500.000. Bis 2011 wird mit einer Erhöhung auf etwa 2,8 Mio. Anschlüsse gerechnet. Ende Juni 2009 waren etwa 1,6 Mio. Internetverbindungen im Festnetz vorhanden, über Mobilfunk (3G) standen weitere 0,3 Mio. zur Verfügung.

Die IKT-Branche wird auch neue Impulse durch die Einführung des digitalen Fernsehens erhalten. Im September 2009 entschied die Regierung, die an den MPEG-4-Standard gekoppelte brasilianisch-japanische Norm ISDB-T zu verwenden. Die Investitionen für den Aufbau eines digitalen terrestrischen Fernsehens belaufen sich auf rund 400 Mio. US$. Allein die Ausgaben für die erforderlichen Decoder betragen ungefähr 180 Mio. US$. Die übrige Summe entfällt auf die Umrüstung der einzelnen Fernsehstationen. Über kurz oder lang müssen auch die vorhandenen 7 Mio. Empfangsgeräte in den Haushalten ersetzt werden. Mit dem Aus für das analoge Fernsehen ist ab 2018 zu rechnen.

Bereits jetzt sind digitale Signale im Kabel- und Satellitenfernsehen zu empfangen. Etwa 34 % der chilenischen Haushalte sind Kunden der jeweiligen Anbieter – wenngleich sich nicht alle Konsumenten wegen der zusätzlichen Ausgaben für eine Set-Top-Box begeistern können. Andererseits brauchen Zuschauer, die digitales Fernsehen bereits per Satellit oder Kabel abonniert haben, künftig keinen Decoder zu kaufen. Laut Subtel hatten 2009 ca. 1,5 Mio. Kunden Bezahlfernsehen abonniert.

In Chile startete 2009 ein weiterer Anbieter im Satellitenfernsehen. Zu Telmex, Telefónica und Directv kam „Tu Ves HD" dazu. Als Zielgruppe der neuen Gesellschaft gilt vor allem das Segment der einkommensschwächeren Chilenen. Den Kabelbereich dominiert VTR (Liberty Global) mit großem Abstand.

Die spanische Telefónica schloss 2009 in Chile die Zusammenfassung ihrer Dienstleistungsangebote unter einem Warenzeichen ab. Von nun an sind Festnetz, Mobilfunk, Internet und Bezahlfernsehen unter der Marke „Movistar" erhältlich.

Die Umsätze im chilenischen Telekommunikationssektor beliefen sich 2008 auf 5,6 Mrd. US$. Das waren gut 9 % mehr als im Jahr davor. Rund 55 % dieses Betrags entfielen auf den Mobilfunk und 12 % auf den Betrieb des Festnetzes. Die meisten Umsätze erzielten Telefónica (Anteil von 43 %) und die lokale Entel (30 %).

Ferngespräche

Mehrere Telefongesellschaften bieten unterschiedlich gestaffelte Tarife an. Gewählt wird (außer bei Handys) zunächst die dreistellige Nummer der Telefongesellschaft (Carrier) und dann die Landesvorwahl (Deutschland 0049). Die 0 der Ortsvorwahl entfällt. Über die Stadt verteilt gibt es Münz- und Kartentelefone sowie Telefonzentren, von wo auch Faxe geschickt werden können. Ortsgespräche kosten dort ca. 100 Pesos (3 min), ein Ferngespräch nach Deutschland 100-500 Pesos. Viele Internet-Cafés bieten IP-Telefonieren noch günstiger an.

Eine weitere günstige Alternative stellen Prepaid-Telefonkarten dar. Mit diesen Karten kann man von jedem Handy oder Telefon aus – auch wenn es für Auslandsgespräche blockiert ist – für einen festen Tarif ins Ausland telefonieren. Ein Anruf nach Deutschland kostet etwa 120 Pesos pro Minute. Karten können an Kiosken und weiteren Verkaufsstellen erworben werden.

Ein Telefongespräch kann in der Praxis etwa so ablaufen:
„alo, seinen Namen nennen, queria hablar con Don + Vorname" oder: „alo, con la Señora + Vorname) por favor", auf Rückfrage „de parte de quién?" nennt man seinen Namen.

Telefongesellschaften
www.entel.cl, www.movistar, www.claro.cl, www.telefonicadelsur.cl, www.transam.cl, www.telmex.cl, www.vtr.com, www.carrier180.cl, www.cmet.cl, www.169.cl, www.carrier153.cl, www.158.cl, www.manquehue.cl

Für häufig benutzte Telefonnummern können spezielle Tarife abgeschlossen werden. Generell sind die Preise höher als in Europa. In abgelegenen Gebieten oder bei Netzausfall empfiehlt sich ein Satellitentelefon (z. B. Motorola Iridium).

Notebook/Computer-Reparaturen/Installationen

Am besten in Internet-Cafés oder Computerläden fragen, ob dort jemand das Problem beheben oder jemand anderen empfehlen kann.

4.15 Film

In Chile werden bis zu 15 Filme im Jahr produziert. Dazu kommen Fernsehproduktionen wie die beliebten Telenovelas. Über 100 Firmen arbeiten im audiovisuellen Sektor. Die Professionalität der chilenischen Filmproduktion hat auf allen Gebieten ein so hohes Niveau erreicht, dass Chile als Dreh- und Produktionsort und als Dienstleister für ausländische Produktionsfirmen günstige Preise anbieten kann. Es hat auch viele Szenerien und Motive zu bieten: Schnee und Meer, Eis und Wüste, Berge und Seen, Hochhäuser und Höhlen, U-Bahn und Tierwelt.

Es gibt auch einen interessanten deutschen Film über Chile

„Von Valparaíso nach Kap Hoorn": http://www.zdf.de/ZDFmediathek/content/483642?inPopup=true#4

4.16 Verkehr

Öffentliche Verkehrsmittel

Im Jahr 2007 wurde in Santiago das Verkehrsverbundsystem **Transantiago** (www.transantiago.cl) eingeführt.

Es gab anfangs Probleme, weil viele der bis dahin dominierenden Busse „Micros“ und „Colectivo“-Taxen verbannt wurden und an allen Ecken und Enden fehlten. Mittlerweile funktioniert das System aber größtenteils und die Santiaguinos gewöhnten sich daran. Ein Vorteil ist, dass die Luft weniger verschmutzt wird.

Die Hauptstationen sind an der Fensterscheibe angeschrieben, an Metro-Stationen gibt es Pläne. Über das Internet ist eine Routenplanung möglich.

Unterschieden wird zwischen den weiß-grün-weißen „**buses troncales**“, die die Hauptachsen befahren, und den „**buses alimentadores**“, den lokalen Zubringern in acht verschiedenen Farben (je nach Stadtviertel). Bezahlt wird mit der Prepaid-Karte „**Bip**“, die in der Metro und an entsprechend gekennzeichneten Verkaufsstellen und Automaten (z. B. In Banken) aufgeladen werden kann. Auch Kundenkarten einiger chilenischer Banken haben „Bip“ mittlerweile integriert. Nach dem ersten Einsteigen kann man 90 Minuten lang in andere Busse und Metrolinien umsteigen, ohne erneut zu bezahlen (man hält die Karte ans Lesegerät, welches die Fahrt registriert, aber nicht erneut abbucht). In Transantiago-Bussen kann keine Fahrkarte gelöst werden.

In Santiago gibt es fünf Metrolinien, die montags bis freitags von 6.00 bis 23:00 Uhr verkehren, am Samstag von 6:30 bis 22:30 Uhr und an Sonn- und Feiertagen von 8:00 bis 22:30 Uhr. Die Hauptlinie 1 fährt in West-Ost-Richtung entlang der wichtigsten Achse Alameda-Providencia-Apoquindo, die Linien 2, 4 und 5 schneiden sie in Nord-Süd-Richtung. Die Linie 4A verläuft weiter südlich parallel zu Linie 1. Die Metro ist schnell, aber leider in Spitzenzeiten überfüllt. Es gibt die Möglichkeit, Busse zu nutzen, welche dieselbe Strecke der Metro an der Oberfläche befahren.

Die Fahrt kostet zwischen 430 und 490 Pesos, je nach Tageszeit (maximal 1 x Metro und 2 x Bus, in eine Richtung, innerhalb 90 Minuten). Die Stadtbusse alleine kosten geringfügig weniger.

Das meistgenutzte Verkehrsmittel in Chile ist der Bus, es gibt gute Verbindungen im ganzen Land. Die modern eingerichteten Überlandbusse fahren auf den wichtigsten Strecken mehrmals täglich. Auch Fahrten in entlegene Orte und in den Ballungszentren werden hauptsächlich mit dem Bus oder Minibus zurückgelegt.

Überlandbusse sind günstig und in drei Kategorien eingeteilt: „Clásico" bzw. „Turismo" mit normalen Sitzen und wenig Beinfreiheit, „Semi-Cama" oder „Ejecutivo" mit bequemen Liegesesseln und schließlich „Salón Cama" bzw. „Premium", die in Sachen Platz (weniger im Service) der Business Class gleich kommen. Online-Buchungen sind nur teilweise möglich. Bei Barzahlung gibt es manchmal Rabatte, außerdem sind dann die Tickets umtauschbar. Für Storno werden ca. 15 % einbehalten.

Busverbindungen (Zeitangaben ca.):
Arica: 30 Stunden, La Serena: 6 Stunden, Valparaíso: 1,5 Stunden
Chillán: 6 Stunden, Temuco: 8 Stunden, Puerto Montt: 12 Stunden

Busbahnhöfe
www.terminaldebusessantiago.cl (Metro Universidad de Santiago)
Terminal Alameda (Metro Universidad de Santiago, V. Region)
Terminal Norte (Metro Cal y Canto, Nord-Chile)
Terminal Los Heroes (Metro Los Heroes)
Terminal San Borja (Metro Estación Central)
Terminal Torres de Tajamar (Metro Salvador)

Preisbeispiele mit Turbus:
Santiago-Viña del Mar (ca. 120 km), clásico: ca. 5 EUR
Santiago-Pucón (ca. 800 km), salón cama: ca. 35 EUR
Salón-Camas starten in den "Barrios Altos" (Vitacura etc.).

Weitere Busgesellschaften:
www.pullman.cl, www.taschoapa.cl, www.busescruzdelsur.cl

Es gibt auch Fernreisebusse in andere südamerikanische Länder. Nach Rio z. B. benötigt der Bus ca. 62 Stunden, die Kosten liegen um 85.000 Pesos und bei 150.000 Pesos für hin und zurück. Die „Colectivos" nehmen 400-500 Pesos, fahren feste Routen (einige Kilometer) und nehmen mehrere Fahrgäste mit.

Taxi

Taxis sind schwarz mit gelbem Dach, können fast überall per Handzeichen angehalten werden und sind relativ preiswert – tagsüber beträgt die Grundgebühr ca. 200 Pesos, 200 Meter Fahrt kosten 90-100 Pesos. Ab 21 Uhr und Sonntags wird es 50 % teurer. Alle haben einen Taximeter, auf dessen Benutzung man bestehen sollte, oder man vereinbart einen festen Tarif im voraus. Ein Funktaxi zu bestellen, ist zwar etwas teurer, aber dafür sicherer und komfortabler.

Eine Auswahl an Radiotaxis (rote Nummernschilder)

Italia:	6717171, www.ritalia.cl
Las Condes:	2114470, www.radiotaxilascondes.cl
Providencia:	2090445, www.radiotaxiprovidencia.cl
Taxi Oficial:	6019880, www.taxioficial.cl

Das Straßennetz

Es gab seit Mitte der 90er Jahre enorme Investitionen zum Ausbau der Hauptverkehrsstraßen, oft private Projekte von spanischen Firmen und finanziert durch spätere Mautgebühren. In der Provinz jedoch gibt es viele Orte, die nur auf Schotterstraßen zu erreichen sind.

Hauptverkehrsader ist ein 3100 Kilometer langes Teilstück (Arica-Santiago-Puerto Montt) der südamerikanischen Panamericana. Eine geteerte Transandenstraße verbindet Santiago (bzw. Valparaíso) mit der argentinischen Stadt Mendoza. Ein drei Kilometer langer Tunnel der Strecke ermöglicht dort auf über 3000 Meter Höhe – bis auf einige Schneetage – fast ganzjährigen Bahn- und Straßenverkehr.

Nach dem Jahr 2000 entstanden Schnellstraßen und Tunnels in Santiago, die viel Zeitersparnis vor allem auf dem Weg in die reicheren Stadtviertel brachten. Eine wichtige Verkehrsachse bildet außerdem die in den 90er Jahren modernisierte Schnellstraße von Santiago nach Valparaíso.

Finanziert wurden die Investitionen durch Mautgebühren und in Santiago durch das elektronische Abbuchungssystem (TAG). Ein kleines Kästchen (Kosten etwa 20.000 Pesos) wird dabei an die Windschutzscheibe innen oder ans Motorrad geklebt oder man erwirbt einen Tagesausweis an einer der Autobahn-Mautstellen. Ein „Piep" bedeutet eine korrekte Abbuchung für einen Streckenabschnitt, bei mehrmaligem „Piepen" funktioniert das Gerät nicht oder eine Rechnung ist nicht bezahlt. Beim Kfz-Verkauf wird der TAG bei einer TAG-Stelle abgemeldet, bei einem Kauf angemeldet. Da dazu auch der „padrón" nötig ist, muss der Verkäufer bei der nicht sofortigen Herausgabe des „padrón" eine „solicitud de transferencia" (Übergabe-Antrag) ausstellen.

Die TAG-Stellen der vier Autobahnfirmen in Santiago:

- www.costaneranorte.cl, Av. General Prieto 1430, Independencia.
- www.autopistacentral.cl, El Cortijo, Av. Presidente Frei Montalva 6115 C (Ex-Panamericana), Conchalí.
- www.vespucionorte.cl, Centro Automotriz Movicenter, Av. Américo Vespucio Norte 115, loc. 519, Huechuraba.
- www.vespuciosur.cl, Av. Américo Vespucio 4665, Macul

Im Süden wurde 1988 die Carretera Austral eröffnet. Sie führt über 1400 Kilometer durch oft dichten Regenwald von Puerto Montt bis Cochrane und ist nur teilweise asphaltiert.

Der Reiseführer „Chiletur Copec" bietet erstklassige Informationen auf Spanisch jeweils für die Regionen „Norte", „Centro" und „Sur".

Gute Stadtpläne von Santiago gibt es in den Gelben Seiten (www.amarillas.cl) und bei www.mapcity.cl.

Auto

Die Höchstgeschwindigkeit beträgt in Ortschaften 60 km/h, 100 km/h auf Landstraßen und 120 km/h auf Autobahnen.

Alkoholkontrollen gibt es nur wenige – wenn, dann vor allem in der Nähe von Vergnügungslokalen. Die Alkohol-Promillegrenze beträgt 0,5; desweiteren sollte man nicht betrunken in der Öffentlichkeit auffallen oder sich mit Alkohol als Passant auf der Straße erwischen lassen, sonst befindet man sich schnell in der „Cuca" (Polizeiauto zum Abtransport von Straftätigen).

Ein Service der Rathausverwaltungen von Stadtteilen in Santiago: www.lascondes.cl, www.nunoa.cl, www.lareina.cl, www.vitacura.cl, www.providencia.cl, www.lobarnechea.cl.
Kraftstoff in chil. $ (am günstigsten im Großraum Santiago): 95 Oktan: ca. 680, 97 Oktan: ca. 700, Diesel: ca. 650

Der Automóvil Club de Chile (www.automovilclub.cl) bietet ähnlich dem ADAC verschiedene Arten von Mitgliedschaften an, die Pannenleistungen, Abschleppdienst und Hilfen im Notfall vorsehen.

Führerschein

Der internationale Führerschein hat eine Gültigkeit von einem Jahr ab Einreise in Verbindung mit dem EU-Führerschein. Bei den Straßenverkehrsämtern (departamentos de tránsito) der Rathäuser (municipalidades) sind die entsprechenden Dokumente einzureichen.

Die Prüfung in Chile besteht aus einem praktischen und einem theoretischen Teil – letzterer kann ausgelassen werden bei Nachweis einer ausländischen Fahrerlaubnis und ausreichender Fahrpraxis – sowie einem Seh- und Reaktionstest. In Puerto Varas z. B. zahlt man dafür bei der Municipalidad umgerechnet etwa 25 Euro. Für Fahrschule und Fahrstunden kann man mit ca. 170.000 Pesos rechnen, sie ist aber nicht unbedingt notwendig.

Autokauf

Neuwagen sind in Chile im Vergleich zu Mitteleuropa um etwa ein Drittel günstiger und sie verlieren nur etwa 10 % an Wert pro Jahr. Bei einem Neuwagen übernimmt der Händler die Amtsgänge, bei Gebrauchtautos ist dies meist vom Käufer zu erledigen.

In der Zeitung El Mercurio (www.emol.cl) oder unter www2.chileautos.cl/chileautos.asp werden eine Vielzahl von Gebrauchtwagen angeboten. Viele Autos werden auch versteigert, siehe Rubrik „Remates" oder bei www.deremate.cl.

Beim Autokauf kann der Kaufvertrag bei einem Registro Civil (www.registrocivil.cl) durch eine „Declaración Consensual" anstatt von einem Notar bestätigt werden, gleichzeitig bekommt man das Einschreibezertifikat des Autos ausgehändigt.

Benötigt werden die Personalausweise (Cédula de Identidad), Einschreibezertifikat des Autos (Certificado de Inscripción del Vehículo) und eine notarielle Vollmacht, wenn Handlung im Auftrag einer dritten Person vorliegt, außerdem ein Dokument bei legaler Repräsentanz einer Institution oder Firma.

Der Verkäufer muss dann die Dokumente der „revisión técnica" (TÜV-ähnliche Untersuchung), der Haftpflichtversicherung und der „permiso de circulación" (Kfz-Steuer) mit dem Kaufvertrag aushändigen, den „padrón" (Kfz-Schein und Fahrzeugbrief in einem) sendet er per Post.

Die Kfz-Steuer ist jährlich im März zu bezahlen (etwa 12.000 Pesos für Autos), außerdem sind weitere Gebühren der Straßennutzung von der

Autoklasse abhängig (Standardklasse 50.000 Pesos bis 600.000 Pesos für die Luxusklasse). Bei einer Änderung der persönlichen Daten ist beim Registro Civil eine Änderung zu beantragen.

Die „revisión técnica" ist jedes Jahr fällig (bei Neuwagen erstmalig nach zwei Jahren) und jeweils 12 Monate gültig. Abnahmestellen sind unter www.revisionestecnicas.cl zu finden.

Es ist ratsam, eine Vollkaskoversicherung abzuschließen, da nicht alle Autofahrer in Chile ausreichend versichert sind und die verursachten Schäden bezahlen wollen oder können.

Bei kleinen Unfällen im Straßenverkehr kommt die Polizei nicht an den Unfall, jedoch hat in der nächsten Dienststelle der Carabineros von den Beteiligten eine „constancia" (Unfallaufnahme) zu erfolgen. Wenn die Schuldfrage nicht geklärt werden kann, ist Anzeige (denuncia) zu erstatten, eventuell unter Hinzuziehung eines Anwalts.

Kfz-Einfuhr

Nur Diplomaten und Personen mit ähnlichem Status (Auslandslehrer, GTZ etc.) dürfen Gebrauchtwagen einführen. Chilenen dürfen Gebrauchtwagen nur einführen, wenn sie einige Jahre im Ausland gelebt haben und ihren Wagen bei der Rückkehr mitbringen.

Für Kraftfahrzeuge gibt es in Santiago bei Smogzeiten – vor allem im Herbst und Winter – Restriktionen, abhängig vom Kfz-Kennzeichen.

Autos ohne Katalysator dürfen dann einmal pro Woche (abhängig von der Endziffer des Nummernschildes) nicht fahren. An Tagen mit Smogvorwarnstufe (préemergencia) oder Smogwarnung (emergencia) dürfen auch teilweise Kat-Autos nicht fahren. Die Endziffer-Nummern werden am Vortag in der Presse, im Internet und unter der Telefonnummer 01051 bekanntgegeben.

Außerdem sind einige Hauptstraßen (z. B. Costanera) von Montag bis Freitag nur von 7:30 –10 Uhr stadteinwärts befahrbar und abends von 17 – 20:30 Uhr stadtauswärts.

In einigen Stadtzentren gibt es zwar Parkhäuser und offizielle sowie inoffizielle Parkplatzwächter gegen Trinkgeld, jedoch ist eine Fahrt mit öffentlichen Verkehrsmitteln wie z. B. der Metro Santiago oft bequemer und kann auch schneller sein.

Mietwagenfirmen in Chile

Etwa 1500 EUR für eine Monatsmiete kostet ein Fahrzeug der Kategorie J (Pick-Up Ford Ranger, Doppelkabine für 5 Personen. 4 x 2 XL), jeder weitere Tag Miete ca. 35 USD plus Steuer. Kleinere Autos sind erheblich billiger (ab 30-35 EUR/Tag) aber ungeeignet für die Schotterstraßen auf dem Land. Allradautos (4 x 4) sind um einiges teurer. Wer mit dem Mietauto die Grenze nach Argentinien passieren will, braucht eine Bestätigung der Autovermietungsfirma oder des Autobesitzers. Diese kostet über 100 USD und muss von einem Notar in mehreren Exemplaren beglaubigt werden. Eine Vollkaskoversicherung ist ratsam. Die Selbstbeteiligung sollte verglichen werden, aber auch das Deckungssummenlimit. Gibt man sein Auto an einem anderen Ort ab, so sind „Drop-off"-Gebühren fällig, eine Abgabe z. B. in Punta Arenas kann so über 2000 US$ Kosten verursachen!

In Südamerika ein paar Monate mit eigenem Auto mit deutschem Kennzeichen zu fahren, ist eine Alternative zur teuren Automiete. Die Verschiffung nach Buenos Aires ist am günstigsten. Die zusätzlichen Versicherungen für andere südamerikanische Staaten sollte man bereits in Deutschland abschließen.

Mietwagenfirmen

Hertz, Avis, Budget, Alamo, Ansa, Automovil Club, Famas, Rosselot, Seelmann, Verschae.

Kauf von Auto- und Fahrradteilen

Diese sind am günstigsten in Santiago im Bereich der Straßen 11 de Julio/Copiapó und San Diego (+/- Nr. 1000). Schnell und flexibel werden dort auf chilenische Art Autos repariert. Auch die Kaufhausketten bieten günstig Räder an, jedoch ist der Service (z. B. sechs Monate Garantie auf Reparaturen) beim Einzelhandel besser. Heimwerkerwaren ersteht man am besten in den Homecentern (z. B. Sodimac) oder in den Ferreterias (Eisenwarengeschäfte), die oft günstiger und persönlicher sind.

Preisbeispiele:

Mountainbike, einfache Ausstattung	75.000 $
Kinderrad	52.000 $
Rennrad, einfache Ausstattung	230.000 $
Radhelm	ab 7.000 $

Wichtig ist das Abschließen von Rädern! Eine Kette aus einer Eisenwarenhandlung und ein Schloss dazu ist die chilenische Art (etwa 2.000-8.000 $), Radschlösser sind teurer (2.500-25.000 $).

Luftverkehr

Außer dem internationalen Flughafen Arturo Benitez von Santiago gibt es noch kleinere Flughäfen in Arica, Iquique, Calama, Antofagasta, Concepción, Puerto Montt und Punta Arenas.

Eisenbahnverkehr

Der Zugverkehr hat vor allem im Bergbau Bedeutung. Im Personenverkehr gibt es nur wenige Strecken wie Santiago-Chillán (www.efe.cl und www.terra-sur.cl), Chillán-Temuco (Bummelzug) und eine Art S-Bahn von Valparaíso nach Viña.

4.17 Tourismus

Wer plant auszuwandern, sollte vorab vielleicht eine Reise nach Chile unternehmen, um sich selbst vor Ort ein Bild machen zu können. Jedoch sollte man nicht den Fehler begehen, aus einer wunderbaren Urlaubslaune heraus Rückschlüsse auf den Alltag zu ziehen oder recht viel auf Versprechungen zu geben.

Der Fremdenverkehr erlebte nach der Rückkehr zur Demokratie einen großen Aufschwung. Die Zahl der ausländischen Besucher erhöhte sich von 534.000 in 1989 auf 2,65 Mio. in 2008. Die meisten Touristen aus Europa waren Deutsche.

Besonders attraktiv für Naturliebhaber ist die Vielfältigkeit von Klima und Landschaften. Zu nennen sind im Norden der vulkanreiche Lauca-Nationalpark mit dem Lago Chungara (bei Arica) und die Atacamawüste. Vom Oasendorf San Pedro de Atacama können Ausflüge zu einer Mondlandschaft, den Geysiren von El Tatio oder einem Salzsee unternommen werden. Der Süden Chiles lädt vor allem ein zum Bergsteigen, Wandern, Wildwasserfahren, Fischen und Entspannen in Thermen. Das chilenische Seengebiet zwischen Temuco und Puerto Montt mit seinen schneebedeckten Vulkanen sowie der äußerste Süden mit dem Nationalpark Torres del Paine, bis zum Meer reichenden Gletschern und der Pampa von Patagonien bzw. Feuerland bilden dabei eine traumhafte Kulisse.

Die bekanntesten Seebäder liegen in der Region Valparaiso, dort gibt es moderne Hotels, Appartmentanlagen und Konferenzzentren. Neue Projekte sollen die Infrastruktur noch weiter verbessern.

Im Winter (Juni-September) bieten vor allem die Skipisten in den Anden bei Santiago (Valle Nevado, Farellones-El Colorado, La Parva und Portillo) hervorragende Bedingungen für alpine Abfahrten. Seit vielen Jahren bereiten sich dort Nationalteams aus der ganzen Welt für die Wintersaison auf der nördlichen Erdhalbkugel vor.

In Chile gibt es 33 Nationalparks, der bekannteste ist Torres del Paine. Desweiteren gibt es 15 Naturparks. Alle 48 Parks werden von der staatlichen Forstbehörde CONAF (www.conaf.cl) verwaltet. In der Nähe von Santiago liegen die kleinen Parks Yerba Loca, Rio Clarillo, El Morado und La Campana. Es ist Eintritt zu bezahlen.

In der Nähe von Santiago gibt es auch kleinere private Naherholungsparks wie Mahuida (Av. Larraín 11095, La Reina), Aguas de Ramón (Alvaro Casanova 2583, La Reina), El Arrayán (Camino el Cajón 21000, Lo Barnechea) und Cascada de las Animas (Cajon del Maipo, San Alfonso).

Die Hauptferienzeit beginnt kurz vor Weihnachten und reicht bis Anfang März.

Unterkünfte (Preise pro Person in chil. $):
Hospedajes (einfache Unterkünfte): 5.000-10.000
Residenciales/Hostales: 8.000-15.000
Hotels: 15.000-100.000 plus x
Link: www.trekkingchile.com/DE/herbergen-chile.php

Deutsche, die im Tourismus in Chile tätig sind
– Christian Rolf und Karin Klein, www.clinamen.cl, Arica – Anna Maria und Ludwig Bierwirth, www.haciendalosandes.com, bei La Serena – Katja und Jens Nebel, Hostal El Punto, www.punto.de, La Serena – Karlheinz Krob, http://observatoriosdechile.blogspot.com, Vicuña – Ina Wenig und Christin Betzel, www.tesoro-elqui.cl, Pisco Elqui – Nicole Kretschmer/Francisco Pizarro, www.hostalmariacasa.cl, La Serena – Carmen Zúñiga-Maith, www.offenbacher-hof.cl, Viña del Mar – Christian Güntert/Alda Márquez, www.casaventura.cl, Valparaíso – Michael Arnold, www.myvalparaiso.cl, Valparaíso – Anika Steinberger/Nelson Calderon, www.encantochile.de, Stgo. – Betina Feldman/Christian Schalling, www.luzdeluna-suhaila.cl, Pelluhue – Kati Splett & Franz Schubert (deutsch & österreichisch), www.trekkingchile.com, bei Talca sowie www.tetera.cl, Pucón und www.la-chakana.com, Putre – Elke und Winfried Lohmar, www.elrinconchile.cl, bei Los Angeles – Sabine und Heinrich Schmitz, www.turismolamona.com, bei L.A. – Hans Schöndörfer, www.andenrose.com, bei Curacautin – Uta und Annette, www.loncopatagonia.galeon.com, bei Curacautin – Fam. Bentzien, www.fundolagunablanca.com, bei Curacautin – Adela und Helmut Genkinger, www.adelayhelmut.com, bei Cunco – Familie Hahn-Bernhardt, www.isla-mocha.cl, Insel im Meer – Christa Bönninghoff/Ar min Voss, www.rancho-de-caballos.com, Pucón – Mathias Boss, www.antilco.com, Pucón – Andreas Barth/Gabriela Gebhard, www.landhaus-chile.com, Pucón – Christa und Eckard von Wedelstaedt, www.clublosulmos.cl, Pucón – Marion und Jorge, www.hotelregenbogendelmar.com, Mehuin – Andreas la Rosé, www.casaazul.net, Puerto Varas – Thomas Heidbüchel, Sandra Löschner, Peter Hartmann, www.aktivotours.cl, Coyhaique – Katrin Wagner/Thomas Poppitz, 270 km südlich Coyhaique, www.backpacker-schile.com/de/hostel-alacaluf-de.php, – Sebastian Borgwardt, www.aonikenk.com, Punta Arenas – Conny Martin/Papiano Tepano, www.rapanuitravel.bizland.com, Osterinsel – Hermann Fritsch, www.hangaroatours.com, Osterinsel

Es gibt auch einige Incoming-Tourismusagenturen mit deutschen und deutschstämmigen Inhabern. Der Autor kann dazu aufgrund eigener Erfahrungen gerne Tipps geben.

Reiseveranstalter, die Chile anbieten, sind …

… in Deutschland
www.abiszreisen.de, www.ae-reiseteam.de, www.akzente-tours.de, www.america-andina.de, www.aventoura.de, www.chamaeleonreisen.de, www.chile-kult-tour-reisen.de, www.chiletouristik.com, www.chiletravels.de, www.chilli-tours.de, www.colibri-reisen.de, www.conosur.de, www.dav-summit-club.de, www.dertour.de, www.designreisen.de, www.diamir.de, www.duedderreisen.de, www.enchanting-southamerica.com, www.erlebnisreisen-weltweit.de, www.fischersouthamerica.com, www.fof.biz, www.fti.de, www.gateway-brazil.de, www.gauchotours.com, www.gebeco.de, www.hauser-exkursionen.de, www.ikarus.com, www.karawane.de, www.Kondor-Tours.de, www.kugler-reisen.de, www.lateinamerika.de, www.latinotours.de, www.lernidee-reisen.de, www.miller-reisen.de, www.moja-travel.net, www.mundo-libre-reisen.de, www.papa-yatours.de, www.pasig-reisen.de, www.reallatino-tours.com, www.ruppertbrasil.de, www.santanatravel.de, www.solevida.de, www.soliarenas-latinoamerica.de, www.southern-cross-tours.de, www.southern-sky-tours.de, www.studiosus.com, www.statravel.de, www.suedamerika-line.de, www.terranova-touristik.de, www.lateinamerika.de, www.tui.de, www.viventura.de, www.volcanes.de, www.wendy-pampa-tours.de, www.wikinger-reisen.de, www.windrose.de
… in Österreich
www.latin-america-world.com, www.jumbo.at, www.maderreisen.at, www.ruefa.at, www.jet-touristik.com
… in der Schweiz
www.baumeler.ch, www.cometreisen.ch, www.ferraritravel.ch, www.flextravel.ch, www.boalingua.ch, www.dorado.ch

Standard-Stadttouren Santiago, mit Bussen: www.turistour.com, www.turistik.cl Verkaufsstellen: Boulevard de Parque Arauco, Patio Bellavista und in den besten Hotels, Informationen unter Tel. 2-2201000; Haltestellen bei den wichtigsten Sehenswürdigkeiten.
Camping: www.camping.cl Outdoor-Tourismus: www.azimut360.com, www.ecoexplorer.cl, www.paredsur.cl, www.gradosur.cl, www.altue.com

4.18 Geld- und Finanzierungswesen

Die Landeswährung ist der chilenische Peso (chil. $), der gleitender Abwertung gegenüber dem US-Dollar (US-$) unterliegt.

Die Zentralbank von Chile (Banco Central de Chile) ist seit 1989 voll autonom und sie hat das Alleinrecht zur Regulierung des Geldumlaufs. Außerdem gestaltet sie die Wechselkurspolitik sowie die Modalitäten des Finanzwesens. Ferner kontrolliert sie alle Devisenzuflüsse aus Auslandskrediten bzw. -anlagen oder sonstigen Kapitalimporten. Sie darf nur Finanzinstituten, die sich in wirtschaftlicher Not befinden, kurzfristige Gelder leihen. Die öffentliche Hand bekommt von ihr keine Kredite.

Daneben gibt es die Staatsbank (Banco del Estado), welche größte Geschäftsbank des Landes ist. Sie soll hauptsächlich die Bank- und Finanzierungsgeschäfte der staatlichen Institutionen und Unternehmen abwickeln.

Inflation

Die Inflation als früher chronische südamerikanische Krankheit ging stark zurück und hat in Chile ähnliche Prozentsätze wie in Mitteleuropa (Zielkorridor 2-4 %).

Staatsschulden

Die Schulden der öffentlichen Hand wurden seit 1992 durch eine konservative Haushaltspolitik stark gesenkt, von 31,7 % des Bruttoinlandsprodukts auf nur noch 5,0 % (Ende März 2009). Aufgrund der Folgen des Erdbebens von 2010 dürfte die Staatsverschuldung aber weiter ansteigen.

Firmenkredite

Die staatliche Entwicklungsgesellschaft CORFO (www.corfo.cl) bietet langfristige Finanzierungen zu günstigen Konditionen. Sie hat überwiegend die Aufgabe, neben der Verwaltung der staatlichen Unternehmen als deren Holding die Produktionstätigkeit durch Kreditvergabe an die chilenische Privatwirtschaft zu fördern. Die Mittel hierfür stammen teilweise von der Interamerikanischen Entwicklungsbank (BID). Kleine und mittlere Exporteure können bei der CORFO eine Garantie (COBEX) bis zu 50 % für einen Banken-Kredit beantragen. Dies gilt für Firmen bis zu einem Umsatz von 30 Mio. US-Dollar und für Firmen, die bereits Aufträge aus dem Ausland haben, aber bisher noch nicht exportierten. Die teilnehmenden Banken sind BICE, Internacional, Santander Santiago, BCI, Itaú, Monex, Rabobank, BancoEstado, Security und Banco de Chile.

CORFO bietet eine Vielzahl großzügiger Kreditformen für selbstständige Einzelpersonen sowie kleine und mittlere Firmen an, auch für Anfänger. Bei Vorlage von Geschäftsplänen mit innovativen Geschäftsideen und guten wirtschaftlichen Erfolgsaussichten ist somit die Chance groß, bei der ersten Phase finanziellen Spielraum zu haben. Diese Modelle waren und sind sicherlich ein Grund für den wirtschaftlichen Erfolg Chiles. Dies gilt besonders bei außenwirtschaftlich orientierten Unternehmen.

Für ausländische Unternehmer, die in Chile investieren wollen, gibt es die CORFO-Abteilung InvestChile (www.investchile.cl).

Privatkredite

Viele Kaufhaus- und Supermarktketten bieten Kundenkarten mit Kreditfunktion an und bedienen dadurch auch die Mittelschicht, welche von den Banken in der Vergangenheit vernachlässigt wurde.

Ausländer können erst nach Erhalt der dauernden Aufenthaltserlaubnis (visa de permanencia definitiva) einen Kredit beantragen, in der Regel nach einem Jahr.

Leasing

Als Finanzierungsform wird Leasing aus steuerlichen Gründen oft angewandt, zehn Leasinggesellschaften bieten ihre Dienste an.

Ratenzahlung

Ratenzahlungen (Quotas) sind üblich (auch kleine Beträge) und werden meist fest in Pesos, in Unidades de Fomento oder in Pesos mit variablem Zins getätigt. Zahlungsziele sind 3 bis 60 Monate.

Schecks

Folgende Arten von Schecks gibt es:

- Auf den Namen des Empfängers: nur von diesem einlösbar, dabei „la orden de" und „al portador" durchstreichen. Auf der Scheck-Rückseite RUT und Telefonnummer angeben.
- Wie oben, aber zwei Querstriche auf der linken Seite des Schecks („cruzado"). Dann kann der Scheckbetrag nur vom Empfänger auf sein Konto gutgeschrieben werden (sicherste Art).
- Ohne Namen, ohne Querstriche (offen; "sin nombre y sin cruzar"): Diese Art der Bezahlung erfolgt oft bei Selbstständigen, die über kein eigenes Konto verfügen.
- Scheckhefte heißen „talonarios de cheques".

Die Bank kann gegen einen Scheck Protest einlegen wegen fehlender finanzieller Mittel des Scheckausstellers, geschlossenem Bankkonto, Anweisung der Nichtzahlung, Differenzen zwischen Nummernanzahl und Buchstaben, Diskrepanzen bei der Unterschrift, ohne Datum oder nicht existierendem Datum, abgelaufenem Scheckdatum, generell schlecht oder mit Ausbesserungen ausgefülltem Scheck.

Empfehlungen: Nie einen Blanko-Scheck ausstellen. Schecks mit Zahlungsziel sollten nur bei vertrauenswürdigen Personen und renommierten Firmen ausgestellt werden. Es sollten keine freien Stellen vor und hinter dem Geschriebenen sein.

Generell haben die Schecks eine Gültigkeit von 60 Tagen, danach müssen sie vom Aussteller revalidiert werden. Manche Banken akzeptieren die Auszahlung von Schecks nur, wenn eine „Cedula de Identidad" vorgezeigt wird. Die Cedula bekommt man aber erst einige Monate nach Beantragung des Visums.

Libreta de ahorros

Wer sein Geld sicher deponieren möchte, kann dies auf ein Sparbuch einzahlen, jedoch sind die Zinsen dafür sehr gering.

Währung und Zinsen

Um die Inflation niedrig und den Wechselkurs stabil zu halten, verfolgt die Zentralbank seit 1998 eine restriktive Geldpolitik. Der Peso-Kurs unterliegt dem Prozess des freien „floating". Die starke Verbesserung der chilenischen Wirtschaft und der enorme Exportüberschuss haben seit 2005 zu einer erheblichen Stärkung des Peso geführt. An den internationalen Finanzmärkten gelten sowohl die chilenische Währung als auch Staatsanleihen sowie Aktien als sichere Anlage. Neben dem Chilenischen Peso (CLP) wird im Geschäftsverkehr die Verrechnungseinheit UF genutzt. Durch die laufende Aktualisierung des UF-Wertes erfolgt eine Inflationsbereinigung. 2009 betrug eine UF rund 21.000 Pesos. Chiles

Regierung folgt der selbstauferlegten Verpflichtung, einen strukturellen Haushaltsüberschuss zu sichern. Ein Überschuss von 0,5 % des BIP im Staatsbudget ist jährliche Zielgröße. Gleichzeitig sind die Staatsausgaben per Gesetz an die Einnahmen gekoppelt.

Dank der Hochkonjunktur in den letzten Jahren und hoher Staatseinnahmen aus dem Kupfergeschäft konnten hohe Reserven angelegt werden, die ein umfangreiches Krisenpaket ermöglichten. Hier zahlten sich die antizyklischen und langfristigen Strategien der chilenischen Regierung aus.

Seit Oktober 2008 wurden zwei Konjunkturmaßnahmenpakete verabschiedet. Das erste half den Kapitalfluss wieder herzustellen, indem es den lokalen Akteuren Finanzspritzen im Gesamtwert von 2 Mrd. US$ gewährte. Im Januar 2009 kam das zweite Paket auf den Markt, welches Steueranreize und andere Maßnahmen in Höhe von 4 Mrd. US$ beinhaltete, insbesondere für den Bergbausektor. Im März 2009 senkte die Zentralbank erneut den Leitzins auf nur 2,25 %. Im Dezember 2008 stand der Leitzins noch auf 8,25 %. Diese Senkung sollte die Kreditattraktivität durch niedrigere Zinsraten steigern und die Wirtschaft ankurbeln.

Im Gegensatz zu den meisten anderen Wirtschaftssektoren konnte die Finanzbranche für 2009 eine recht positive Bilanz ausweisen. Es wurde in den ersten drei Quartalen eine monatliche Eigenkapitalrendite von durchschnittlich 14 bis 16 % verbucht. Der Anteil der in Verzug geratenen Darlehen, gemessen an der Darlehenssumme, stieg zwischen Januar und September lediglich von 1,0 auf 1,3 %. Deutlich höhere Quoten verzeichnete allerdings das Segment der Verbraucherkredite, hier kam es zu einem Anstieg von 5,9 auf 6,4 %. Allerdings waren die Konditionen für die Gewährung von Darlehen hinsichtlich Garantien, Laufzeiten und Kreditwürdigkeit weiterhin restriktiv.

Geldverkehr

Gas-, Wasser-, Stromrechnungen und dergleichen können sowohl in den Büros der einzelnen Versorger wie auch bei der Zahlstellenkette Servipag (www.servipag.cl, vielerorts zu finden) in bar bezahlt werden – oder bei der BCI Bank (www.bci.cl): unter Menüpunkt „pagar cuentas" können Rechnungen online bezahlt werden.

Weitere Möglichkeiten der Rechnungsbegleichung gibt es über das Einzugsermächtigungssystem PAC (bei Hausbank zu beantragen) sowie per Kreditkartenzahlung (PAT).

Bei der Travel-Cash-Card (gebührenfrei) kann man bis 10.000 EUR einzahlen, bei Diebstahl wird die Karte mit dem noch vorhandenen Betrag ersetzt. Bei Erwerb und Wiederaufladung der Karte wird eine Kommission erhoben, in der Regel 1 % vom Ladebetrag.

Weitere günstige Möglichkeiten sind die DKB-Bank-Karte oder die Postbank-Spar-Card-Visa-Plus (Gebühr etwa 1 %).

Beim Abheben in Chile an den Redbank-Automaten ist bei ausländischen Karten das Menü „Extranjeros/Foreign clients" anzuklicken (unten links beim Automaten). Meist können nur 200.000 Pesos pro Tag abgehoben werden. Automaten gibt es auch in Tankstellen, Apotheken, Supermärkten und Kaufhäusern.

Cuenta Corriente

Für die Eröffnung eines Bankkontos müssen drei Monate Gehaltseingänge oder Honorareingänge belegt werden.

Cuenta RUT

Man kann Überweisungen ausführen, seine Rechnungen online begleichen und mit der Karte Geld am Automaten abheben sowie in Geschäften bezahlen. Man hat allerdings kein Dispo, keine Schecks und keine

Kreditkarte. Die Einrichtung und Führung des Kontos ist gebührenfrei, dafür kosten die meisten Aktionen einige hundert Pesos.

Das Konto kann online über die Seite der Banco Estado oder über ein Formular bei der Bank eröffnet werden, man unterschreibt dann bei einer Filiale. Nach zwei bis drei Wochen erhält man das Konto und die Karte per Post. Den PIN gibt es in der Filiale. Das Konto existiert, sobald die Unterschrift geleistet wird. Solange man die Bankkarte noch nicht erhalten hat, kann man eingezahltes Geld in den Filialen an der Kasse abheben.

Cuenta Vista

Für Ausländer gibt es in Chile dieses spezielle Konto. Man kann sich das Gehalt vom Arbeitgeber überweisen lassen und zweimal pro Monat Geld abheben. Man erhält dann eine Karte, mit der auch – ähnlich wie bei Kreditkarten – in Geschäften bezahlen werden kann. Banken: BICE, Banco Nova.

Zahlungsaufträge nach und von Deutschland/Europa/USA:
Liedtke & Lahsen Cambios, Stefan Liedtke,
Tel.: 2-6820333, Fax: 6825273, E-mail: liedtke@entelchile.net

Geldwechseln

Die besten Kurse in Chile gibt es in Santiago, rund um die Plaza de Armas und im Zentrum in der Agustinas-Straße/Ecke Ahumada (geöffnet Mo.-Fr. 9-19 Uhr und Sa. vormittags).

Weitere Wechselstuben gibt es an den Ecken Av. Providencia mit Pedro de Valdivia und mit Manuel Montt.

Wechselstube in Las Condes: www.transpacific.cl

Schnelle Überweisungen können mit Western-Union durchgeführt werden, allerdings sind die Kurse weniger günstig. Western-Union-Filialen gibt es oft bei der Post (Correos) oder bei Turbus.

Online-Banking

Auch in Chile wird vermehrt Online-Banking angewandt.

Banken

Deutsche Bank Chile Av. El Bosque Sur 130, Piso 5, Las Condes, Santiago vorrangig Firmenkunden: Tel.: 2-3377811, Fax: 2-3377701 www.db.com/chile
UBS AG, Repräsentanz Chile Edificio Birmann 24, piso 15, Las Condes, Santiago Tel.: 2-2345555, Fax: 2-3357765, 2-3813255 www.ubs.com/1/e/wealth_mgmt_ww/chile.html (2004 Übernahme der Dresdner Bank Lateinamerika, vormals Deutsch-Südamerikanische Bank AG)
BNP Paribas – Representative Office Mariano Sanchez Fontecilla 310, Edificio Birmann 24, oficina 1601. Las Condes, Santiago, Tel.: 2-7873333, Fax: 2-7873300
Bank Julius Bär Av. El Bosque Norte 0123, of. 702, Las Condes Santiago, Tel.: 2-3331060, www.juliusbaer.com
Weitere Banken: Banco de Chile, Banco Bilbao Vizcaya Argentaria – BBVA, Banco del Desarrollo, Banco Santander Santiago, Citibank Chile, BancoEstado, ABN AMRO Chile, Scotiabank

Für deutsche Firmen, die in Chile investieren wollen, sind auch die Dresdner Bank AG (www.dresdner-bank.com) **und die WestLB AG** (www.westlb.de) **potentielle Kreditgeber.**

Kreditwürdigkeits-Auskunft

Wer Auskünfte über Personen oder Firmen bezüglich deren Zahlungsfähigkeit und/oder Schulden haben möchte, kann Informationen einholen bei www.dicom.cl.

Außerdem gibt es dort Wirtschaftsstatistiken.

Kapitel 5

AUSSENWIRTSCHAFT, AUSLANDS-INVESTITIONEN UND -BEZIEHUNGEN

Aufgrund des hohen Wettbewerbsdrucks und seiner Markttransparenz ist Chile für viele ausländische Firmen ein beliebter Testmarkt für Lateinamerika. Es gilt: „Wer hier Erfolg hat, wird auch in den anderen Ländern erfolgreich sein." Zudem ist Chile dank seiner modernen Häfen am Pazifik ein wichtiger Umschlagsplatz für den Handel anderer südamerikanischer Länder mit Asien und Nordamerika. Das Land besitzt das Privileg, ein bedeutender Anlaufpunkt in der südlichen Hemisphäre zu sein.

5.1 Außenhandel

Seit der Rezession von 1982 vollzog sich eine Internationalisierung der chilenischen Wirtschaft. Ab der zweiten Hälfte der 80er Jahre nahm der Außenhandel stark zu. Es gab ein hohes Niveau der Kapitalgüterimporte.

Nach einer rasanten Entwicklung des Außenhandels in den vergangenen Jahren sind 2009 sowohl die Lieferungen ins Ausland als auch die Einfuhren stark eingebrochen. Der Exportsektor schwächelte aber bereits 2008. Zwischen 2003 und 2007 hatten sich die Ausfuhren von 21,7 Mrd. auf 67,7 Mrd. US$ (FOB) erhöht, es folgte 2008 eine leichte Schrumpfung um 1,8 % auf 66,5 Mrd. US$. Die Einfuhren expandierten zwischen 2003 und 2008 von 17,9 Mrd. auf 57,6 Mrd. US$ (FOB).

In der chilenischen Außenwirtschaft machte sich 2009 die Abwertung des US-Dollars gegenüber dem chilenischen Peso bemerkbar. Aber entscheidend waren letztlich die ungünstige Nachfragesituation auf den wichtigen Auslandsmärkten sowie die Verringerung der Binnennachfrage. Die Ausfuhren verringerten sich in den ersten neun Monaten 2009 gegenüber der Referenzperiode 2008 um 34,9 % auf 36,0 Mrd. US$. Wertmäßig besonders stark zu Buche schlugen die deutlich niedrigeren Preise für Kupfer und andere Metalle (Kupfer: von 3,61 auf 2,12 US$/lbs), aber auch die Liefermengen verminderten sich leicht (minus 0,8 %). In vielen anderen Produktkategorien ging die mengenmäßige Auslandsnachfrage deutlich zurück (Obst, Holz- und Forstwirtschaftsprodukte, Metallwaren, Nitrate, Kfz-Reifen usw.).

Der Import verminderte sich in den ersten neun Monaten 2009 um 37,4 % auf 27,6 Mrd. US$ (cif). Besonders stark wirkte sich der Rückgang bei Brennstoffen, Straßenfahrzeugen, Eisen- und Stahlprodukten sowie Düngemitteln aus.

Wirtschaftsdaten:
Einfuhrdeckung (Monate): 2006: 6,5; 2007: 4,6; 2008: 4,8; Prognose 2009: 5,4.
Außenhandel (Mrd. US$ / %) 2006; 2007; 2008: Einfuhr: 35,1 / +16,7; 43,2 / +23,1; 56,6 / +31,0. Ausfuhr: 56,4 / +42,7; 65,1 / +15,4; 63,3 / -2,8. Saldo (Mrd. US$): 21,3; 21,9; 6,7.
Einfuhrgüter (in % der Gesamteinfuhr) 2008: Erdöl 25,6; Maschinen 11,5; Kfz und -Teile 9,0; chemische Erzeugnisse (ohne Kunststoffe) 8,7; Elektronik 6,0; Eisen und Stahl 4,7; Elektrotechnik 2,9; Kunststoffe 2,5; Bekleidung 2,4; Erdgas 2,2; Erze und Metallabfälle 2,2. Ausfuhrgüter (in % der Gesamtausfuhr) 2008: Kupfer 34,8; Kupfererze und -konzentrate 18,8; Früchte 5,2; Fisch und Meeresfrüchte 4,8; Papierhalbstoffe 3,8; Molybdänerz 3,7; Wein 2,0; Kork und Holz 1,9.
Hauptlieferländer (2008, Anteil in %): USA 17,7; China 11,0; Brasilien 8,5; Argentinien 8,1; Südkorea 5,1; Japan 4,3; Kolumbien 3,4; Deutschland 3,1; Sonstige 38,8.
Hauptabnehmerländer (2008, Anteil in %): China 14,1; USA 11,8; Japan 9,9; Niederlande 6,3; Brasilien 5,8; Südkorea 5,4; Italien 4,9; Frankreich 3,3; Sonstige 38,5.

Leistungsbilanzsaldo (in % des BIP): 2006: 4,9; 2007: 4,4; 2008: -1,9; Prognosen: 2009: -2,0; 2010: 0,7
Brutto-Außenverschuldung (Mrd. US$; jeweils am Jahresende): 2006: 49,2; 2007: 55,8; 2008: 64,6; Prognosen: 2009: 64,5; 2010: 64,5.

2009 hatte Chile 20 Handelsabkommen mit 56 Ländern. Aufgrund der Freihandelsvereinbarungen lag der reale Durchschnittszollsatz bei 1,4 %, obwohl der einheitliche Einfuhrzollsatz 6 % betrug.

Die chilenischen Exporte haben eine heterogene Struktur und unterscheiden sich durch folgende Merkmale:

– Exporttradition:
Traditionelle Güter sind Salpeter, Jod, Kupfer, Molybdän, Gold, Silber, Wolle, Tierhäute, Holz und Fisch.

Eine noch relativ junge Exporttradition haben Früchte (Äpfel, Pfirsiche, Kiwis, Beeren, Weintrauben etc.), Gemüse, Wein, Frischfisch, Fischmehl, geräucherter Fisch, Obst- und Fischkonserven, verarbeitetes Holz, Möbel, Leder, Papier, Pappe, Zellulose, Druckerzeugnisse und Computersoftware.

– Stärke der komparativen Vorteile:
Wegen der günstigen Ressourcenausstattung hat Chile bei den Gütern Salpeter, Kupfer, Holz und Fisch komparative Vorteile.

Auch wegen des Überangebots und der Verfügbarkeit von relativ gut ausgebildeten Arbeitskräften dürfte Chile einen komparativen Vorteil haben bzw. noch erlangen.

– Abhängigkeit von Weltmarkteinflüssen:
Vor allem Preisschwankungen auf dem Weltmarkt (bspw. Variation der Kupfer- und Fischmehlpreise) und globale Nachfrageveränderungen (bspw. Substitution von Kupfer durch Aluminium) wirken sich auf die Exporte aus.

Dem global schnellen Wachstum des produzierenden Gewerbes stand auf der anderen Seite ein sehr langsamer Anstieg des Rohstoffhandels gegenüber.

Das für Chile sehr wichtige Kupfer hat im internationalen Handel an Boden verloren und war für die Entwicklung des chilenischen Außenhandels schon seit Jahrzehnten verantwortlich.

Die ab 1983 einsetzende Erholung der chilenischen Exporte lag unter anderem in der Diversifikation der Produkte begründet, wodurch die Kupferausfuhr in ihrer einst dominanten Bedeutung einbüßte. Die Exportdiversifikation und Exportdynamik sind der Motor der chilenischen Wirtschaft. Im Ranking der Economist Intelligence Unit für den Zeitraum von 2005 bis 2009 stand Chile auf Rang 1 der Unternehmensstandorte in Lateinamerika. Im Jahr 2007 gab es 7915 Exportfirmen mit 5258 Produkten, welche für 189 Länder bestimmt waren.

Ein weiterer Grund für den beeindruckenden Exporterfolg waren die zunehmenden Investitionen. So wurde beispielsweise die Anbaufläche für Obst erweitert. Daneben verdoppelte sich die Zahl der Exporteure und Produzenten, die sich auf Exportprodukte spezialisierten. Der reale Wechselkurs begünstigte auch die Exportaktivitäten.

Chile hat bei der Diversifikation der Zielmärkte große Fortschritte erzielt und ist somit unabhängiger von der wirtschaftlichen Entwicklung bestimmter Regionen und Länder geworden.

Das Land will durch Freihandelsabkommen mit mehr als 50 Ländern auch eine Plattform für Re-Exporte sein.

Chile gehört neben den verschiedenen bilateralen Handelsabkommen der Welthandelsorganisation (WTO), der Konvention von Montevideo, der Asiatisch-Pazifischen Wirtschaftsgemeinschaft (APEC, Asia-Pacific Economic Cooperation) und der südamerikanischen Staatengemeinschaft (SACN, South American Community of Nations) an.

Chile engagiert sich in den Vereinten Nationen (UN) bei globalen Anliegen wie Menschenrechten und Umweltthemen. Für den Zeitraum 2008-2011 wurde Chile in den Menschenrechtsrat der Vereinten Nationen gewählt. Es beteiligt sich bei Friedensmissionen der UN. Das Land ist auch in anderen multilateralen Organisationen einschließlich der Welthandelsorganisation und den internationalen Finanzinstitutionen aktiv und personell gut vertreten. Es hat keine Außenstände beim Internationalen Währungsfonds. Weltbank und Interamerikanische Entwicklungsbank sind in Chile präsent. Die UN-Wirtschaftskommission für Lateinamerika und die Karibik (ECLAC/CEPAL) hat ihren Sitz in Santiago. Deutschland ist dort seit 2005 Vollmitglied (neben sechs weiteren EU-Ländern: Frankreich, Großbritannien, Niederlande, Spanien, Portugal, Italien).

Chile gehört zu den Gründungsmitgliedern der Internationalen Agentur für Erneuerbare Energien (IRENA, www.irena.org).

Zur Stärkung seiner internationalen Position strebte Chile seit Jahren eine vollständige Mitgliedschaft in der OECD (Organisation for Economic Cooperation and Development) an und wurde Anfang 2010 als erster südamerikanischer Staat und als 31. Land insgesamt in diese Gemeinschaft aufgenommen.

EU und Rest von Europa

Der Anteil des Handels mit Europa ging ab 1970 stark zurück.

Beim Handel mit Europa konnte Chile in der Vergangenheit fast immer einen Überschuss erzielen. Die wichtigsten Ausfuhrprodukte nach Europa waren Erze, Zellulose, Frischobst, Fischmehl und Fischkonserven. Die Importe nach Chile bestanden hauptsächlich aus Fertigprodukten, vor allem Maschinen, Anlagen und Haushaltsgeräte.

Seit dem 1. Februar 2003 ist das Assoziierungsabkommen zwischen Chile und der Europäischen Union in Kraft, von dem ein enormer Impuls für den Außenhandel sowie für die europäischen Direktinvestitionen in Chile ausgegangen ist. Der Handelsaustausch mit der EU wuchs von 2002 bis 2008 um 330 %; 2008 betrug das Wachstum 9,3 %.

Seine herausragende Stellung gewinnt das Abkommen vor allem vor dem Hintergrund, dass die EU von ihrem bisherigen Standpunkt, nur mit Wirtschaftsblöcken wie dem Mercosur zu agieren, mit diesem bilateralen Abkommen abgewichen ist. Abgesehen von der Errichtung einer Freihandelszone umfasst das Assoziierungsabkommen die Bereiche Menschenrechte, Außen- und Sicherheitspolitik sowie Kooperation bei technischen Regulierungen, intellektuellem Eigentum und Zollvorschriften – Infos unter http://ec.europa.eu/trade/issues/bilateral/countries/chile/euchlagr_en.htm.

EU-Ursprungserzeugnisse ...

erhalten bei der Einfuhr nach Chile und Ursprungserzeugnisse Chiles bei der Einfuhr in die EU die Begünstigungen des Abkommens, sofern einer der nachstehenden Präferenznachweise vorgelegt wird:

- Warenverkehrsbescheinigung EUR.1
- Erklärung des Ausführers (mit Angabe der HS-Positionsnummer)

Infos unter www.zoll.de/b0_zoll_und_steuern/e0_praeferenzen/index.html

Literatur

- Nutzung des Assoziierungsabkommens zwischen der EU und Chile sowie des Netzes bilateraler Abkommen mit anderen Wirtschaftsräumen (Juan Pablo Wilhelmi; Philippi, Yrarrázaval, Pulido & Brunner, www.philippi.cl, Santiago, Juli 2005) - Assoziierungsabkommen zwischen Chile und der EU (Marlene Brokering, Rechtsanwältin Universidad Católica)
- Allgemeine Informationen zur Beziehung EU-Chile gibt es bei: www.europa.eu.int/comm/external_relations/chile/intro/index.htm

Nach deutschen Quellen (Statistisches Bundesamt) lag der Wert der chilenischen Exporte nach Deutschland 2008 bei 3,29 Mrd. US$. Es gibt in der chilenischen Exportstatistik niedrigere Werte wegen des „Rotterdam-Effekts", der die Lieferungen nach Deutschland über Rotterdam den Niederlanden zurechnet. Wichtigste Exportgüter waren Kupfererzeugnisse, Obst und Gemüse, Fisch- und Fleischwaren, Wein sowie Zellulose. In der Rangfolge der Handelspartner steht Deutschland bei den chilenischen Exporten an zehnter Stelle, bei den nichttraditionellen, also den verarbeiteten Produkten, an neunter.

Mit Exporten von 2,27 Mrd. US$ war Deutschland 2008 mit deutlichem Abstand vor Frankreich und Spanien der wichtigste Lieferant Chiles aus der EU. Nach den USA ist die EU die wichtigste Region im Bezug auf Exporte nach Chile. Bei den deutschen Exportgütern nach Chile handelt es sich insbesondere um Fahrzeuge- und Fahrzeugteile, Maschinen und Metallwaren, Mess- und Regeltechnik, Elektrotechnik, Elektronik, Papierwaren sowie fotografische und medizinische Geräte. Importe aus Deutschland betrugen 25 % der europäischen Handelsmenge.

Ausfuhr der BRD nach Chile (in Mio. Euro)

SITC-Pos.	Waren-Benennung	2007	2008	1. Hj. 2009	Veränderung
0 bis 9	Insgesamt	1.174,4	1.548,5	582,6	-17,5
0	Nahrungsmittel	14,6	9,4	4,5	9,8
51+52	Chemikalien	21,5	21,9	12,7	19,1
54	Arzneimittel	27,6	30,3	21,2	43,0
57+58	Kunststoffe	38,8	42,8	13,4	-37,6
64	Papier, Pappe	35,1	37,2	14,9	-21,4
65+84	Textilien u. Bekleidung	8,2	9,3	3,2	-31,9
67	Eisen und Stahl	23,9	35,3	6,8	-54,0
68	NE-Metalle	10,2	10,5	2,8	-54,2
69	Metallwaren	39,1	47,9	21,2	-16,1
71 bis 74	Maschinen	340,9	433,0	149,3	-27,1
75+76+776	Elektronik	35,4	31,3	15,7	13,7
77 minus 776	Elektrotechnik	71,0	81,9	39,1	4,1
78	Kfz und -Teile	145,5	177,0	25,1	-74,0
87	Mess- u.Regeltechnik	60,7	68,0	26,7	-12,4
88	Optik	6,3	5,7	2,7	0,6

Quelle: GTAI

Deutschland war also wichtigster Handelspartner Chiles in der Europäischen Union und das weltweit achtwichtigste Quellenland chilenischer Importe. Die enge wissenschaftliche und technologische Kooperation in den Bereichen erneuerbare Energien, Biotechnologie, Informations- und Kommunikations-technologie sowie Umwelt sind auch heute die Basis für zukünftige enge Wirtschaftsbeziehungen.

Es gibt auch noch interessante Chancen für chilenische Unternehmen auf dem deutschen Markt. Etwa 700 chilenische Unternehmen exportieren ihre Waren nach Deutschland, in die USA exportieren aber 2200 Unternehmen. Hinzu kommt, dass nur ein Drittel der nach Deutschland exportierten Waren keine traditionellen Produkte wie Rohstoffe und Mineralien sind. Die Exporte in andere Industrieländer sind weitaus stärker diversifiziert. Chile verkauft 1.600 verschiedene Produkte in die Europäische Union, aber nur 600 nach Deutschland.

Bilaterale öffentliche Entwicklungszusammenarbeit

Deutschland und Chile (in Mio. Euro):
Finanzielle Zusammenarbeit (brutto): 2006: 17,4; 2007: 15,4
Technische Zusammenarbeit: 2006: 9,4; 2007: 6,3

Chilenische Produkte gibt es in Deutschland bei:

www.vinos-selectos.com, Hamburg
www.chile-weinversand.de, Holzwickede
www.casachilena.de, Viersen
www.cwc.de, Zülpich
www.vino-latino.com, Langen bei Frankfurt
www.arauco.de, Nürnberg

Lateinamerika

Seit 1948 ist Chile Mitglied der Organisation Amerikanischer Staaten. Chile trat 1976 aus dem Andenpakt (Bolivien, Ecuador, Kolumbien, Peru, Venezuela) aus, da die liberale Importpolitik und die Öffnung des

Landes für ausländisches Kapital nicht mehr mit den Bestimmungen der Länder-Gemeinschaft übereinstimmte.

Bei der Gründung der lateinamerikanischen Integrations-Vereinigung ALADI, der außer den Andenpakt-Staaten noch die Mercosur-Länder Brasilien, Argentinien, Uruguay und Paraguay sowie ferner Mexiko angehörten, war Chile 1980 jedoch dabei. Ziele der ALADI waren die Schaffung eines gemeinsamen Marktes, wirtschaftliche Zusammenarbeit, arbeitsteilige Produktion und der Abbau von Binnenzöllen.

Chile ist nur assoziiertes Mitglied des Mercosur und kann somit eigene Handelsabkommen schließen. Es sucht aber durch eine Zollangleichung mit dem Mercosur eine Mitgliedschaft mit jenem vorzubereiten. Hinzuweisen ist auf den Vertrag zur Wirtschaftsergänzung zwischen dem Mercosur und Chile (Acuerdo de Complementación Económica). Ein entsprechendes Bestreben verbindet Chile auch mit der Comunidad Andina de Naciones (CAN), aus der allerdings Venezuela wegen deren angeblich zu großer NAFTA-Nähe ausgeschieden ist und sich dem Mercosur zuwendete. Auch mit Kuba, Ecuador, Guatemala und Peru schloss Chile ein Handelsabkommen. Seit 2004 beteiligt sich Chile an UN-Friedensmissionen, u. a. in Haiti.

Nordamerika und Mexiko

Die Vereinigten Staaten sind der wichtigste Handelspartner Chiles.

Seit 1.1.2004 gibt es ein Freihandelsabkommen mit den USA, mit den anderen NAFTA-Staaten Kanada und Mexiko gibt es ebenfalls Handelsabkommen.

Asien-Pazifik-Region

Die wirtschaftlichen Beziehungen zu den asiatischen und südpazifischen Ländern des pazifischen Beckens haben für Chile eine immer größere Bedeutung. Wichtige Schritte bei der Eingliederung in die Asien-Pazifik-Region waren der Eintritt in die Konferenz für wirtschaftliche Zusammenarbeit im Pazifik (PECC) im Jahr 1990 und die Bewerbung für die Aufnahme in die Wirtschaftliche Kooperation des Asien-Pazifik-Raums (APEC).

Seit 2006 gibt es ein Freihandelsabkommen mit China. Weitere Handelsabkommen bestehen mit Südkorea, Neuseeland, Singapur, Brunei, Indien, Japan sowie seit 2009 mit Australien. Gespräche fanden statt mit Vietnam, Malaysia und der Türkei.

5.2 Deutsche und europäische Wirtschaftsinstitutionen

Deutsch-Chilenische Industrie- und Handelskammer (AHK Chile)
Av. El Bosque Norte 0440 of. 601, Las Condes, Santiago
Cornelia Sonnenberg, Hauptgeschäftsführerin
Antje Wandelt, Leiterin DE International
Maiken Kayser, Senior Projektmanager
Tel: 2-2035320, Fax: 2-2035325,
E-Mail: chileinfo@camchal.cl, www.camchal.cl

Die AHK Chile ist Teil eines Netzes von 120 deutschen Auslandshandelskammern in der Welt und wurde bereits 1916 in Valparaíso gegründet. Sie hat etwa 600 Mitglieder in Chile und Deutschland und repräsentiert die wichtigsten deutschen Messen in Chile. Mit ihrem Business Center „DEinternational" steht sie deutschen Unternehmen mit vielen Beratungsleistungen und umfangreichen Marktkenntnissen zur Verfügung.

DEinternational Chile bietet ein Team mit erfahrenen und zweisprachigen Mitarbeitern mit Spezialisierung in den folgenden Themenbereichen:

- Erneuerbare Energien und Energieeffizienz
- Investititionsgüter, Bergbau und Bauindustrie
- Umwelt, Hightech, F+E
- Lebensmittel, Landwirtschaft und Retail

Neben kostenfreien Erstberatungsleistungen sichern vor allem die kommerziellen Dienstleistungen der AHK kleinen und mittelständischen Unternehmen einen effizienten Markteintritt. Diese reichen von Zollauskünften und Importvorschriften über Marktuntersuchungen, Vermittlungen von Geschäftspartnern und die Suche nach Vertretern oder Distributeuren bis zur Suche nach qualifiziertem Personal.

Darüber hinaus berät sie bei der Firmengründung in Chile und der Verhandlung mit chilenischen Geschäftspartnern und vermittelt bei Bedarf kompetente Spezialisten.

Für deutsche Unternehmen und Institutionen werden organisiert:

- Unternehmerdelegationen nach Chile
- Einkäuferreisen nach Deutschland
- Terminagenden in Chile
- Geschäftskontaktbörsen in Chile
- Firmen- und Produktpräsentationen sowie Pressekonferenzen in Chile
- Ausstellungen, Fach-Symposien, Technologie-Workshops u. a. in Chile
- Kontakt: deinternational@camchal.cl

Die Mitglieder der DEinternational Chile erhalten regelmäßig einen Newsletter und alle zwei Monate die Zeitschrift „.DE" der Kammer (Auflage 20.000 Exemplare). Die Zeitschrift wird zusammen mit der Wirtschafts- und Finanzzeitung „Diario Financiero" verteilt.

Außerdem erhalten sie einen Jahresbericht, eine Gehaltsstudie, eine Jobbörse, Informationen über chilenische Suchende von Handelspartnern und Einladungen zu Treffen von deutsch-chilenischen Persönlichkeiten aus Wirtschaft und Politik.

Kammermitglieder erhalten auch Vergünstigungen bei Hotels, Restaurants, Autovermietern, Wirtschaftspublikationen, Reise- und Gesundheitsversicherungen, Beratungsleistungen und bei anderen Mitgliederfirmen.

Die Mitgliedsbeiträge und Anmeldegebühren werden nach Größe des Unternehmens festgelegt, wobei Mitglieder in den Regionen 50 % Rabatt erhalten. Kontakt: Jaqueline Lagos – jlagos@camchal.cl.

Die Kammer ist Repräsentant folgender Messen in Chile:

- Retail: GDS Düsseldorf, Heimtextil Frankfurt, Demotex Hannover,
- Spielwarenmesse Nürnberg, Ambiente Frankfurt.
- Kapitalgüter: Interzum Köln, Ligna Hannover, Newcast Düsseldorf,
- Bauma München.
- Lebensmittel: Drinktec München, IBA Düsseldorf, Anuga Köln,
- ISM
- Köln, Fruit Logistica Berlin, Prowein Düsseldorf.
- Umwelt/Energie: Entsorga Köln, Energy Hannover.
- High Tec: IFA Berlin, Biotechnica Hannover, Medica Düsseldorf,
- CeBIT Hannover.
- Sonstige: Transport Logistic München, ITB Berlin

Seit 2006 unterhält die Kammer mit dem „Excellence Center" (CEC) ein eigenes Bildungszentrum. Es hat die Aufgabe, deutsche Erfolgsmodelle aus den Bereichen der beruflichen Bildung, universitären Vernetzung, Innovation und angewandten Forschung sowie der öffentlich-privaten Zusammenarbeit in Chile einzubringen. Hauptziel des CEC ist die Vermittlung von technischem Know-how und unternehmerischen Methoden in Bereichen, wo Deutschland weltführend ist und in Chile besonderer Bedarf besteht.

Die Kammer wurde wegen ihrer Erfahrung und ihres weitreichenden internationalen Netzwerks von der Entidad Supervisora Nacional (ESN, Aufsichtsbehörde) registriert. Diese unterstützt Unternehmen, die ihre Mitarbeiter zur Weiterbildung ins Ausland entsendet. Kontakt: capacitacion@camchal.cl.

Mit dem DIHK und dem chilenischen Unternehmensverband SOFOFA unterzeichnete die Kammer einen Kooperationsvertrag. Ziel ist die

Erhöhung der Qualität und Effizienz der technischen und universitären Berufsausbildung in Chile.

Die Kammer unterstützt ferner die deutsch-chilenische kaufmännische Berufsschule INSALCO bei der Beschaffung von Ausbildungsplätzen und ist dort im Beirat vertreten.

Für die Suche nach Arbeits- und Geschäftsmöglichkeiten ist es empfehlenswert und sehr hilfreich, die Mitgliederliste der AHK Chile nach eigenen Schwerpunkten zu durchsuchen: http://chile.ahk.de (Mitgliederservice/ Mitgliederverzeichnis).

Veröffentlichungen der AHK:

- Wirtschaftsführer Chile (Herausgabe zusammen mit GTAI)
- Erneuerbare Energien und Energieeffizienz in Chile: gegenwärtiger Einsatz, Potenziale und Fördermöglichkeiten
- Verschiedene Branchenberichte

Weitere Institutionen:

Germany Trade and Invest (GTAI) in Chile:

Korrespondent: Siegfried Ellermann
Don Carlos 2939, of. 409, Las Condes, Santiago
Tel.: 2-3254750, Fax: 2-3254442
E-Mail: siegfried.ellermann@gtai.de, www.gtai.de

GTAI in Deutschland:

Agrippastr. 87-93, 50676 Köln
Tel.: 0221-2057249 (direkt), Fax: 0221-2057262
E-Mail: amerika@gtai.de, www.gtai.de
Kontaktperson: Julia Morgenstern
Tel.: 0221-2057-252, Fax: 0221-2057-212
E-Mail: Julia.Morgenstern@gtai.de

Germany Trade and Invest ist die neue Gesellschaft für Außenwirtschaft und Standortmarketing der BRD. Sie ist durch die Fusion der Bundesagentur für Außenwirtschaft und der Invest in Germany GmbH zum 1. Januar 2009 entstanden. Die Gesellschaft berät und unterstützt deutsche Unternehmen bei der Erschließung von Auslandsmärkten sowie ausländische Unternehmen bei der Ausdehnung ihrer Geschäftstätigkeit auf Deutschland.

Sie erstellt Publikationen über Märkte, ökonomische und rechtliche Bedingungen, Zollvorschriften und Einfuhrverfahren für fast alle Länder der Welt. In den Regionalreferaten werden die Reihen „Exportieren nach ...", „Wirtschaftsdaten aktuell" und „Wirtschaftstrends" herausgegeben. Desweiteren werden überregionale Sonderpublikationen für wichtige Branchen verfasst.

Bundesministerium für Wirtschaft und Technologie (BMWi)

Das Ministerium betreibt die website www.ixpos.de, auf der Infos zu den jeweiligen Ländern zu finden sind.

EU-Delegation Chile Av. Ricardo Lyon 222, Torre Paris, 3er piso, Providencia, Santiago Tel.: 2-3352450, Fax: 2-3351779, www.delchl.ec.europa.eu/
European Commission, EuropeAid Co-operation Office (AIDCO) AL-INVEST Programme Unit B2 / J54, 4-13, Rue de la Loi 200, 1049 Brüssel, Belgien Tel.: 0032-2-2954414, 2961930, 2956074, Fax: 0032-2-2991080 E-Mail: europeaid-al-invest@cec.eu.int http://europa.eu.int/comm/europeaid/projects/al-invest/index_en.htm

Das Al-Invest-Programm der Europäischen Union sieht die Abhaltung von programmierten Branchentreffen europäischer und lateinamerikanischer Unternehmen vor, die von Institutionen wie z. B. IHK's, Fachverbänden oder Consultants bzw. Eurozentren in Europa und Lateinamerika durchgeführt werden. Ziel ist die Aufnahme von Geschäftsbeziehungen im

Rahmen von Exportgeschäften, Lizenz- oder Zulieferverträgen mit dem Ziel eines späteren Joint Ventures; jährlich sind 30 Treffen mit insgesamt etwa 2000 Unternehmen vorgesehen; das Al-Invest-Programm erfasst die EU-Mitgliedsstaaten und 18 Staaten in Lateinamerika.

AL-INVEST III
Avenue des Arts 19, A-D, 1000 Brüssel, Belgien
Tel.: 0032-2-7884840, 7884848, Fax: 0032-2-7884849
E-Mail: info@al-invest3.org, Internet: http://www.al-invest3.org

Agentur für Marketing und Internationale Kommunikation AMIK
Severinstr. 10-12, 50678 Köln
Tel.: 0221-3101841/2, Fax: 0221-3101843,
E-Mail: info@amik.de, www.amik.de

Unterstützung von Kooperationen und Handel zwischen europäischen und lateinamerikanischen Unternehmen; Aufbau und Pflege von Wirtschaftskontakten; Markt-, Konkurrenz- und Produktanalysen; Identifizierung potentieller Geschäftspartner; Organisation von Geschäftsreisen; Repräsentation von Unternehmen und Messen; Presse- und Öffentlichkeitsarbeit; Mitglied im Netzwerk des AL-INVEST-Programms der EU; Organisation von Kooperationsbörsen und Seminaren; Betreuung von Unternehmerdelegationen in Europa und Lateinamerika.

Connosco e.V.
Lotharstr. 14-18, 50937 Köln
Tel.: 0221-2778035, Fax: 0221-2778037
E-Mail: info@connosco.de, www.connosco.de

Gegründet von Studierenden der Regionalwissenschaften Lateinamerika an der Universität Köln; Wirtschaftsberatung für Unternehmen und Institutionen aus Deutschland, Lateinamerika, Spanien und Portugal, die ihre Geschäftstätigkeiten auf die jeweils anderen Märkte ausdehnen wollen; Erarbeitung qualitativ hochwertiger kundenspezifischer Marktanalysen,

Vertriebs- und Exportstrategien; Realisierung von Projekten im wirtschaftlichen, kulturellen und politischen Bereich; Intensivierung des Wissens- und Technologietransfers zwischen Unternehmen, Universitäten und anderen Institutionen unter besonderer Beachtung gesellschaftlicher, ökologischer und sozialer Wertvorstellungen; Planung und Begleitung von Unternehmerreisen; Organisation von Besuchen auf Fachmessen; Dolmetscherdienste; Übersetzung von Firmeninformationsmaterial von der spanischen oder portugiesischen Sprache ins Deutsche oder umgekehrt; Veranstaltung von themenspezifischen Workshops.

Lateinamerika Verein e.V.
Raboisen 32, 20095 Hamburg
Tel.: 040-4134313, Fax: 040-457960,
E-Mail: info@lateinamerikaverein.de
www.lateinamerikaverein.de
www.lateinamerika-business-plattform.de

Branchenübergreifende Förderung der Auslandsaktivitäten der deutschen Privatwirtschaft in Lateinamerika, der Karibik und der Iberischen Halbinsel; Beratung in Außenwirtschaftsfragen; aktuelle Berichterstattung; Erfahrungsaustausch über die Länder der Region; Kontakte zu Entscheidungsträgern der Region; Interessenvertretung gegenüber staatlichen Stellen in Deutschland, der EU und Lateinamerika.

Lateinamerika-Initiative der Deutschen Wirtschaft (LAI)
c/o Deutscher Industrie- und Handelskammertag e.V. (DIHK)
Breite Str. 29, 10178 Berlin,
Tel.: 030-203082308, Fax: 030-203082333
E-Mail: lai@dihk.de, www.dihk.de/LAI

1994 gegründet, Träger:
- Deutscher Industrie- und Handelskammertag e.V. (DIHK),
- Bundesverband deutscher Banken (BdB),
- Bundesverband der deutschen Industrie e.V. (BDI),
- Bundesverband Großhandel, Außenhandel, Dienstleistungen e.V. (BGA),
- Deutsche Auslandshandelskammern in Lateinamerika (AHKs),
- Lateinamerika-Verein e.V. (LAV).

Zielsetzung ist die Verbesserung des Gesamtimages der Region in Deutschland sowie die Sicherung und der Ausbau der deutschen Wirtschaftsposition, insbesondere des Mittelstandes, in Lateinamerika; Stärkung regionaler Wirtschaftskooperation und von Integrationsprozessen; Intensivierung der Zusammenarbeit und der Ausschöpfung des Investitionspotentials zwischen deutschen und lateinamerikanischen Unternehmen; Marktzugangs-Verbesserung in einzelnen Ländern und regionalen Zusammenschlüssen; Bündelung und strategische Ausrichtung der Aktivitäten in Deutschland und Lateinamerika; Verbesserung der Ausbildung von Fachkräften für Unternehmen in Lateinamerika; Mittlerfunktion gegenüber der Bundesregierung; Ausrichtung der Lateinamerika-Konferenz der deutschen Wirtschaft (www.lateinamerika-konferenz.de) im Zweijahres-Rhythmus.

Simon-Bolivar-Gesellschaft e.V.
Friedrichswall 1, 30159 Hannover
Tel.: 0511-1205449, Fax: 0511-120995449
E-Mail: heino.heierberg@mw.niedersachsen.de
Förderung der niedersächsischen Wirtschaftsbeziehungen mit Lateinamerika.

Cámara de Cooperación y Desarrollo Chileno-Europea Apartado de Correos 378, 28220 Majadahonda, Spanien, Tel.: 0034-916386638, Fax: 0034-916386638
gepa2 Gesellschaft für Außenwirtschaft, Marketing und Design mbH Olshausenstr. 23, 24118 Kiel Tel.: 0431-94040, Fax: 0431-95897, E-Mail: info@gepa2.de www.gepa2.de

gepa steht für German Export Promotion Activities; Erarbeitung von Markt- und Absatzanalysen; Bereitstellung von Länder-, Wirtschafts- und Brancheninformationen; Durchführung von Delegationsreisen; Betreuung ausländischer Delegationen in Deutschland; Vertretung deutscher Firmeninteressen und Vermarktung von Unternehmen und ihren Produkten im Ausland; Veranstaltungsmanagement; Absatz- und Exportförderveranstaltungen; Unterstützung bei der Gestaltung von Printpublikationen, Anzeigen und Internetauftritten; Zusammenarbeit mit dem BMWi und der GTAI.

5.3 Exportförderungspolitik

Durch die Importliberalisierung sollten die Exporte wegen eines indirekten Wettbewerbsdrucks gefördert werden, als Folge einer Produktionskostensenkung durch die zollbedingte Verbilligung von importierten Rohstoffen und Zwischengütern. Möglichst viele Exporteure sollten sich am Außenhandelsgeschäft beteiligen und die komparativen (Kosten-)Vorteile nutzen. Der Markt sollte sich frei entfalten können und die Öffnung zum Ausland eine effiziente Spezialisierung der internen Produktion fördern.

Es wurden dabei jedoch auch – aus neoliberaler Sicht – von der Wirtschaftspolitik abweichende Mittel angewandt, z. B. die Errichtung der staatlichen Institution PROCHILE (www.prochile.cl), welche dem Außenministerium angeschlossen und heute in 29 Ländern mit Büros vertreten ist. Die Aufgabe von PROCHILE besteht u. a. darin, mögliche Exporteure zu unterstützen durch Marketing, Preisberatung, Produktwerbung im Ausland sowie Kontaktherstellung zwischen dem chilenischen Exporteur und möglichen ausländischen Abnehmern. Es wurden auch Steuervergünstigungen gewährt, vor allem bei der Mehrwertsteuer.

5.4 Rahmenbedingungen für Auslandsinvestitionen

Was Chile für ausländische Unternehmen interessant macht, sind günstige Rahmenbedingungen wie politische Stabilität, eine verlässliche Wirtschaftspolitik und Gesetzgebung sowie die geringe Korruption. Nach einer Studie der Organisation „Transparency International" nimmt Chile bezüglich der Korruption von 180 Ländern Platz 23 ein, knapp hinter Deutschland, Japan und den USA. Chile ist damit das Land mit der geringsten Korruptionsrate in Südamerika. Ein weiterer Vorteil ist die hervorragende Infrastruktur – nach neuesten Studien die beste in ganz Lateinamerika. Chile wird dank positiver Indikatoren seiner Wirtschaftsentwicklung als „sicherer Hafen" der Region geschätzt.

Die Gründe für den guten Ruf Chiles sind: ein seit vielen Jahren konstantes Wirtschaftswachstum, Haushaltsdisziplin, geringe Inflation, eine unabhängige Zentralbank, eine fast vollständig abgebaute Staatsverschuldung und die konsequente Liberalisierung der Wirtschaft.

Der Staatsanteil betrug weniger als 20 %. Das BIP pro Kopf betrug 2008 11.910 US$ und lag 2009 leicht darunter. Dies ist mit den meisten osteuropäischen EU-Mitgliedsländern vergleichbar.

Die BIP-Entstehung 2008 in %:

Bergbau 17,6 (darunter Kupferbergbau 15,5); Industrie 12,8; Finanz- und Unternehmensdienstleistungen 15,2; Handel und Gastgewerbe 8,8; Bauwirtschaft 7,6; Transport 5,0; Immobilien 4,7; Land- und Forstwirtschaft 3,1; Elektrizität, Gas und Wasser 3,4; Kommunikation 2,2; Fischfang 0,6.

Der seit über 25 Jahren offene Markt sorgt dafür, dass viele international renommierte Unternehmen in Chile vertreten sind. Die außenwirtschaftspolitische Aktivität des Landes wird flankiert durch ein beachtliches Engagement.

Durch gezielte Innovationsstrategien soll der noch relativ schwache Sektor der Forschung und Entwicklung gestärkt werden, um die Wirtschaft zu diversifizieren und nachhaltiger zu gestalten.

Stärken:

- Liberalisierter und offener Markt: Freihandelsabkommen mit allen wichtigen Industrienationen.
- Chile gilt aufgrund des hohen Wettbewerbsdrucks und der Markttransparenz als Testmarkt für Lateinamerika.
- International wettbewerbsfähige Kostenstruktur und Steuersätze.
- Sehr modernes Bank- und Finanznetzwerk (alle Banken in Chile erfüllen Anforderungen von Basel).
- Positive Wirtschaftsentwicklung: höheres Wirtschaftswachstum als der Rest von Lateinamerika.
- Chile war für die globale Finanz- und Wirtschaftskrise gewappnet.
- Schnelle Reaktion: Zentralbank legte den Leitzins im März 2009 auf 2,25 % (Leitzins sank in wenigen Monaten um 600 Punkte).
- Staatshaushaltsüberschüsse der vergangenen Jahre stehen für Konjunkturmaßnahmen zur Verfügung.
- Für 2009 wurde ein Konjunkturpaket von 4 Mrd. US$ zur bereitgestellt (entspricht ca. 2,8 % des BIP).
- Staatliche Förderprogramme stärken Liquidität, niedrigste Einkommensgruppen und Arbeitsplatzbeschaffung über
- Investitionsprogramme (Bau, Infrastruktur, Gesundheitssystem).

Schwächen:

- Überwiegend Technologieimport, da der Forschungs- und Entwicklungsbereich in Chile bisher nicht stark ausgeprägt ist.
- Ungleiche Einkommensverteilung.

- Hohe Konzentration auf die Hauptstadt Santiago (35 % der Gesamtbevölkerung leben in Santiago).
- Unternehmensführung (Minister in Führungsgremien von Staatsunternehmen).
- Bekämpfung von Unregelmäßigkeiten in der Verwaltung.
- Steuerpolitik (mangelnder Austausch von Bankdaten für Steuerprüfzwecke)
- Schwachstellen im System der Privatpensionen.

Gefahren aufgrund der Krise:

- Rückgang der Exporte.
- Rückgang der Binnennachfrage.
- Steigende Arbeitslosigkeit.
- Einfluss auf die Zahlungsfähigkeit der privaten Konsumenten. Gefahr von Zahlungsverzug im Gesamtsystem.
- Einbrüche in Großunternehmen und in stark betroffenen KMUs.

5.5 Auslandsinvestitionen

Im Jahr 1974 wurde durch ein liberales neues Gesetz über Auslandsinvestitionen eine wichtige Voraussetzung für die Einfuhr von Kapital, Technologie und Know-how aus dem Ausland geschaffen. Garantiert wurde eine Rücktransfermöglichkeit von Kapital und Gewinn nach drei Jahren.

Anfangs wurde diese Liberalisierung nicht im selben Ausmaß wie die Öffnung des Warenhandels betrieben, weil die Kontrolle des Kapitalzuflusses ein Bestandteil der antiinflationären Geldpolitik war. Bis zum Jahr 1980 wurden jedoch mit sinkender Inflation fast alle Restriktionen im Finanzbereich aufgehoben.

Da die neue Wirtschaftspolitik weitgehend den Vorstellungen des internationalen Währungsfonds (IWF) entsprach, erhielt das Land großzügige Kredite. Das gestiegene ausländische Interesse an Chile wurde unter anderem durch sehr liberale Investitionsgesetze verursacht, welche die Gleichberechtigung ausländischer Investoren gegenüber Einheimischen vorsahen. Es konnte jedoch nur ein Drittel der genehmigten Investitionen realisiert werden.

Die ausländischen Direktinvestitionen betrugen 65,0 Mrd. US$ im Zeitraum 1974-2007. Spitzenreiter waren die USA vor Spanien, Kanada und Großbritannien. Der Löwenanteil ging in den Bergbau, gefolgt von Elektrizität/Gas/Wasser, der Kommunikationsindustrie, Finanzdienstleistungen und der Chemieindustrie. Die chilenische Regierung preiste das Land als „Plattform für Investitionen" im Südkegel des Kontinents und als Brücke zum asiatischen Markt. Dank der Vielzahl von Freihandelsabkommen ist der Außenhandel fast unbeschränkt möglich und macht das Land zusätzlich als Logistikcenter oder Produktionsstandort für hochwertige Produkte interessant, welche die komparativen Vorteile des Andenstaates nutzen. Da die Privatisierungsprozesse in den Bereichen Wasser, Abwasser, Strom und Telekommunikation abgeschlossen sind, werden in Zukunft die größten Mengen der ausländischen Direktinvestitionen in den Bergbau und in den weiteren Ausbau der Kapazitäten zur Energieerzeugung fließen. Der Staat Chile förderte in den letzten Jahren die Beteiligung des privaten Sektors an öffentlichen Infrastrukturprojekten durch ein Konzessionssystem. So konnten enorme Mengen privaten Kapitals für die Modernisierung der Infrastruktur (Flughäfen, Autobahnen, Tunnel, Häfen, etc.) mobilisiert werden.

Nach einer Investitionsschwäche 2006 hatten die Bruttoanlageinvestitionen in den Jahren kräftig um 12,0 % (2007) und 19,5 % (2008) zugelegt. 2009 kam es dann zu einem Einbruch. Die Investitionen gingen im zweistelligen Bereich zurück, besonders bei Maschinen und Ausrüstungen. Die Bauinvestitionen fielen nur um ca. 6 %. Für 2010 wurde wieder eine zunehmende Investitionstätigkeit festgestellt. Auch die ausländischen Kapitalgüterlieferanten konnten wieder einen wachsenden Auftragseingang verbuchen.

Aufgrund des Erdbebens von 2010 gibt es viele Änderungen bezüglich der Investitionen und der Priorität der Projekte.

Ausländische Direktinvestitionen (in Mrd. US$)
Bestand 2006: 80,7; 2007: 105,6; 2008: 101,0,
Zufluss (in Mrd. US$) 2006: 7,4; 2007: 14,5; 2008: 16,8.
Hauptländer 2008 (in %):
Kanada 41,8; Spanien 12,0; USA 10,5; Japan 7,4; Belgien 4,7; Mexiko 4,7; Niederlande 4,2; Australien 3,1; Frankreich 2,8; Großbritannien 2,7.
Hauptbranchen (Anteil in %) 2008:
Bergbau 45,1; Strom, Gas und Wasser 26,7; Transport und Lager 8,1; Finanzdienstleistungen 6,1; Kommunikation 5,4; Ingenieurs- und Unternehmensdienstleistungen 2,2; Forstwirtschaft 1,6.

Ausgewählte Großprojekte in Chile (in Mio. US$)

Vorhaben	Investitionen	Projektstand	Anmerkungen
Hafenbauprojekte bis 2020	5.000	Planungsphase	Ministerio de Obras Públicas
Wasserkraftwerke Aysén	3.200	Umweltstudien	Endesa Chile
Eisenbahn Los Andes - Mendoza (inkl. Tunnel)	3.000	Planungsphase	Ministerio Obras Públicas
Stahlwerkerweiterung	2.420	Planungsphase	Cía. Acero del Pacífico
Gold-, Silberprojekt Pascua Lama	3.000	Baubeginn	Barrick Gold
Gold-, Kupferprojekt Cerro Casale	3.649	Planungsphase	Kinross, Barrick Gold
Kohlekraftwerk Castilla	4.400	Planungsphase	MPX Energía
Kupferprojekt Quebrada Blanca	2.000	Planungsphase	Teck
Ciudad Empresarial y Aeropuerto Pudahuel (Santiago de Chile)	1.885	Durchführungsphase	Inmobiliaria Manso de Velasco (Wohnungen, Gewerbe, u. a.)
Wohnungsbauprojekt Piedra Roja	1.800	Durchführungsphase	Inmobiliaria Chicureo
Kohlekraftwerk	1.700	Planungsphase	Codelco
Ausbau der Eisenerzförderung	1.600	Planungsphase	Cía Acero del Pacífico
Autopista Vespucio Oriente (Ringautobahn in Santiago de Chile)	950	Planungsphase	Ministerio de Obras Públicas

Quelle: GTAI

Gemäß der Einstufung A+ von Standard & Poor's ist Chile wirtschaftlich und politisch der stabilste Staat in Lateinamerika mit 179,3 Punkten und wurde somit als attraktives Land für Direktinvestitionen und Outsourcing von Dienstleistungen bewertet. 2009 operierten etwa 4000 ausländische Firmen in Chile.

Länderbonität, Sept. 2009: Rang 26; Bonitätsindex 77,9 (gemäß Institutional Investor); 6-Monats-Veränderung +1,2; 1-Jahres-Veränderung -1,2
Devisenreserven (in Mrd. US$; jeweils am Periodenende): 2006: 19,4; 2007: 16,8; 2008: 23,1, Prognosen: 2009: 23,5, 2010: 25,5.

Die Geschäftspartner sind allgemein verlässlich und Deutschen gegenüber außerordentlich aufgeschlossen.

Die Agentur für Wirtschaftsförderung CORFO stärkt durch das Investitionsförderprogramm InvestChile die Positionierung Chiles als optionsreiche Investitionsplattform für ausländische Firmen. Besonders fokussiert werden hierbei strategisch bedeutende Branchen oder einzelne Regionen des Landes – Infos der dt.-chil. AHK dazu, e-mail: deinternational@camchal.cl.

Die deutschen Direktinvestitionen betrugen akkumuliert von 1990 bis Ende 2008 ca. 1,7 Mrd. US$.

Spitzenreiter waren RSA Manx Holdings (150 Mio. US Dollar), gefolgt von K+S Salz (2006: 130 Mio USD), Liebherr Emtec (33,15 Mio USD) und HDI Gerling (22,2 Mio. USD, ISE Chile). Der Großteil konzentrierte sich auf die Hauptstadtregion Metropolitana. Nur vereinzelt wurde in der Provinz investiert wie Liebherr in der II. (Bergbau-)Region, Ferrero Trading bei Fruticola Agrichile in der VII. Region, Zublin-Bau in der X. Region sowie Albrecht von Brandenstein-Zeppelin (X./XIV. Region, Land-/Forstwirtschaft).

Die Firma Software AG startete in Chile ein neues Projekt mit anfänglichen Investitionen in Höhe von 8 Mio. US$: eine Filiale zur Entwicklung von Software sowie ein Berufsbildungszentrum.

Die tatsächlichen Zahlen der deutschen Investitionen dürften aber deutlich über der chilenischen Statistik liegen, da viele deutsche Firmen über Drittländer oder über Darlehen in Chile investieren.

Bestes Beispiel sind die Kapitalanlagen von Südzucker, die in den Statistiken als belgische Investition auftauchten, weil sie über die 100-prozentige Tochter Orafti in Belgien liefen.

Mit der Internationalisierung der chilenischen Wirtschaft stieg auch der Kapitalexport ins Ausland (in 60 Länder), vor allem nach Argentinien, Brasilien, Peru, Kolumbien, USA, Venezuela, Uruguay, Spanien und Mexiko. Fast 1000 Unternehmen führten 2008 über 2000 Projekte durch.

5.6 Arbeitsmarkt aus Unternehmersicht

Der Arbeitsmarkt bietet relativ qualifizierte und motivierte Arbeitskräfte. Es gibt einige tausend Arbeitnehmer, welche auch Deutsch verstehen oder sprechen, u. a. wegen deutscher Schulen, Goethe-Instituten, als zurückgekehrte Exil-Chilenen oder als Nachfahren von Einwanderern aus dem deutschen Sprachgebiet. Die Lohn-/Lohnnebenkosten sowie die Sozialversicherungskosten (mindestens 5,2 % der Gehaltsbemessungsgrundlage) sind relativ niedrig, auch die Betriebskosten. Der Durchschnittslohn beträgt ca. 350.000 Pesos (ca. 500 EUR), etwa 70 % der Bevölkerung verdienen darunter. Die höchsten durchschnittlichen Monatsbezüge werden in Nord-Chile (u. a. Minen) und in der Metropolitana-Region erreicht. Variable Gehaltsanteile (Provisionen, Gratifikationen, Fahrtkostenzuschüsse, Essensgeld etc.) gewannen in den vergangenen Jahren an Bedeutung. Hochqualifizierte Führungskräfte verdienen in der Regel ähnlich viel wie europäische Kollegen, die Verdienstunterschiede innerhalb der Firmen-Hierarchieebenen sind enorm. Durch die vielen ausländischen Firmen in Chile besteht ein hohes Niveau an Internationalität – gerade in Santiago – und es gibt viele relativ gut ausgebildete Arbeitnehmer mit Fachkenntnissen. Jedoch gibt es Defizite beim Führungspotential, Verantwortungsbewusstsein, Pflichtgefühl, Teamgeist, Eigeninitiative,

Flexibilität und Servicementalität. Die Wochenarbeitszeit beträgt zwar 45 Stunden, jedoch ist die Produktivität niedriger als in Mitteleuropa. Eine Probezeit ist unüblich, oft werden bei Einstellungen zeitlich befristete Verträge (z. B. ein Jahr) abgeschlossen. Es besteht für den Arbeitgeber keine Verpflichtung auf Lohnfortzahlung im Krankheitsfall – dies übernimmt die Krankenversicherung und prüft meist sehr genau.

Bei Kündigungen durch den Arbeitgeber besteht eine Frist von 30 Tagen, die Entschädigung hat sich u. a. an der Dauer der Unternehmenszugehörigkeit zu orientieren. Ausländische Firmen sind gut beraten, die arbeitsrechtlichen Vorschriften in Chile einzuhalten, da die Verwaltungsangestellten der Behörden (u.a Inspección del Trabajo) oft überkorrekt sind.

Die chilenischen Gewerkschaften spielen seit ihrer weitgehenden Zerschlagung in der Zeit der Militärdiktatur im Vergleich zu Deutschland eine lediglich untergeordnete Rolle. Es gibt eine Einheitsgewerkschaft (CUT), aber der Grad der organisierten Lohnabhängigen beträgt nur etwa 15 %.

Die Forderung nach einem höheren Mindestlohn/Grundgehalt (bis Juni 2010: 165.000 chil. $) beherrschte in den letzten Jahren die öffentliche Diskussion. Die katholische Kirche sprach sich für einen „ethischen" Mindestlohn von rund 250.000 Pesos aus.

5.7 Erwerbsstruktur

Eine genaue statistische Abgrenzung in diesem Bereich ist wegen der fließenden Grenzen zwischen Arbeit, Gelegenheitsjob, Tätigkeit von unentgeltlich mithelfenden Familienangehörigen und Arbeitslosigkeit nicht möglich.

Im Vergleich zu den Industrieländern ist die Erwerbsquote in Chile ebenso wie in anderen lateinamerikanischen Ländern relativ niedrig. Das hat seinen Grund wohl hauptsächlich darin, dass weniger Frauen einen Beruf ausüben und der Anteil von Kindern und Jugendlichen an der

Gesamtbevölkerung höher ist. Kinderarbeit wird offiziell in der Statistik nicht erfasst, ist aber gerade auf dem Land üblich.

Die meisten Erwerbstätigen sind im Bereich personelle, kommunale und soziale Dienstleistungen beschäftigt, an zweiter Stelle folgt die Land- und Forstwirtschaft/Fischerei, vor dem Handel, dem Verarbeitenden Gewerbe, der Bauwirtschaft, dem Verkehrs- und Nachrichtenwesen, Banken und Versicherungen, dem Bergbau und der Strom-, Gas- und Wasserversorgungswirtschaft.

Kapitel 6

FIRMENGRÜNDUNG, INVESTITIONEN UND RECHTSWESEN

6.1 Firmengründung

Bei einer Firmengründung werden sowohl ein Partner sowie ein Rechtsanwalt benötigt, der den Gesellschaftervertrag (Escritura) in Juristen-Spanisch aufsetzt und die meisten Behördengänge erledigen kann. Gebühren und Honorare betragen um die 300.000 Pesos. Rechtsanwalt und Steuerberater/Buchhalter sind nicht vorgeschrieben, aber praktisch unumgänglich. Der Steuerberater (contador) übernimmt die Buchhaltung und die monatliche sowie die jährliche Steuererklärung (im April).

Hilfe und Infrastruktur (offizielle Büroadresse) bei der Gründung eines Mini-Unternehmens, gerade für jüngere Leute, bietet z. B. die Firma www.centropyme.cl, Av. Alonso de Córdoba 6008, of. 201 in Las Condes. Bei www.mundopyme.cl gibt es ebenfalls Informationen.

Erster Schritt der Firmengründung ist das Unterzeichnen des Gesellschaftervertrags vor einem Notar. Danach erfolgen die Eintragung ins Handelsregister, die Veröffentlichung eines Auszugs des Gesellschaftervertrages im Diario Oficial (Amtsblatt), die Erstellung einer Gesamturkunde über die vorherigen Schritte beim Notar und die Anmeldung beim Steueramt (Servicio de Impuestos Internos, SII).

Man geht mit Visum und RUT zum SII und beantragt eine Iniciación de Actividades, wobei man die Geschäftsbereiche definiert, in denen man tätig wird. Dann benötigt man „facturas“ und/oder „boletas de honorarios“. Früher musste dies alles gedruckt und beim Steueramt gestempelt werden, heute funktioniert dies auch elektronisch per Computer beim SII oder vom eigenen Büro aus.

Die Firmengründung und Beteiligung ist relativ einfach, da es überschaubare gesetzliche Auflagen (vor allem das „Decreto Ley 600“) für ausländische Unternehmen, Privatpersonen und im Ausland lebende

Chilenen gibt. Vorteilhaft ist auch der Freihandelsvertrag zwischen der EU und Chile. Die Gesellschaftsgründung kann sogar mittels Vollmachten in Chile vorgenommen werden, ohne dass der eigentliche Gesellschafter nach Chile reisen muss. Die Gesellschaftsverträge können in dem Fall vor einem chilenischen Konsulat im Ausland aufgesetzt und unterschrieben werden.

Für die Gründung eines Unternehmens kann in Chile ein Zeitraum von etwa drei Monaten veranschlagt werden. Ausländische Investoren können sich ohne Beschränkungen an chilenischen Unternehmen beteiligen, außer in den Bereichen Fischerei sowie Kohlenwasserstoff- und Urangewinnung. Die Investition muss genehmigt werden in Form eines Vertrags mit dem Komitee für Auslandsinvestitionen (CIE), in dem auch die Kapitaleinbringung innerhalb einer bestimmten Frist geregelt wird (maximal drei Jahre, im Bergbau 12 Jahre).

Das Kapital kann wie folgt eingebracht werden: frei konvertierbare ausländische Devisen, Sacheinlagen, Technologie, Kredite bis zu 50 % des Umfangs der Kapitaleinlage, Kapitalisierung von Auslandskrediten und Auslandsschulden, Kapitalisierung von transferierbaren Gewinnen.

Der Investor hat folgende Rechte:

- Gewinn-Überweisung ohne Einschränkung von Höhe und Zeitraum (nach Abzug der Steuern) sowie Rücktransfer des eingebrachten Kapitals (frühestens nach einem Jahr) nach Zahlung der Zusatzsteuer und Erhalt eines Zertifikats des CIE. Gültig für Investitionen ab 10.000 US$.
- Beständigkeit der Mehrwertsteuer und Einfuhrgebühren bei Einbringung von physischen Vermögensgegenständen.
- Beständigkeit des Einkommenssteuersatzes (40 %) für den Zeitraum von zehn Jahren (bei Investitionen von über 50 Mio. US$: 20 Jahre). Auf diesen Satz kann einmalig während der Frist verzichtet werden mit Übergang auf den allgemeinen Steuersatz (Zusatzsteuer – impuesto adicional - 2009: 35 % auf Transfers der Kapitalerträge ins Ausland oder auf Dividendenausschüttungen). Allerdings erfolgt eine Anrechnung

auf den Impuesto de Primera Categoría) sowie einer Steuer in Höhe von 17 % auf die Kapitalerträge der ausländischen Gesellschaft.

Die Investoren oder Exporteure können aushandeln, dass die zum Vertragszeitpunkt gültige Einfuhrumsatzsteuer, die Zollvorschriften und die Rechtslage während der gesamten Laufzeit gelten.

Bei Investitionen in Form von Devisen und Krediten kann nur bei über 5 Mio. US$ ein Auslandsinvestitionsvertrag nach den Vorschriften der Investitionsverordnung mit dem chilenischen Staat/dem CIE geschlossen werden. Bei Sacheinlagen bzw. Technologien ist ein Mindestwert von 250 Mio. US$ nötig.

Der Investor erhält von der Zentralbank ein Kapitaleinbringungs-Zertifikat, mit dem er die eingeführten Devisen über Geschäftsbanken frei veräußern kann.

Investitionen in chilenische offene AG's an der Börse: nach Erhalt der RUT-Nummer Einschaltung eines an der chilenischen Börse notierten Maklers als Vertreter für den ausländischen Investor. Der Makler ist für alle diesbezüglichen Rechtsgeschäfte und auch für die Abführung der Kapitalsteuer bei Verkaufsgewinnen verantwortlich.

Dies gilt aber nicht für Investoren, welche mit ihrer Einlage die Kontrolle, Verwaltung oder Geschäftsführung des betreffenden chilenischen Unternehmens übernehmen wollen.

Investoren aus registrierten „Steuerparadiesen" der OECD dürfen nur bis US$ 500.000 pro Monat investieren.

Es gibt kaum Wettbewerbsverzerrungen und kaum staatliche Eingriffe durch Subventionen. Die Währungskonvertibilität ist gegeben und der Rücktransfer von Gewinnen und Kapital ist relativ unproblematisch. Der gewerbliche Rechtsschutz entspricht dem internationalen Standard.

Außerdem schafft ein 1998 ratifiziertes deutsch-chilenisches Investitionsschutzabkommen das notwendige Vertrauen.

Ferner verpflichtet sich der deutsche Staat zur Übernahme von Kapitalanlagegarantien gegen nichtkommerzielle Risiken in Chile.

Lizenzverträge müssen von der Zentralbank Chiles genehmigt und registriert werden. Die Lizenzgebühr zugunsten eines im Ausland ansässigen Lizenzgebers unterliegt einer Steuer von 35 % und kann bei Erwerb von den notwendigen Devisen als Betriebsaufwand steuerlich verbucht werden. Außerdem muss die Gebührenzahlung über eine Bank erfolgen, welche die Zustimmung der Zentralbank benötigt. Auf jeden Fall sollte ein fachspezifischer Rechtsanwalt den Lizenzvertrag ausarbeiten und die Unterzeichnung – wie fast alle Rechtsgeschäfte in Chile – bei einem Notar erfolgen.

6.2 Firmen-Gesellschaftsformen

Im Código de Comercio (Handelsgesetzbuch) und im Código Civil (Bürgerliches Gesetzbuch) gibt es rechtliche Regelungen bezüglich der Firmen-Gesellschaftsform. Auslands-Investoren sind frei in der Wahl der Gesellschaftsform

Die „Sociedad de Responsabilidad Limitada", S.R.L. (GmbH) und die Sociedad Anónima, S.A. (AG) sind die gängigsten Formen. Desweiteren besteht die Möglichkeit, eine „Ein-Mann"-Firma, Tochtergesellschaft, Filiale, OHG, KG (auf Aktien) oder Stille Beteiligung zu gründen. Handelsgesellschaften sind zur Eintragung im lokalen „Registro de Comercio" (Handelsregister) verpflichtet. Dort sind auch Vollmachten und Handlungsbeschränkungen einzutragen.

Sociedad de Responsabilidad Limitada (GmbH)

Die S.R.L. ist verpflichtet, Bilanzen zu erstellen – sie ist aber nicht verpflichtet, diese zu veröffentlichen oder regelmäßig Jahreshauptversammlungen einzuberufen, sofern dies im Gesellschaftervertrag nicht vorgesehen ist. Die Haftung der Gesellschafter ist auf die Einlage beschränkt. Das Gesetz schreibt für die S.R.L. kein Mindeststammkapital vor. Zudem können die Einlagen in jedweden geldwerten Mitteln (z.B. auch Arbeitsleistung) eingebracht werden. Es sind mindestens zwei Gesellschafter notwendig, maximal 50. Ein chilenischer Wohn- oder Firmensitz ist nicht nötig, ein Geschäftsführer jedoch schon.

Die Gesellschaftsgründung (constitución de sociedad) erfolgt durch notarielle Urkunde und kann auch durch Bevollmächtigte geschehen. Ein Auszug der Urkunde wird innerhalb von 60 Tagen im Handelsregister eingetragen und im „Diario Oficial" (Amtsblatt) veröffentlicht. Im Gesellschaftsvertrag muss Folgendes enthalten sein: Name und Anschrift der Gesellschafter; Bestimmungen über Firma, Sitz, Kapital und Geschäftsgegenstand; Liquidationsverfahren; Schiedsklausel, Erklärung bezüglich der auf das eingebrachte Kapital beschränkten Haftung.

Die S.R.L.-Gründung dauert nur etwa drei bis vier Wochen, die Kosten sind relativ niedrig. Die Firma der S.R.L. muss den Namen von mindestens einem Gesellschafter oder den Gesellschaftszweck sowie den Zusatz „Limitada" enthalten. Der Wettbewerb zwischen Gesellschaftern und dem Unternehmen ist verboten, wenn nichts anderes vereinbart ist. Der Ein- und Austritt von Gesellschaftern bedeutet eine Modifizierung des Gesellschaftsstatus.

Organe: Die Geschäftsführung steht in einer S.R.L. grundsätzlich allen Gesellschaftern zu, es sei denn, der Gesellschaftsvertrag sieht etwas anderes vor. Eine S.R.L. verfügt über drei Organe:

die Asamblea General (Hauptversammlung), den Directorio (Vorstand) und die Gerencia General (Geschäftsführung). Die Hauptversammlung ist das beschlussfassende Organ.

Haftungsfragen: Die Haftung der Gesellschafter bei einer S.R.L. ist grundsätzlich auf die Höhe der im Gesellschaftsvertrag festgelegten Einlage beschränkt. In der Regel entspricht diese der Kapitalbeteiligung des Gesellschafters. Für die Verbindlichkeiten einer S.A. haftet das Gesellschaftskapital. Die Haftung der Aktionäre ist auf den Wert ihrer Einlage begrenzt.

S.A. (AG)

Die S.A. (AG) ist eine juristische Person und Handelsgesellschaft, welche durch die Vereinigung einer gemeinschaftlichen, von mindestens zwei Aktionären aufgebrachten Vermögensmasse gebildet wird.

Es wird unterschieden zwischen der „Sociedad Anónima Abierta" (offene AG, deren Aktien an der Börse gehandelt werden) und der „Sociedad Anónima Cerrada" (geschlossene AG).

Bei der offenen AG sind mehr als 500 Aktionäre nötig – oder die Kontrolle von mindestens 100 Aktionären über 10 % des Grundkapitals bzw. die Eintragung im Wertpapierregister. Außerdem unterliegt sie einer stärkeren formalen Kontrolle der „Superintendencia de Valores y Seguros" (Aufsichtsamt für Wertpapiere und Versicherungen), auf die Geschäftsführung wird aber kein Einfluss genommen.

Die geschlossenen AG's bestehen überwiegend aus kleinen und mittleren Familiengesellschaften, ihre Aktien werden nicht an der Börse gehandelt (Alternative zur S.R.L.). Diese Unternehmensform wird verwendet, wenn die Gesellschafter die Streuung des Kapitals kontrollieren wollen.

Die Haftung ist bei den AG's auf das Gesellschaftskapital begrenzt, die Aktionäre haften mit dem Wert ihrer Einlage.

Mindestkapital ist auch für die S.A. grundsätzlich gesetzlich nicht vorgeschrieben. Bei der Gründung muss mindestens ein Drittel des vereinbarten Kapitals in Aktien gezeichnet und eingezahlt sein, der Rest ist innerhalb von drei Jahren nach Gründung zu leisten.

Zur S.A.-Gründung sind mindestens zwei Personen erforderlich. Die Verwaltungsschritte zur Gründung sind ähnlich wie bei der S.R.L.

Die offenen S.A.'s sind verpflichtet, einen jährlichen Finanzbericht zu veröffentlichen und einen Jahresabschluss von den Aktionären in der Hauptversammlung billigen zu lassen sowie durch eine außergewöhnliche Revision zu überprüfen.

Die S.A. hat drei Organe: die beschlussfassende „Asamblea General" (Hauptversammlung), das verwaltende „Directorio" (Vorstand) und die „Gerencia General" (Geschäftsführung).

E.I.R.L., „Ein-Mann"-Unternehmen

Für Auswanderer vorteilhaft ist die in Chile seit 2003 bestehende Möglichkeit, eine „Empresa Individual de Responsabilidad Limitada" zu gründen. Einzelunternehmer können so ihr Privatvermögen rechtlich vom Unternehmensvermögen trennen.

Tochtergesellschaften und Filialen

Eine Tochtergesellschaft muss nach chilenischem Recht eigens gegründet werden, da sie rechtlich selbstständig ist.

Davon zu unterscheiden ist die Möglichkeit, „Agencias de Sociedades Anónimas Extranjeras" (Zweigniederlassungen von ausländischen Aktiengesellschaften) zu gründen.

Sociedad Colectiva (OHG)

Es gibt in Chile vereinzelt die „Sociedad Colectiva Civil" (ähnlich der deutschen Gesellschaft bürgerlichen Rechts) und die „Sociedad Colectiva Comercial" (ähnlich der deutschen Offenen Handelsgesellschaft). Der Gesellschafter haftet auch mit seinem Privatvermögen, bei ersterer jedoch nur begrenzt in Höhe des Anteils an der Geschäftsbeteiligung. Die „razón social" (Firma) der „Sociedad Colectiva" enthält die Namen einiger oder aller Gesellschafter sowie den Zusatz „y Compañía", abgekürzt „Cía".

Sociedad en Comandita (Kommanditgesellschaft):

Es gibt zwei Gesellschaftsarten: „simple" (einfache) und „por acciones" (auf Aktien). Auch hier gibt es den Zusatz „Cía". Die Regelungen sind ähnlich wie in Deutschland, jedoch ist in Chile bei der KG „auf Aktien" die Beteiligung mindestens eines vollhaftenden Gesellschafters nicht vorgeschrieben.

Asociación o Cuentas en Participación

Die Beteiligungs- oder Gelegenheitsgesellschaften entsprechen den im deutschen Gesellschafts- und Steuerrecht als typische und atypische stille Gesellschaften bekannten Beteiligungsformen. Sie entstehen nach chilenischem Recht durch privatschriftlichen Vertrag zwischen Kaufleuten oder Unternehmen. Die Geschäftsergebnisse sind in dem vereinbarten Prozentsatz zu teilen. Es liegt hier kein Gesellschaftsvertrag vor.

Joint Ventures

Sie können in Chile in Form von Gesellschaften, stillen Gesellschaften und vertraglichen Beteiligungen oder Vereinbarungen geschlossen werden. Oft sind es zeitlich begrenzte Projektbeteiligungen durch Venture-Kapital, Produktionsmittel oder Unternehmensberatung und -betreuung, oft unter (Mit-)Übernahme des Risikos für die Realisierungsmöglichkeit. In Chile gibt es bei Joint-Ventures grundsätzlich keine Sonderregelungen. Wegen einfacherer steuerlichen Abrechnungen ist es empfehlenswert, sie in der Form einer S.A. oder S.R.L. zu führen.

6.3 Wirtschaftsrecht

Chile ist ein legalistisches Land, Verträge werden immer auf eventuelle Lücken, Ausflüchte, Schwachstellen und Spezialklauseln hin untersucht, um eventuell Vorteile daraus ziehen zu können.

Investitionsrecht

Ausländischen Investitionen wird keine besondere Förderung in Form von Unterstützungszahlungen oder Steuerbefreiungen gewährt. Was Chile für ausländische Unternehmen anziehend macht, ist die Tatsache, dass Kapitalanlagen leicht und weitgehend ungehindert zu tätigen und ausländische Unternehmer von kaum einem Wirtschaftsbereich ausgeschlossen sind. Darüber hinaus verbietet das chilenische Recht staatliche Eingriffe in Verträge über ausländische Kapitalvorhaben nach deren Unterzeichnung.

Die Planungen der Unternehmen, gleich welcher Herkunft, müssen allerdings insbesondere folgenden Entwicklungsschwerpunkten/ Entwicklungszielen genügen:

- Dezentralisierung;
- Ansiedlung von Firmen, die zur Weiterverarbeitung von chilenischen Rohstoffen und damit zu einer höherenWertschöpfung im Lande beitragen;
- Ansiedlung in rückständigen Gebieten mit hoher Arbeitslosigkeit;
- Niederlassung in weit entfernten Gebieten (jeweils am weitesten von Santiago entfernt liegende, sogenannte Extremzonen);
- Förderung von erneuerbaren Energien und eines verbesserten Ertrages von Energie.

Unternehmer können entsprechend den Entwicklungszielen eine Reihe von Unterstützungsmaßnahmen in Anspruch nehmen, um ihren Markteintritt in Chile zu erleichtern und zu fördern (siehe u. a. das TodoChile Programm – www.todochile.cl).

In Chile gibt es die Freihandelszonen Zona Franca Iquique (ZOFRI), die Zona Franca Punta Arenas (PARENAZON) und die Zona Franca Industrial de Tocopilla in der Region Antofagasta. Händler und Fabrikanten sind dort von einer Entrichtung der Körperschaftssteuer, der Mehrwertsteuer sowie von Einfuhrzollabgaben befreit. Güter können rückexportiert werden, ohne dass Steuern entrichtet werden müssen. Auf Güter, die innerhalb Chiles verkauft werden, wird hingegen Einfuhrzoll und Mehrwertsteuer erhoben, wenn sie aus der Freizone ausgeführt werden. Die Einfuhrsteuer wird auch fällig, wenn es sich um Güter handelt, die aus einem Land kommen, mit dem Chile ein Freihandelsabkommen geschlossen hat. Weitergehendes findet sich u. a. im Internet: www.zofri.cl (Iquique).

Bei der Einfuhr von zollfreien und zollbegünstigten Waren entsteht eine Abfertigungsgebühr („tasa de despacho") in Höhe von 5 % des cif-Wertes. Werden Waren auf dem Luftweg eingeführt, wird eine Flughafengebühr von 2 % des Einfuhrzollbetrages erhoben.

Zwischen Deutschland und Chile besteht ein Vertrag vom 21.10.1991 über die Förderung und den gegenseitigen Schutz von Kapitalanlagen (Gesetz vom 16.7.1998 - 1998 II 1427).

Im Konkursfall besteht eine rechtliche Unteilbarkeit der Aktiva und Passiva, deren Verwaltung einem gerichtlich bestellten Insolvenzverwalter zur Liquidation übertragen wird. Für alle Handlungen den Konkursfall betreffend, muss ein in Chile eingetragener Rechtsanwalt eingeschaltet werden.

Devisenrecht

Beschränkungen des Kapitalverkehrs sind weitgehend beseitigt. Auslandsgeschäfte werden zum Freikurs abgewickelt, ansonsten freilich gilt der offizielle Kurs. Möglich ist es, im Ausland Darlehen aufzunehmen, ohne dass hierbei die Währung eine Rolle spielt. Zur Vermeidung von Geldwäsche ist der Staat in der Lage, Bankkonten zu überprüfen. Akkreditive werden anempfohlen. Unter bestimmten Umständen vermag die Zentralbank (Banco Central de Chile, www.bcentral.cl) in den Devisenmarkt einzugreifen.

Gewerblicher Rechtsschutz

Der gewerbliche Rechtsschutz wird im Wesentlichen geregelt im Gesetz Nr. 19.039 (Ley num. 19.039 establece normas aplicables a los privilegios industriales y protección de los derechos de propiedad industrial; in spanischer Sprache im Internet abrufbar). Das Gesetz unterscheidet nicht zwischen In- und Ausländern; im Ausland Ansässige müssen jedoch in Chile einen Bevollmächtigten oder Repräsentanten haben.

Der Antrag auf ein gewerbliches Schutzrecht (z. B. Warenzeichen) ist an die Abteilung für geistiges Eigentum „Instituto Nacional de Propiedad Industrial“ (INAP, inapi@inapi.cl), Moneda 970; Piso 10; Santiago-Centro, zu richten. Die Erteilung eines gewerblichen Schutzrechts ist gebührenpflichtig.

Das Patent gibt dem Inhaber das ausschließliche Recht, seine Erfindung in Chile während der Patentlaufzeit zu nutzen. Eine Erfindung kann ein Produkt oder ein Verfahren sein oder sich auf eins von beiden beziehen. Sie muss neu sein, einen erfinderischen Schritt beinhalten und gewerblich nutzbar sein. Die Laufzeit der Patente beträgt 20 Jahre.

Unter Warenzeichen versteht das chilenische Recht jedes sichtbare, neue und charakteristische Zeichen zur Unterscheidung von Produkten, Dienstleistungen, Industrie- und Handelsbetrieben. Geschützt werden auch Werbeslogans, die das Warenzeichen enthalten. Die Eintragung schützt das Warenzeichen zehn Jahre ab dem Zeitpunkt der Eintragung. Der Inhaber kann die Verlängerung für weitere zehn Jahre beantragen.

Generell ein Problem ist der geringe Schutz geistigen Eigentums für ausländische Investoren in Chile.

Urheberrecht

Mit dem Gesetz Nr. 17.336 werden die Rechte der Urheber von Kunstwerken, literarischen, wissenschaftlichen und schöpferischen Werken garantiert (z. B. Bücher, Artikel, Theater- und Musikstücke, Fernseh- und

Radiosendungen, Filme und Fotos, Konferenzen, architektonische Zeichnungen und Softwareprogramme).

Geschützt werden Chilenen und in Chile ansässige Ausländer. Ausländer ohne Wohnsitz in Chile genießen den Schutz der von Chile ratifizierten internationalen Abkommen. Das Recht besteht auf Lebenszeit und 70 Jahre nach dem Tod des Autors, es kann auch auf Ehegatten und Kinder übergehen.

Die Urheber können ihre Werke im „Registro de la Propiedad Intelectual" registrieren lassen und dort ein Exemplar hinterlegen, jedoch ist das Werk ab Entstehung automatisch bereits geschützt. Das Register wird beim Departamento de Derechos Intelectuales als Abteilung der Dirección de Bibliotecas, Archivos y Museos (DIBAM) geführt. Für die Einschreibung ist ein bestimmter Betrag zu entrichten.

Aufträge der öffentlichen Hand

2003 trat in Chile das erste Gesetz über öffentliche Ausschreibungen in Kraft. Es sollte zu einer größeren Transparenz der öffentlichen Vergabepraxis führen und einen einfacheren Zugang privater Unternehmen zu den Vergabeverfahren ermöglichen. Das dazugehörige elektronische Informationssystem heißt ChileCompra.

Gewährleistung unter Kaufleuten

Verkäufer haften für verborgene Mängel. Eine Vertragsauflösung (Wandelung) ist in solchem Fall ebenso möglich, wie eine anteilige Kaufpreisrückerstattung (Minderung) – siehe Art. 1857 ff. i.V.m. 1837 Código Civil de la Républica de Chile.

Der Käufer kann Wandelungsklage erheben, wenn der Mangel bereits zum Kauf-Zeitpunkt vorhanden war, der Kaufgegenstand nicht zu seinem bestimmungsgemäßen Gebrauch verwendbar ist und der Verkäufer nicht auf den Mangel hingewiesen hat.

Bei geringeren Beanstandungen, bei denen die Sache trotz Mängeln zum normalen Gebrauch geeignet bleibt, kann der Käufer nur Minderung verlangen.

Die Wandelungsklage muss grundsätzlich spätestens sechs Monate nach Übergabe der Sache geltend gemacht werden; bei unbeweglichen Sachen beträgt die Frist ein Jahr. Minderungs- und Schadensersatzansprüche verjähren bei beweglichen Sachen nach einem Jahr, bei unbeweglichen nach 18 Monaten.

Sicherungsmittel

Die Vereinbarung eines Eigentumsvorbehalts in einem Kaufvertrag ist in Chile kein geeignetes Mittel, die Rechte des Verkäufers zu sichern. Seine Vereinbarung ist zwar zulässig, gibt dem Vorbehaltsverkäufer aber keine weitergehenden Rechte als einem normalen Verkäufer.

Besser für den Verkäufer ist, sich ein besitzloses Pfandrecht eintragen zu lassen. Der Vertrag hierzu muss von einem Anwalt aufgesetzt und notariell beglaubigt sowie im Pfandregister eingetragen werden. Wenn es sich um ein bewegliches Gut handelt, erfolgt eine Veröffentlichung im Diario Oficial (Amtsblatt).

Produzentenhaftung und Verbraucherschutz

Im Verbraucherschutzgesetz Nr. 19496 (Ley 19496 del Estado de Chile, que establece normas sobre protección derechos de los consumidores) regelt Chile die Haftung von Warenherstellern und die Rechte von Verbrauchern. Das Gesetz bezieht sich auf handels- wie zivilrechtliche Rechtsgeschäfte und enthält Bestimmungen zu Entschädigungen. Verbraucher, die Anlass haben einen Fehler einer Ware zu beanstanden, wenden sich an ihren Händler. Ist ein solcher nicht erreichbar, ist unmittelbar der Hersteller oder der Einfuhrunternehmer zu kontaktieren. Innerhalb von drei Monaten ist eine Reparatur, Kaufpreiserstattung oder ein Umtausch kostenlos; den Schaden hat der Schädiger grundsätzlich zu ersetzen.

Unklare oder zweideutige Vertragsklauseln werden im Zweifel zu Lasten des Lieferanten ausgelegt. Seit 2004 sind auch Sammelklagen zulässig.

Immobilienrecht

Ausländer können in Chile Grundeigentum erwerben, wenn sie die Steuernummer RUT besitzen; sie unterliegen keinen Beschränkungen. Jedoch dürfen Grundstücke in Grenznähe (bis 10 Kilometer) nur von Chilenen erworben werden. Sehr wichtig ist, sich beim Grunderwerb die korrekten Eigentumsrechte des Verkäufers unter Einschaltung eines Anwalts nachweisen zu lassen.

Vertriebsrecht

Handelsvertreter sind Personen, die dauerhaft gegen Bezahlung und auf Rechnung ihres Vertragspartners dessen Geschäftsabschlüsse in einem bestimmten Bereich fördern. Eigene Gesetze zum Handelsvertreterrecht sind in Chile nicht vorhanden. Wichtig sind deshalb die allgemeinen zivil- und handelsrechtlichen Regelungen; entsprechendes gilt für Vertragshändler.

Der Handelsvertreter hat für von ihm vermittelte Geschäftsabschlüsse einen Anspruch auf Provision. Diesen hat er grundsätzlich auch hinsichtlich solcher Geschäftsabschlüsse, die sein Geschäftsherr in dem ihm zuerkannten Vertragsgebiet ausführt, ohne dass er selbst mitgewirkt hätte. Von einem Handelsvertreter vermittelte Geschäftsabschlüsse, deren Durchführung allein der Geschäftsherr verweigert oder vereitelt, berühren den Provisionsanspruch nicht.

Handelsvertreter dürfen nicht verschiedene andere Prinzipale im selben Geschäftsbereich und im selben räumlichen Bezirk vertreten und keine untereinander konkurrierenden Waren anbieten. Wettbewerbs- bzw. Kartellrechtsverletzungen können strafrechtlich geahndet werden.

Verträge, die auf unbestimmte Zeit geschlossen wurden, sind von jeder Seite kündbar. Die ordentliche Kündigungsfrist ist entweder zwischen den Parteien vertraglich geregelt oder aber sie ergibt sich aus den Geschäftsgebräuchen. Auf jeden Fall hat die Frist angemessen zu sein. Zeitverträge enden mit Zeitablauf. Vor diesem Zeitpunkt ist eine Kündigung möglich, wenn solches der Vertragstext gestattet oder ein Vertragsbruch der Gegenseite die Kündigung rechtfertigt.

Kündigt der Geschäftsherr seinem Handelsvertreter, ohne dass dieser hierfür einen Anlass gegeben hätte, so hat er, der Vertretene, dem Vertreter eine Ausgleichszahlung zu entrichten. Deren Höhe hinsichtlich des entgangenen Gewinns bemisst sich anteilig nach dem Betrag der Provisionssumme, die ein Handelsvertreter in der Zeit der Vertragsdauer erhalten hatte. Auch ist der unmittelbar mit der Kündigung entstandene Schaden zu ersetzen. Für die Kündigung eines Vertragshändlervertrages gelten die aufgezeigten Bestimmungen für Handelsvertreter entsprechend.

Rechtsverfolgung

Zwischen Deutschland und Chile ist die Gegenseitigkeit im Wesentlichen verbürgt. Chilenische Gerichte erkennen deutsche Urteile an und vollstrecken sie, wenn Folgendes erfüllt ist:

- kein Widerspruch zum materiellen chilenischen Recht,
- kein Widerspruch zur ausschließlichen Zuständigkeit chilenischer Gerichte,
- die ausländische Klageschrift wurde dem Beklagten ordnungsgemäß zugestellt, und er konnte seine Rechte angemessen wahrnehmen,
- das Urteil ist in Deutschland rechtskräftig.

Die Anerkennung des deutschen Urteils erfolgt durch den Obersten Gerichtshof (Corte Suprema). Für das Vollstreckungsverfahren ist das örtliche Gericht zuständig, das für ein entsprechendes erstinstanzliches Verfahren in Chile zuständig wäre. Es besteht zwischen der BRD und Chile kein Vollstreckungsabkommen.

Schiedsgerichtsbarkeit

Chile ist Mitglied des New Yorker Abkommens über die Anerkennung und Durchführung von Schiedssprüchen vom 10.06.1958.

Es gibt in Chile Juzgados de Letras, erstinstanzliche Gerichte am Wohnsitz des Beklagten in Kriminal-, Zivil- und Handelsangelegenheiten. Berufungsgerichte (oft zweitinstanzlich) heißen Cortes de Apelaciones.

Das chilenische Recht ist, wie die Rechtsordnungen anderer iberoamerikanischer Staaten, vom französischen Rechtsdenken mitgeprägt, unterlag aber auch Einflüssen aus dem Deutschen – chilenische Gesetze in spanischer Sprache: www.bcn.cl.

Normen verkauft das Instituto Nacional de Normalización (www.inn.cl). Daten zu anderen Standards sowie Regulierungen müssen bei den zuständigen Ministerien und Fachbehörden eingeholt werden. Seit Ende 2006 versucht das Wirtschaftsministerium die Informationen zu bündeln (siehe „www.reglamentostecnicos.cl“).

6.4 Ehe- und Familienangelegenheiten:

Im Falle einer Heirat mit Chilenen sollte man bei Investitionen sehr vorsichtig sein und alles über Verträge mit Hilfe eines Anwalts ausarbeiten lassen, der sich nicht nur mit chilenischem Recht, sondern auch mit dem deutschen Wirtschaftsrecht gut auskennt. Auch sollte man von Anfang an profunde (das heißt sehr gute) Kenntnisse in der spanischen Sprache haben, denn sonst gibt man die Kontrolle komplett ab und ist 100 % auf den Ehepartner oder den chilenischen Geschäftspartner angewiesen. „Sacar plata“ (Geld herausziehen) ist der Begriff in Chile, wenn jemand finanziell ausgenommen werden soll, und dies sollte vermieden werden. Nicht immer ist Liebe und Zuneigung das Motiv für eine Eheschließung mit Europäern. Wenn die Heirat in Deutschland stattfand, muss diese Ehe danach in Chile beim „Registro Civil“ eingetragen werden und der „Begüterte“ sollte dabei auf Gütertrennung (separación de bienes) bestehen. Für europäische Ehepartner von gut situierten Chilenen ist hingegen Gütergemeinschaft die bessere Wahl.

Bei Investitionen sollte man alles über seinen Namen laufen lassen. Die Gesetze schützen auch Ausländer, aber die Vorteile liegen aufgrund der Beweisführung eher bei Einheimischen.

Auf keinen Fall sollte man sich von der Großfamilie des chilenischen Ehepartners einwickeln lassen. Ansonsten muss man sich darüber im Klaren sein, dass man immer auch die Familie mit heiratet und oft der finanziell Stärkere in die Verantwortung genommen wird. Andererseits kann einem die Großfamilie durch ihr ausgeprägtes, langjähriges soziales und gesellschaftliches Beziehungsgeflecht auch interessante Chancen bieten – Eheschließung: www.registrocivil.cl/f_matrimonio.html.

In Chile wird eine im Ausland geschlossene Ehe ohne weiteres anerkannt. Wird diese Ehe in Chile oder in einem chilenischen Konsulat eingetragen, so gilt bei Schweigen der Eheleute Gütertrennung als vereinbart. Will man dies nicht, so muss man bei der Eintragung in das Heiratsregister ausdrücklich den gesetzlichen Ehegüterstand oder die Zugewinngemeinschaft vereinbaren.

Bei in Chile geschlossenen Ehen ist chilenisches Recht anzuwenden, auch wenn die Eheleute Ausländer sind und sich nicht in Chile aufhalten.

Das Familienrecht in Chile wurde seit 1999 reformiert und dem internationalen Standard angepasst. Wichtige Gesetze sind das neue Ehegesetz Nr. 19.947, das Gesetz über Verlassen der Familie mit Unterhaltszahlung Nr. 14.908 und Gesetze über Minderjährige 16.618 und die Adoption von Minderjährigen 19.620.

Das Gesetz 19.968 regelt das prozessuale Familienrecht innerhalb des Código Civil (BGB). Demnach begründet die Nichterfüllung der ehelichen Pflichten wie Treue, gegenseitige Hilfe und Respekt einen Scheidungsgrund.

In Chile behalten die Ehepartner ihre Geburtsnamen, die Kinder erhalten als ersten Nachnamen den des Vaters und als zweiten Nachnamen den der

Mutter. Der ausländische Ehepartner erhält in der Regel nach einem Jahr die Permanencia Definitiva (dauerndes Aufenthaltsrecht), nach weiteren fünf Jahren kann er die chilenische Staatsangehörigkeit beantragen. Seit 2004 gibt es ein Scheidungsgesetz, generell muss man bei Einvernehmlichkeit mit etwa 400.000–800.000 chil. $ Scheidungskosten rechnen. Ein Trennungsjahr von einem Jahr ist nachzuweisen und einzuhalten.

Falls ein Ehepartner nicht einverstanden ist, erfolgt eine einseitige Scheidung nach drei Jahren Trennungszeit. Daneben gibt es unter bestimmten Voraussetzungen die Möglichkeiten eines Ehenichtigkeitsurteils oder die „Auflösung der ehelichen Lebensgemeinschaft", ohne die Ehe selbst aufzulösen (Personenstand der „gerichtlichen Trennung").

Das Sorgerecht für Kinder kann bei der Mutter bleiben oder dem Vater zugesprochen werden, wenn es besser für das Wohl des Kindes ist. Bei Misshandlungen, Vernachlässigung, Nichtzahlung von Unterhalt oder anderen schwerwiegenden Gründen wird die Personensorge dem anderen Elternteil übertragen und im Fall der elterlichen Ungeeignetheit zur Kindererziehung Dritten (z.B. Verwandten).

Der nicht die Personensorge ausübende Elternteil hat ein Anrecht auf die Regelung eines angemessenen Umgangsrechts mit dem Kind. Nur wenn der Umfang das Wohl des Kindes beeinträchtigt, kann das Anrecht suspendiert oder beschränkt werden. Nachehelicher Unterhalt ist im chilenischen Gesetz nicht geregelt, er kann eventuell auf freiwilliger Basis erfolgen.

Trennungsunterhalt ist vom Unterhaltsverpflichteten in Höhe eines Betrags bis zu 50% des Einkommens zu leisten, damit der Berechtigte eine moderate Lebenshaltung entsprechend der sozialen Stellung weiterführen kann. Die Nichterfüllung der Unterhaltspflicht ist mit folgenden Zwangsmitteln bewehrt: Zwangshaft im Gefängnis, Einzug des Unterhaltsbetrags beim Arbeitgeber, zwangsweise bestellte Garantien (Hypothek), Verbot der Ausreise aus dem Land und vorübergehender Einzug des Führerscheins. Mit der Rechtskraft des Scheidungsurteils endet die gesetzliche Unterhaltsverpflichtung der Ehegatten untereinander.

Dem Ehegatten steht je die Hälfte des Zugewinns des anderen zu, welche jeweils aufgerechnet werden. Der Anspruch ist steuerfrei und bar zu begleichen. Bewegliche Güter werden hälftig aufgeteilt.

Eine wirtschaftliche Ausgleichszahlung kann fällig sein, falls ein Ehepartner während der Kinderbetreuung oder Widmung der Haushaltsführung entgegen dem Willen keine oder nur eine geringfügig bezahlte Tätigkeit aufnehmen konnte und dadurch einen wirtschaftlichen Nachteil erlitt. Seit 2008 kann der Ehepartner auch verlangen, dass ihm als wirtschaftlicher Ausgleich bis zu 50 % des angesparten Rentenkapitals des Ehegatten übertragen wird. Der im Ausland lebende Ehegatte kann gegen den in Chile lebenden Ehepartner Unterhalt geltend machen.

Kindesunterhalt muss gemäß dem Código Civil (Art. 230) von beiden Elternteilen geleistet werden – je nachdem, was wirtschaftlich geleistet werden kann. In Mangelfällen haben die Kinder einen gesetzlichen subsidiären Unterhaltsanspruch gegen die jeweiligen Großeltern des Elternteils, welcher der Unterhaltszahlung nicht nachkommt oder nachkommen kann (Art 232 CC und Art 4 des Gesetzes 14.908). Die Unterhaltshöhe ergibt sich aus allgemeinen Regeln auf Grundlage des Bedarfs des Kindes und der Leistungsfähigkeit des jeweiligen Elternteils. Unterhaltstabellen gibt es keine. Generell wird der Unterhalt bis zum 21. Lebensjahr des Kindes geschuldet, bei Berufs-, Schul- oder Universitätsausbildung bis zum 28. Lebensjahr. Bei geistiger oder körperlicher Behinderung bestimmt das Gericht die Dauer des Unterhalts.

Nichteheliche Lebensgemeinschaften sind in Chile rechtlich nur rudimentär geregelt. Gleichgeschlechtliche Lebensgemeinschaften werden strikt abgelehnt.

Bei der Ausreise aus Chile mit minderjährigen Kindern muss die Geburtsurkunde sowie eine Erlaubnis des nicht mitreisenden Ehepartners mitgeführt werden („autorización de viaje"). Diese muss entweder durch öffentliche Urkunde oder durch eine vom Notar legalisierte Privaturkunde ausgestellt werden. Wird die Erlaubnis vom anderen Elternteil nicht erteilt, so kann sie durch das Familiengericht durch entsprechenden Beschluss ersetzt werden.

Generell halten sich die chilenischen Gerichte für alle gerichtlichen Angelegenheiten zuständig, welche in Chile zur Entscheidung vorgelegt werden. Der Wohnort des Beklagten bzw. des Interessierten bestimmt die örtliche Zuständigkeit des Gerichtes. Scheidungsklagen werden beim Gericht am Wohnort des Beklagten eingereicht.

Es gilt generell der Grundsatz, dass ausländische gerichtliche Entscheidungen nicht anerkannt werden, wenn chilenische Gerichte in der Angelegenheit zuständig gewesen wären, außer es bestehen bilaterale oder internationale Abkommen.

Ansonsten gelten die Vorschriften des chilenischen Zivilprozessbuchs bezüglich der Urteilsanerkennung von anderen Staaten. Wichtig dabei ist, ob das ausländische Urteil in Chile Wirkung erlangen kann.

Ein Scheidungsurteil kann im Rahmen eines gesonderten Urteilanerkennungsverfahrens vor dem Obersten Gericht (Corte Suprema) Rechtswirkung erlangen und vollstreckt werden. Es darf nicht gegen die chilenische öffentliche Ordnung verstoßen und unter Umgehung der chilenischen Gesetze erlassen worden sein.

Die chilenische Staatsbürgerschaft erhalten all diejenigen Personen, die in Chile geboren werden (jus solis), außer die Geborenen von Durchreisenden und Angehörigen von einem ausländischen diplomatischen Dienst. Letztgenannte können jedoch die chilenische Staatsbürgerschaft beantragen.

Im Ausland lebende Kinder mindestens eines chilenischen Elternteils sind Chilenen, die einjährige Mindestaufenthaltsdauer in Chile zur Erlangung des Staatsbürgerschaft für diese wurde 2005 aufgehoben.

6.5 Rechtsanwälte

Landesspezifische Besonderheiten in Chile sind: Jeder zugelassene Anwalt kann vor jedem Gericht in Chile auftreten; es gibt keine örtliche, sachliche oder instanzielle Beschränkung. Bei allen ordentlichen Gerichten besteht Anwaltszwang, mit Ausnahme einiger Verfahren, z. B. vor den Polizeigerichten (Juzgados de Policia Local), der Steuerbehörde, dem Rechnungshof und vor Gerichten für Gewalttaten innerhalb der Familie.

Notare haben nur eine beurkundende Funktion, Notarzwang besteht in vielen Fällen (z. B. Erstellung von Testamenten, Grundstücks- und Gesellschaftsangelegenheiten, Ausreisegenehmigung für Kinder etc.). Die Honorare sind durch eine Gebührenordnung für Notare geregelt.

Pflichtverteidiger: Nach neuem Strafprozessrecht (seit 16. Juni 2005 in Kraft) hat der Beschuldigte von Beginn des Verfahrens an Anspruch auf einen öffentlichen Pflichtverteidiger (Details im Gesetz Nr. 19.718).

Rechtsanwaltshonorare werden vor Mandatserteilung ausgehandelt. Bei Fehlen einer Vereinbarung wird das von der unterliegenden Partei zu zahlende Honorar gem. Art. 139 CPC gemäß einer vom Colegio Provincial de Abogados bzw. vom Consejo General del Colegio de Abogados festgelegten Gebührentabelle ermittelt.

Der Staat gewährt keine Prozesskostenhilfe, Gerichte können aber in Ausnahmefällen die Befreiung von Prozesskosten aussprechen. Die öffentlich-rechtlichen Organisationen für die gerichtliche Verteidigung mittelloser Personen („Corporación de Asistencia Judicial") gewähren kostenlose Rechtsberatung und gerichtliche Vertretung. Verschiedene Universitäten und Stadtverwaltungen erteilen ähnliche Rechtshilfen.

Die AHK Chile (www.camchal.cl) hat keine Rechtsabteilung, kann aber eine Liste der Anwaltskanzleien (u. a. deutschsprachige Mitglieder der Kammer) auf Anfrage zusenden.

Liste von Rechtsanwälten
Standesorganisationen in Chile: Anwaltskammer: Colegio de Abogados de Chile A.G. Ahumada 31, of. 207, Santiago Tel.: 2-6336720, 6397945, 6396175, Fax: 2-6395072 E-Mail: secretaria@colegioabogados.cl www.colegioabogados.cl
SANTIAGO:
Christian Mentler, Rechtsanwalt/Abogado Pasaje Rosa Rodriguez 1375, of. 418, Centro Tel.: 2-6888703, Fax: 2-6953175 E-Mail: mentler@tie.cl, Internet: www.christianmentler.com Korrespondenzsprachen: Deutsch, Spanisch Internationales Privatrecht; Zivil-, Familien-, Handels- und Arbeitsrecht. Nimmt deutsche Rechtsreferendare zur Ausbildung auf. Korrespondenzanwalt in Deutschland Tel.: 030-5592806
Philippi, Yrarrázabal, Pulido & Brunner Abogados Marko Jürgensen, Gerardo Scheffelt, Helmut Brunner El Golf 40, Pisos 19-21, Las Condes Tel.: 2-3643700, Fax: 2-3643796 / 7 / 8 E-Mail: gscheffelt@philippi.cl, hbrunner@philippi.cl www.philippi.cl Korrespondenz: Spanisch, Deutsch, Englisch alle Rechtsgebiete, außer Strafrecht
Ossandón Abogados Ltda., Marko Jürgensen, Roberto Ossandón Av. Apoquino 3039, p.11, Las Condes Tel.: 2-2336454, Fax: 2-2334860 e-mail: oficina@ossandon.cl, www.ossandon.cl

Kanzlei Löbel & González, Andreas Löbel
Dr. Sotero del Rio 508, Of. 623, Centro
Tel.: 2-6621249, Fax: 2-6733308
E-Mail: info@loebelgonzalez.com, www.loebelgonzalez.com
Korrespondenzsprachen: Deutsch, Englisch, Spanisch
Internationales Privatrecht, Versicherungsrecht, europäisches Gemeinschaftsrecht, internationales Transportrecht, Zivil-, Handels-, Arbeits- und gewerbliches Eigentumsrecht
(nimmt deutsche Rechtsreferendare zur Ausbildung auf)

Alessandri & Compañia Abogados
Claudia Siebel (Markenrecht, geistiges Eigentum),
Catalina Valderrama (Steuerrecht),
Arturo Alessandri Cohn (Firmenberatung)
El Regidor 66, pisos 9-11, Las Condes
Tel.: 2-7876000, Fax: 2-7876076
E-Mail: alessandri@alessandri.cl, www.alessandri.cl
Korrespondenzsprachen: Spanisch, Deutsch, Englisch
alle Rechtsgebiete, außer Strafrecht
Spezialgebiete: Gewerblicher Rechtsschutz, Wirtschaftsrecht

Barros Court & Correa Abogados, John Jaederlund Lüttecke
Isidora Goyenechea 3120, piso 3, Las Condes
Tel.: 2-4312700, Fax: 2-4312701
E-Mail: blc@blc.cl, www.blc.cl
Korrespondenzsprachen: Spanisch, Deutsch, Englisch
alle Rechtsgebiete außer Strafrecht

Evaldo Rehbein, Rechtsanwalt für Familienrecht
Estado 360, of. 404, Centro, Tel.: 2-6501670, Handy: 88187935
E-mail: erehbein@vtr.net, www.rehbein.cl

Dr. Christian Johow
Morandé 115, Piso 5, Centro
Tel.: 2-4778600, Fax: 2-4778650,
E-Mail: cjohow@elton.cl, www.elton.cl

Jürgen Grollmus, Rechtsanwalt Av. 11 de Septiembre 2353, p.15, Providencia Tel.: 2-2312844, Fax: 3403281, E-mail: jgrollmus@vtr.net
Johansson & Langlois Ltda., Patentanwälte, Eigentumsrecht San Pío X No. 2460, of. 1101, Providencia Tel.: 2-2312424, E-mail: mail@jl.cl, www.jl.cl
Dr. María Cristina Olivares Beratung Auslandsinvestitionen und internationale Geschäfte Mar del Plata 1937, of. 1108, Providencia Tel. 2-2252175, E-mail: mcolegal@entelchile.net
Pfeffer & Asociados, Bom. Adolfo Ossa 1010, of. 501, Tel.: 2-6724644, Fax: 2-6955233 E-mail: pfeffer@pfeffer.cl, www.pfeffer.cl
Raúl Tavolari O. y Cía. Ltda. Miraflores 222, piso 7, Centro Tel.: 2-8209000, Fax: 2-8209016 E-mail: atavolari@estudiotavolari.cl
Uribe, Hübner, Canales y Compañía Nueva York 33, p.6, Centro Tel.: 2-6961372, Fax: 2-6981135 E-mail: oficina@uhc.cl, www.uhc.cl
Vial y Cía, Felipe Vial Av. El Bosque Sur 130 p.15, Las Condes, Santiago Tel.: 2-2031313, Fax: 2-2031314, E-Mail: vial@vial.cl
Vial y Palma Ltda. Av. Isidora Goyenechea 3162, p. 7, Las Condes, Santiago E-mail: vialypalma@vialypalma.cl, www.vialypalma.cl

ARICA:
Raúl Castro Letelier Baquedano 1080, Of. 24, Arica Tel.: 58-23 18 58, Fax: 58-23 25 40, Handy: 98265600 E-Mail: raulcastroletelier@vtr.net, Korrespondenzsprachen: Spanisch, Englisch, Zivil- und Handelsrecht
IQUIQUE:
Carolina Hermans Bohm Av. Baquedano 902, Iquique Tel.: Büro: 57-516 475, Fax: 57-516 469, Handy: 7879 8369 E-mail: cbhermans@collahuasi.cl, Korrespondenzsprachen: Spanisch, Deutsch, Englisch alle Rechtsgebiete
ANTOFAGASTA:
Carlos Claussen La Torre 25 79 of. 201, Antofagasta Tel.: 55-371515, Fax: 55-285406 E-Mail: carlos@claussen.cl, www.claussen.cl Korrespondenzsprachen: Spanisch, Englisch Wirtschaftsrecht, Zivilrecht, Bergbaurecht
VIÑA DEL MAR:
Andrés Tavolari Goyocoolea Estudio Tavolari, Av. Libertad 798, of. 502, Viña del Mar Tel.: 32-2690345, Fax: 32-2698867 E-Mail: atavolari@estudiotavolari.cl Korrespondenzsprachen: Spanisch, Deutsch, Englisch alle Rechtsgebiete

VALPARAISO:
Manuel Pfaff Rojas Grl. Cruz 222, Valparaíso Tel.: 32-2452289, Fax: 32-2252707, Handy: 98261339 E-Mails: mpfaff@chilquinta, clmanuel.pfaff@gmail.com Korrenspondenzsprachen: Spanisch, Deutsch, Englisch Zivil- und Handelsrecht
CONCEPCIÓN:
Mauricio Garcia Larenas Barros Arana 1337, Concepción Tel./Fax: 41-2239150, E-Mail: mgarcial@vtr.net Korrenspondenzsprachen: Spanisch, Deutsch Alle Rechtsgebiete
Christian Schmitz Diagonal Pedro Aguirre Cerda 1151, Piso 2, Concepción Tel.: 41-2735617 (Uni) oder 41-2466066, Handy: 99840754 E-Mails: schmitz@ucsc.cl, cs.legal@web.de Korrespondenzsprachen: Spanisch, Deutsch, Englisch, Franzosisch; Unternehmensrecht, Immaterialgüterrecht
TEMUCO:
Javiera Sabugo Brandes Antonio Varas 974, of. E, Temuco Tel./Fax: 45-315590, E-Mail: javierasabugo@gmail.com Korrespondenzsprachen: Spanisch, Deutsch Privatrecht, Rechtstitel, Gesellschaftsverträge
Claudio Zehnder Bulnes 307, of. 205, Temuco Tel.: 45-271724, E-Mail: ZehnderAbogado@yahoo.es Korrespondenzsprachen: Spanisch, Deutsch. Alle Rechtsgebiete

VALDIVIA:
Felix Urcullú Molina Yerbas Buenas 180, Valdivia Tel./Fax: 63-212384, 212012, E-Mail: felurcum@telsur.cl Korrespondenzsprachen: Spanisch, Englisch. Alle Rechtsgebiete
Conrado Zülich Independencia 630, of. 209, Casilla 401, Valdivia Tel./Fax: 63-213844, E-Mail: zulch2905@yahoo.es Korrespondenzsprachen: Spanisch, Deutsch. Alle Rechtsgebiete
OSORNO:
Roberto Vergara Scholz M.A. Matta 549, of. 502, Casilla 544, Osorno Tel.: 64-313915, 312303, Fax: 64-313915 E-Mail: rvergara@delpaine.com Korrespondenzsprachen: Spanisch, Deutsch, Englisch Zivil-, Arbeits- und allgemeines Handelsrecht
Carlos Rubio Ruiz Gamboa O'Higgins 580, Dpto. 174, Edificio Kauak, Casilla 546, Osorno Tel.: 64-233194, 230699, Fax: 64-232947 E-Mail: rubiordeg@telsur.cl Korrenspondenzsprachen: Spanisch, Deutsch Zivil-, Arbeits- und allgemeines Handelsrecht
Alfredo Hess Buchroithner Manuel A. Matta 1125, Tel.: 64-238551, 248300 E-mail: ahess@surnet.cl

PUERTO MONTT:
René Schmidt Gebauer Benavente 342, Puerto Montt Tel.: 65-255172, Fax: 65-250035, E-Mail: rschmidt@servel.cl (auch Honorarkonsul der Bundesrepublik Deutschland) Korrespondenzsprachen: Spanisch, Deutsch Zivil- und Handelsrecht
Fuchslocher, Bogdanic & Asociados O'Higgins 167, of. 403, Puerto Montt Tel./Fax: 65-266566, www.fba.cl

6.6 Steuern

Das chilenische Steuersystem ist zentralistisch organisiert, es gibt kaum regionale Steuern oder lokale Gemeindesteuern. Das Steueramt heißt Servicio de Impuestos Internos (SII).

Für ausländische Investoren gibt es diesen Link des SII: www.sii.cl/portales/inversionistas/index_ing.html. Die Zahlung der Steuern ist an die Tesorería General de la República zu entrichten.

Der RUT wird da beantragt, wo man – auch wenn nur vorübergehend – eine Postadresse hat, ansonsten ist das ein vergleichsweise einfacher Amtsweg (ob in Santiago oder Talca, spielt keine Rolle). Die RUT-Nummer erhält man umgehend und kann damit auch Geschäfte tätigen. Der RUT-Ausweis kommt per Post binnen zwei Wochen.

Rechtsgrundlage

Steuerregelungen enthalten u.a. das Steuergesetz (Código Tributario; Gesetzesverfügung 830 vom 27.12.1974, veröffentlicht am 31.12.1974, in seiner geltenden Fassung) und das Einkommensteuergesetz (Ley sobre impuesto a la renta). Die Steuergesetze sind in spanischer Sprache abrufbar unter

- www.sii.cl/pagina/jurisprudencia/legislacion/basica/basica.htm
- www.sii.cl/sobre_el_sii/resumen.htm

Selbstständige der zweiten Kategorie (auf Honorarbasis, ohne Rechnung) können ihre Steuerschuld hier kalkulieren: http://www.sii.cl/pagina/valores/segundacategoria/imp_2da_febrero2010.htm (Monat und Jahr einzufügen).

Telefonnummern der Kommunen
Santiago: 3951000, Öffnungszeiten: 9–14 h Providencia, Las Condes, Vitacura, Lo Barnechea: General del Canto Nº 281, Providencia. Fax: 3953570 Ñuñoa, La Reina, Macul, Peñalolén: Avenida Pedro de Valdivia 3491, Fax: 3953813 Santiago Centro, Independencia, Recoleta: Alonso Ovalle 680
Stempeln von Dokumenten: Santa Rosa 108, Fax: 3951882 Großkunden: Amunateguí 66, Santiago Centro, Fax: 3909680

Impuesto de Primer Categoría (Steuer auf gewerbliche Einkünfte)

Der Körperschaftsteuersatz beträgt 18 %. Gewinn sind alle Erträge, die aus einem Eigentum oder Geschäftsbetrieb erwachsen. Auch Wertzuwächse, gleich aus welcher Quelle, gelten als zu versteuernde Einnahmen. Gebühren wie grundsätzlich auch Zinsen werden von den Einkünften abgerechnet. Dies gilt nicht für in Chile erwirtschaftete Dividenden, die an ein im Lande ansässiges Unternehmen gezahlt werden. Hinsichtlich der Nichtansässigen belaufen sich die Einkommensteuern auf 35 %, wobei es auch eine Steuer in Höhe von 20 % und Sonderregelungen gibt. Bei Dividenden sind es ebenfalls 35 %, bei Gebühren 30 % oder 15 %.

Impuesto de Segunda Categoría (Einkommensteuer)

Es werden der Steuer die Gesamteinkünfte des inländischen Steuerschuldners zugrundegelegt (Welteinkommensprinzip). Bei der persönlichen Einkommensteuer von Inländern besteht ein progressiver Satz von 0 % bis 40 %.

Impuesto Global Complementario (Ergänzungssteuer)

Dieser Steuersatz beträgt je nach Einkommenshöhe 0-40 %. Sie ist von inländischen Teilhabern oder Aktionären auf ausgeschüttete Gewinne sowie von Arbeitnehmern mit Einkünften aus nichtselbstständiger Tätigkeit zu zahlen. Die bereits gezahlte Einkommensteuer wird dabei angerechnet. Expatriates werden in den ersten drei Jahren ihrer Tätigkeit nur auf ihr Einkommen besteuert, erst danach wird ihr Welteinkommen berücksichtigt.

Impuesto Adicional (Zusatzsteuer)

Diese Steuer (in der Regel 35 %) belastet die Zinsen, Dividenden, Gewinne und Lizenzgebühren, die bei einem Einkunfts- und Gewinntransfer ins Ausland von ausländischen Personen oder Firmen erzielt werden. Vergleichbar ist in Deutschland die Quellensteuer. Der Körperschaftssteuersatz wird dabei voll angerechnet. Netto beträgt diese Zusatzsteuer also 17 % der Bruttodividende. Wird der Geldtransfer zur Schuldentilgung eines Kredits verwendet, der von der Zentralbank genehmigt wurde, so beträgt die Steuer nur 4 %.

Die Unternehmensbücher sind in spanischer Sprache zu führen und müssen vom SII abgestempelt werden. Bei Banken, offenen AG's und Finanzierungsgesellschaften sind die Bücher von unäbhängigen Wirtschaftsprüfern bestätigen zu lassen.

Wenn die Geschäftstransaktionen hauptsächlich in ausländischer Währung (z. B. EUR) abgewickelt werden, kann die Buchhaltung mit Genehmigung des SII in dieser Währung geführt werden.

Die Einkünfte sind im Jahr der Einnahmen zu versteuern. Anlagegüter werden normalerweise linear abgeschrieben, die Bemessungsgrundlage ist der Nettowert.

Chilenen werden mit ihrem Welteinkommen versteuert, Ausländer nur mit ihren chilenischen Einkünften, welche zusätzlich noch der Zusatzsteuer unterliegen. Ausländer versteuern in den ersten drei Jahren nur die chilenischen Einkünfte.

Grundsteuer (Impuesto a los Bienes Raíces)

Diese Grundbesitz-Steuer wird jährlich erhoben und beträgt 1,5 % des Katasterwertes.

Gewerbesteuer (Patente/Impuesto Municipal)

Diese Abgabe ist halbjährlich zu entrichten und ist abhängig von der Höhe des Eigenkapitals (0,25–0,5 % von diesem).

Steuervergünstigungen für Betriebe gibt es in den Regionen I und XV (Norden) sowie X, XI und XII (Süden). In Arica, Iquique und Punta Arenas brauchen Unternehmen keinen Zoll, Gewerbe- und Umsatzsteuer zu zahlen.

Doppelbesteuerungsabkommen

Ein Doppelbesteuerungsabkommen zwischen Deutschland und Chile besteht nicht (außer Einkünfte von Schifffahrtsunternehmen), wohl aber mit einer Reihe von anderen Staaten.

Nehmen wir an, ein Deutscher wandert nach Chile aus, ist nicht mehr in Deutschland gemeldet, behält aber noch sein deutsches Bankkonto. Wenn er von Chile aus Geschäftsbeziehungen mit einer Firma in Deutschland unterhält – zum Beispiel Dienstleistungen für diese Firma – und die Firma zahlt die Vergütung auf das deutsche Konto ein, so müsste theoretisch dieser sein Einkommen in Chile versteuern. Die chilenische Steuerbehörde sieht aber nicht, was in Deutschland passiert. Für die deutsche Firma ergibt sich das Problem, dass diese Zahlungen für offizielle Dienstleistungen ohne entsprechenden Vertragspartner so steuerlich nicht absetzbar sind. Es bleibt also wohl die beste Variante, ein Unternehmen in Chile zu gründen, an die deutsche Firma zu berechnen, auf ein deutsches Konto einzuzahlen und in Chile zu versteuern. Die Unternehmenssteuern sind in Chile mit 17 % relativ niedrig.

Die deutsche Firma ist verpflichtet, die Honorarsteuern (mit Solidarzuschlag ca. 30 Prozent) direkt an den Fiskus abzuführen, unabhängig vom Wohnort des Dienstleistenden. Wenn man in Deutschland steuerlich nicht gemeldet ist, bekommt man diese Steuern nicht zurück bzw. kann sie nicht gegen Ausgaben abrechnen. Würde die Firma die Dienstleistung als Kosten verbuchen und nicht als Honorar, läge der Fall anders. Mittlerweile prüft der deutsche Fiskus speziell bei Verlagen genau, wodurch diese Honorarsteuer kaum zu umgehen ist.

Angesichts des fehlenden Doppelbesteuerungsabkommens kann der chilenische Fiskus theoretisch noch mal kassieren, wenn man diese Einkünfte deklariert. Ob man das tut, bleibt jedem selbst überlassen.

Wichtige Steuern
Mehrwertsteuer (IVA): Der Mehrwertsteuersatz beträgt 19 %.
Steuer für Luxuswaren: 15 % beträgt die Luxussteuer für bestimmte Artikel.
Getränkesteuer: Auf hochprozentige Alkoholika werden 27 % erhoben, auf Sekt und Bier 15 %, nichtalkoholische Getränke werden mit 13 % besteuert.
Tabaksteuer: Mit etwa 50 % werden Tabakprodukte besteuert, auf Zigaretten kommen noch 10 % zusätzlich hinzu.
Eine Vermögenssteuer gibt es in Chile nicht.
Deutschsprachige Steuerexperten in Santiago-Providencia: www.nvconsulting.cl, Egon Neumann/Pablo Müller. Tel.: 3330873

Kapitel 7

ARBEITEN IN CHILE

7.1 Arbeiten in Chile aus Sicht von Arbeitnehmern

Ein erster Schritt für jüngere Leute, die in Chile leben und arbeiten wollen, könnte die Suche nach einem Praktikumsplatz sein, der die Option auf einen möglichen Arbeitsvertrag beinhaltet. Der Aufenthalt kann mit einer Touristenkarte bei Bedarf verlängert werden. Das ist allerdings kostenpflichtig (ca. 100 US$) und berechtigt für weitere 90 Tage Aufenthalt.

Eine Alternative ist die Aus- und erneute Einreise mit dem Bus nach Argentinien – dies ist auch günstiger, als ein neues Touristenvisum zu beantragen.

Falls ein chilenischer Arbeitgeber vorab einen Arbeitsvertrag ausstellt, kann man von Deutschland aus ein Visum für ausländische Arbeitnehmer beantragen. Dieses gilt bis zu zwei Jahren. An diese Zeit anschließen kann sich eine unbeschränkte Aufenthaltserlaubnis.

Wer weiterhin in Deutschland versichert sein will, kann im Arbeitsvertrag folgende Klausel einfügen lassen:

"Se deja constancia que el trabajador mantendrá sus cotizaciones en las instituciones del régimen previsional de su país de orígen, comprometiéndose el trabajador a efectuar las retenciones y depósitos correspondientes en dichas instituciones. El empleador tiene la obligación de responder al pago de impuesto a la renta correspondiente en relación con la remuneración pagada."

Mit dieser Klausel kann man auf Renteneinzahlungen sowie auf Krankenversicherungsbeiträge verzichten (gesamt 20 % des Bruttolohns), wenn in Deutschland eine entsprechende Renten- und Krankenversicherung besteht.

Wenn ein arbeitsvertragsgebundenes Visum (visa sujeto a contrato) besteht, muss der Arbeitgeber zumindest auf dem Papier die Rückreise übernehmen:

„El empleador se compromete a pagar, al término de la relación laboral (ya sea por término de contrato, despido o renuncia), el pasaje de regreso del trabajador, a su país de origen o al que oportunamente acuerden las partes, conforme a lo dispuesto en el inciso 2º, del artículo 37 del D.S. Nº 597 de 1984. Al respecto, se tendrá presente que la señalada obligación del empleador existirá hasta que el trabajador extranjero salga del país u obtenga nueva visación o permanencia definitiva."

Die Klausel muss zwar im Vertrag stehen, aber vielfach wissen Arbeitgeber und -nehmer, dass es sich um eine reine Formalie handelt. Es gibt die Möglichkeit, vor einem Notar den Verzicht auf dieses Rückflugticket zu erklären oder es z. B. auf ein Busticket z. B. nach Mendoza umzumünzen – Infos zu Arbeitsangelegenheiten: www.direcciondeltrabajo.cl.

Vieles andere – Krankheit, Urlaub etc. – ist im Arbeitsgesetz geregelt, außer man vereinbart mit dem Arbeitgeber Sonderregelungen (z. B. mehr Urlaub als die gesetzlichen 15 Tage). Die Arbeitszeit sollte auf jeden Fall im Vertrag festgehalten sein. Der Arbeitsvertrag oder zumindest die Kündigung (finiquito) sollte notariell beglaubigt werden.

Weitere Arbeitsvertragsarten:

- Probearbeitsvertrag (contrato a prueba): ein bis drei Monate,
- Befristeter Arbeitsvertrag (contrato a plazo): bis zu einem Jahr,
- Unbefristeter Arbeitsvertrag (contrato indefinido).

Die Kündigungsfrist beiderseits beträgt mindestens einen Monat.

Der Arbeitnehmer erhält im Falle des Ausscheidens aus betrieblichen Gründen eine Abfindung (in der Regel ein Monatslohn pro Jahr, maximal 11 Jahre).

85 % des Firmenpersonals müssen Chilenen sein. Als Chilenen gelten aber arbeitsrechtlich auch Ausländer, die einen chilenischen Ehepartner oder chilenische Kinder haben, von einem chilenischen Staatsbürger verwitwet sind oder länger als fünf Jahre in Chile leben. Die jeweiligen Arbeitsbedingungen sind natürlich vom Arbeitgeber abhängig und können variieren.

Mutterschutz beginnt sechs Wochen vor der Geburt und endet 12 Wochen danach (Lohnfortzahlung besteht). Die Mutter genießt Kündigungsschutz bis zu einem Jahr nach der Geburt. Betriebe mit mehr als 20 Arbeitnehmern haben eine Kinderkrippe (sala cuna) einzurichten oder die entsprechenden Kosten hierfür zu erstatten. Außerdem muss ein Stillzimmer eingerichtet werden, in dem die Mutter ihr Kind bis zum Alter von zwei Jahren ernähren kann mit Anspruch auf zwei Pausen von insgesamt einer Stunde täglich.

Freiberufliche Arbeitsverträge: - Contrato a honorarios (Mitarbeiter/-in in Firma auf Honorarbasis – Outsourcing). - Contrato por servicios (befristete Serviceleistungen wie Projekt-Beratung oder Montagearbeiten). - Contrato ad honorem: Mitarbeit ohne Bezüge (Praktikum).
Arbeitsaufsichtsamt: Inspección del Trabajo
Servicio Nacional de Capacitación y Empleo (SENCE): Dort Beantragung von Fortbildungskursen für Arbeitnehmer. Kurse u. a. in Centros de Capacitación Laboral der Kommunen.
Künstler, Wissenschaftler, Sportler: Diese Berufsgruppe zahlt 20 % Steuern in den ersten sechs Monaten des Aufenthalts in Chile.

Eine provisorische Arbeitserlaubnis kann man beantragen für die Bearbeitungszeit, diese kostet aber über 100 EUR. Die offizielle Erlaubnis bekommt man dann nach ca. drei bis vier Wochen.

7.2 Arbeitssuche

Die Deutsch-Chilenische und die Schweizerisch-Chilenische Außenhandelskammer veröffentlichen Stellengesuche und Lebensläufe in deren jeweiligen Zeitschriften bzw. Newslettern (www.camchal.cl, kostenpflichtige Anzeige in deren Zeitschrift sowie www.swisschile.cl).

Chilenische Websites mit Stellenangeboten
www.zonajobs.cl www.bumeran.cl www.catho.cl www.computrabajo.cl www.empleos.elmercurio.cl www.infoempleo.cl www.laborum.cl www.trabajando.com www.bolsadeempleo.cl www.afcchile.cl *www.pwc.com/cl/es* www.manpower.cl www.adecco.cl
Headhunter
Boyden, MV Amrop, Humanitas Head Hunting, Hemisferio Izquierdo Executive Search Services.

Eine weitere Möglichkeit ist, auf Messen in Europa chilenische Aussteller auf Job- und Geschäftsmöglichkeiten anzusprechen. Bei www.prochile.de gibt es eine Liste der Messen mit Chile-Stand, u. a.:

- ISM Süßwarenmesse, Köln (Februar)
- Fruit Logistica, Berlin (Februar)
- Berlinale, Berlin (Februar)
- Biofach, Nürnberg (Februar)
- CeBIT, Hannover (März)

- ITB, Berlin (März)
- Prowein, Düsseldorf (März)
- Anuga, Köln (Oktober, alle 2 Jahre)
- Frankfurter Buchmesse (Oktober)

Chilenische Websites zu Messen und Ausstellungen
Messeveranstaltungen in Chile: www.fisa.cl Messen und Ausstellungen in Chile: www.fidae.cl www.feriadellibrochileno.cl www.expomin.cl www.feriaexpovivienda.cl www.expotrade.cl www.exponaval.cl www.fitec.cl www.pescasur.cl www.hydrocopper.cl www.vinitech.cl www.feriaagrotech.cl www.citchile.cl www.expoambiental www.fimaule.cl www.fiep.cl www.fiit.cl

Die Messe mit den höchsten Besucherzahlen ist die Luftfahrtmesse Fidae (ca. 200.000 Besucher jährlich), gefolgt von der Buchmesse Feria del Libro (ca. 150.000 Besucher) und der Bergbaumesse Expomin (ca. 40.000 Besucher). Neben diesen gibt es die Bergbaumesse Exponor in Antofagasta, die Baumesse Edifia/Expoconstruccion, eine Messe der Forstwirtschaft Expocorma in Concepción, die Aqua Sur in Puerto Montt (Fischzucht) und die Marineschau Exponaval.

Führender chilenischer Messeveranstalter ist Fisa (www.fisa.cl), daneben gibt es Expotrade (www.expotrade.cl) und Exhibits (www.exhibits.cl)– weitere Infos zu Messen in Chile: www.feriasyeventos.com.

Informationsportale über chilenische Exporte
www.direcon.cl
www.chileexportaservicios.cl
www.chileinfo.com

Die Arbeitslosenrate war im Juni 2007 auf nur noch 6,9 % gesunken, zwölf Monate später wurden 8,4 % registriert. Im Jahresdurchschnitt ergab sich für 2008 eine Quote von 7,8 % (2007: 7,1 %). Seit April 2009 lag die Arbeitslosenquote über 10 % (August: 10,8 %; September: 10,2 %). Die Prognosen für 2010 erwarteten nur eine geringe Absenkung auf durchschnittlich 9,5 %.

2006 führte die Regierung Bachelet die Arbeitslosenversicherung ein. Diese wird durch einen privatwirtschaftlichen Fond verwaltet, bietet aber bei weitem nicht die Absicherung wie in Mitteleuropa.

Wie das chilenische Rentensystem unterliegt auch diese Versicherung den Kräften des Marktes: Die Arbeiter zahlen 0,6 % ihres Lohns auf individuelle Konten, die von einem privaten Fond verwaltet werden, während die Arbeitgeber 2,4 % beitragen. Wird ein Arbeiter arbeitslos, kann er auf dieses Kapital zurückgreifen.

7.3 Bewerbung

Die meisten Bewerbungen werden per E-Mail versandt. Absagen sind eher unüblich, man bekommt normalerweise keine Antwort. Es ist ratsam, telefonisch über den Stand der Bewerbung um Auskunft zu bitten. Bei Bewerbungsgesprächen trägt der Arbeitgeber keine Anreisekosten zur Vorstellung, außer dies wird verhandelt.

Beispiel für einen Lebenslauf in Chile:

Erst kommen die persönlichen Daten, dann der berufliche Werdegang (zuerst die letzte Arbeitsstelle). Es folgen die schulische Laufbahn, ebenfalls die letzte Ausbildung ganz oben. Danach kommt Sonstiges (immer Neuestes zuerst) und am Ende die Sprachkenntnisse sowie das Datum des Lebenslaufes. Das Foto wird oben (unterhalb von „Currículum Vitae") angefügt:

CURRÍCULUM VITAE

Nombres y apellidos:	**Michael Paul Mustermann Schmidt**
Fecha de nacimiento:	**13.12.1983**
Nacionalidad:	**Aleman**
Dcto. de identidad:	**Pasaporte N° GT9456782**
Domicilio:	**Serrano 212 Dpto. 9, Santiago, Chile**
Teléfono:	**08-2345670**
Correo electrónico:	**michael.mustermann@gmx.de**

ANTECEDENTES LABORALES
2008 – 2009
ABC GmbH, Frankfurt
Funcion: Encargado de marketing

FORMACIÓN ACADEMICA
2008 – 2009
Fernandez Ltda., Santiago de Chile
Practica profesional de marketing

2003 – 2008
Universidad Técnica de Berlin, Berlin
Estudios de economía

2000 – 2002
Staatl. Fachoberschule Hamburg
Escuela universitaria (Fachhochschulreife)
Titulo de bachiller, especialidad en economía

1996 – 2000
Gutenberg-Wirtschaftsschule, Hamburg
Escuela de economía

1990 – 1996
Grund- und Teilhauptschule Hamburg-Altona
Escuela de enseñanza básica y media

ESTUDIOS COMPLEMENTARIOS Y OTRAS ACTIVIDADES
2008
Lingu, Madrid
Curso de idioma español

2004 – 2005
Agencia de publicidad Muster, Hamburg
Curso de diseño gráfico para la creación de medios de comunicación escritos

2005 – 2008
Voluntario en Cruz Roja Alemana
Curso de primeros auxilios y de planificacion sanitaria
Presta servicios de instructor; capacitando en pimeros auxilios

2002 – 2003
Servicio social sustitutorio al servicio militar
En Cruz Roja Alemana, Hamburg
Curso de enfermeria y de auxiliar paramédico

Manejo de Idiomas:
Alemán: materno
Español: intermedio
Inglés: intermedio

Otros Conocimientos:
Microsoft Office Excel, PowerPoint, Word, QuarkXPress

7.4 Rückkehr von Chilenen und Fachkräftevermittlung nach Chile

Das Centrum für internationale Migration und Entwicklung (CIM) vermittelt erfahrene deutsche bzw. europäische Fachkräfte u. a. auch nach Lateinamerika. Es ermöglicht Partnerorganisationen vor Ort, hochqualifizierte Fach- und Führungskräfte auf dem europäischen Arbeitsmarkt zu gewinnen und ihr Know-how für einen befristeten Zeitraum gezielt zu nutzen.

Das CIM konzentriert sich in Chile hauptsächlich auf die entwicklungspolitischen Schwerpunkte, die zwischen Chile und Deutschland vereinbart wurden. Diese sind Umwelt- und Ressourcenschutz sowie Staatsmodernisierung. Das CIM richtet nun also seine Aktivitäten verstärkt auf das Arbeitsfeld Erneuerbare Energien und Energieeffizienz aus.

Aufgrund der Nachfrage entwicklungspolitisch besonders relevanter Partner nutzt das CIM in Chile auch seinen Gestaltungsspielraum außerhalb der entwicklungspolitischen Schwerpunkte. Dies gilt vor allem für die Förderung der wirtschaftlichen Beziehungen zwischen chilenischen und europäischen Unternehmen.

Die GTZ unterstützt CIM bei der Durchführung seiner Programme vor Ort und kooperiert eng mit den CIM-Fachkräften. Weitere Kooperationspartner von CIM in Chile sind neben der KfW Entwicklungsbank und dem Deutschen Entwicklungsdienst (DED) die Deutsch-Chilenische Auslandshandelskammer, das baden-württembergische Wirtschaftsministerium und das Fraunhofer Institut für Umwelt-, Sicherheits- und Energietechnik.

Im Programm „Rückkehrende Fachkräfte" unterstützt das CIM chilenische Fachkräfte, die nach ihrem Studium oder nach ihrer beruflichen Ausbildung bzw. ihrer Berufstätigkeit in Deutschland nach Chile zurückkehren. Diese arbeiten vorwiegend als Ingenieure in der Privatwirtschaft oder als Hochschuldozenten.

Die vertragliche Verpflichtung von deutschem Fachpersonal durch chilenische Firmen und Institute mit Jobangeboten läuft in der Regel folgendermaßen ab:

Das CIM untersucht, ob der Arbeitgeber eine wichtige Rolle für die Entwicklung von Chile und seinem Fachbereich spielt, ob die Arbeitgeberziele auch mit denen der Regierungen Deutschlands und Chiles übereinstimmen und ob Synergien bestehen zu anderen Kooperationsprojekten zwischen Deutschland und Chile. Es ist vorab zu prüfen, ob es nicht qualifizierte chilenische oder deutsche (bzw. europäische) Fachexperten gibt, welche dem Arbeitsmarkt zur Verfügung stehen.

Ansprechpartnerin bei der ZAV: Frau Schneider, +49 (0)69-719121-72, u. a. Lateinamerika
Centrum für internationale Migration und Entwicklung (CIM) Zentrale Auslands- und Fachvermittlung (ZAV) Programm Rückkehrende Fachkräfte Mendelssohnstr. 75-77, 60325 Frankfurt am Main Tel.: 069-719121-0, Fax: 069-719121-81 E-Mail: zav-reintegration@arbeitsagentur.de Internet: www.zav-reintegration.de | www.cimonline.de Adresse: Barckhausstr. 16, 60325 Frankfurt am Main E-Mail: CIM@gtz.de, www.cimffm.de Sabine Kittel, Tel.: 069-719121-86, Fax: 069-719121-19 E-Mail: sabine.kittel@gtz.de

Rückkehr und Berufseinstieg in Chile

Überdurchschnittliche Wachstumsraten der chilenischen Wirtschaft und ein interessanter Arbeitsmarkt sind für viele in Deutschland lebende chilenische Fachkräfte Anlass zu prüfen, ob auch für sie eine Lebens- und Berufsperspektive in Chile interessant sein könnte.

Das Oficina Nacional de Retorno (ONR) wurde vom chilenischen Staat gegründet, um die Rückkehr der Exil-Chilenen zu unterstützen. Es existierte von 1990 bis 1994.

Asociación de Amistad Chilenoalemana
Deutsch-Chilenische Freundschaftsgesellschaft
Guardiamarina Ernesto Riquelme 226 - Tercer Piso, Santiago
Tel./Fax: 2-**6955789**
E-mail: info@amistadchilenoalemana.cl
www.amistadchilenoalemana.cl

Die 1993 von aus Deutschland zurückkehrenden Chilenen gegründete Fachkräftevereinigung „Asociación de Amistad Chileno-Alemana" besteht noch heute. Sie ist heute weniger politisch orientiert und orientiert sich zunehmend im wirtschaftlichen, sozialen und kulturellen Bereich. Sie kann einen Überblick über die aktuelle gesellschaftliche und wirtschaftliche Situation in Chile geben und anhand praktischer Tipps aufzeigen, wie eine Rückkehr systematisch vorbereitet und durchgeführt werden kann. Darüber hinaus gibt es Programme zur Rückkehrförderung (Chilenen, die eine professionelle Ausbildung in Deutschland absolvierten oder mindestens zwei Jahre in Deutschland arbeiteten, also unabhängig vom Exil-Status). Voraussetzung ist ein Antrag, der Folgendes beinhalten sollte: Pass, Lebenslauf, Zeugnisse, Arbeitsverträge.

Das vorerst bis 2010 von der BRD unterstützte Programm dieser Vereinigung bietet Unterstützung für Transportkosten (Gepäck, Flugtickets, persönliche Güter usw.), Gehaltszuschüsse bis zu zwei Jahren sowie jobspezifische technische Arbeitsplatzausstattung und Literatur bis 10.000 EUR an, abhängig von einigen Anforderungen (u. a. Grad der Ausbildung/ Qualifikation, Jobzusage in Chile etc.). Mindestens sechs Monate vor der Ausreise ist der Antrag zu stellen. Mindestens zwei Jahre haben dann die nach Chile zurückkehrenden Fachkräfte dort ihren angetretenen Job oder ihre selbstständige Tätigkeit auszuführen. Die technische Arbeitsplatzausstattung geht danach über ins Eigentum des Arbeitgebers.

Nach einem Auslandsaufenthalt über einen Zeitraum von sechs Monaten bis zu einem Jahr, kann gebrauchter Hausrat im Wert von bis zu US$ 500 FOB steuer- und gebührenfrei eingeführt werden, bei ein bis fünf Jahren bis zu US$ 3.000 und bei über fünf Jahren bis zu US$ 5.000. Gebrauchter Hausrat und persönliche Gegenstände wie auch unbegleitetes Gepäck können innerhalb einer Frist von 120 Tagen vor oder nach Ankunft in Chile eintreffen.

Die Eingliederung war und ist nicht einfach, da die verwandtschaftlichen Bindungen nicht mehr so stark wie vorher sind und sich vieles in Chile verändert hat, seitdem die Auslandschilenen ihr Land verließen. Da in Chile die gesellschaftliche Stellung und Kontakte eine große Rolle bei der Jobvergabe spielen, gestaltete sich die Suche nach dem richtigen Job bei vielen schwierig. Manche hatten auch nicht die notwendigen Kenntnisse und Fähigkeiten, um sich als Selbstständige in Chile zu behaupten. Für nicht wenige gestaltete sich die Wiedereingliederung schwierig, sowohl wirtschaftlich als auch emotional. Vielleicht wurden sie auch nicht gut genug beraten in Chile – weder von den Kreditgebern noch von ihrer persönlichen Umgebung oder vertrauten zu sehr auf das Hörensagen.

Rückkehrende Chilenen, Auswanderer und Binationale leben anfangs noch zwischen zwei Welten, wobei nicht wenige Chile-Rückkehrer wieder den Weg zurück nach Europa suchen.

Es gibt aber auch Beispiele von erfolgreichen Rückkehrern, die ihre in Europa erlernten Fähigkeiten in Chile umzusetzen wissen. Vieles in Chile ist eben abhängig von Charakter, innerer Stabilität und Disziplin der unternehmerischen Person.

Trotz relativ hoher wirtschaftlicher Steigerungsraten in Chile können die Lebensbedingungen eines Großteils der Bevölkerung kaum mit denen in Mitteleuropa verglichen werden. Legt man europäische Maßstäbe an, so befindet sich die Mehrheit der Chilenen unterhalb der Armutsgrenze. Viele leben in sogenannten „Poblaciones“, sehr einfachen Unterkünften im Massenstil oder in Bretterbuden. Eine soziale Marktwirtschaft, welche zum Beispiel in Deutschland seit den Zeiten Adenauers für Wohlstand sorgte, gibt es in Chile praktisch nur in Ansätzen.

Die Arbeitsbedingungen erwiesen sich als Schlüsselfaktor für das Gelingen der Reintegration, eine gute Vorbereitung auf die Anforderungen des Arbeitsmarktes und der Unternehmensstrukturen des Landes war dabei immens wichtig. Durchschnittliche Arbeitnehmer verbringen mehr Zeit in der Firma, haben weniger Urlaub, verdienen bedeutend weniger und sind sozial weitaus weniger abgesichert als in Mitteleuropa. Für Ingenieure, Selbstständige, Firmenbesitzer und Rentner bieten sich jedoch in Chile Chancen, die sie in Europa meist nicht vorfinden. Ein Vorteil für Arbeitnehmer war auch sicherlich das 1993 zwischen Deutschland und Chile unterzeichnete Rentenabkommen zur gegenseitigen Anerkennung von Beschäftigungszeiten.

Exil-Chilenen, die ihren Arbeitsplatz nach dem 11.09.1973 aus politischen Gründen verloren hatten, erhalten vom Instituto de Normalización Previsional (INP) eine kleine Rente, wenn sie Beweisdokumente vorlegen (Link: www.chileclic.gob.cl/1542/article-47205.html). Dieses Institut sowie die Superintendencia de Seguridad Social (www.suseso.cl) sind auch zuständig für die normalen Rentenanträge, in Deutschland ist die BfA (www.bfa.de) in Berlin zuständig.

Ferner erhalten politisch Verfolgte und Familienangehörige auf Antrag eine kostenlose Gesundheitsversorgung in den nächstgelegenen staatlichen Krankenhäusern.

Die psychologischen Aspekte sollten bei einem neuen Leben in Chile nicht unterschätzt werden. Bei der Ankunft tritt gewöhnlich eine Euphorie wegen der vielen neuen Eindrücke auf und bereits am nächsten Tag wollen die Einwanderer „loslegen". Doch wie andernorts gibt es auch in Chile Bürokratie und nicht alles funktioniert auf Anhieb so, wie es von Europa her gewohnt ist. Termine, Verabredungen und Zahlungen werden teilweise gar nicht oder verspätet eingehalten. Auch die Zuverlässigkeit von Aussagen oder bezüglich der Qualität ist nicht zu vergleichen mit Europa. Deshalb sollte man sich vieles schriftlich geben lassen, am besten notariell beurkundet und bei wichtigen Dingen unter Hinzuziehung eines Anwalts.

Nach einer gewissen Anfangseuphorie stellte sich irgendwann bei manchen ein Gefühl der Unsicherheit, der Nicht-Zugehörigkeit, des sich anders Fühlens, der Apathie, der Depression und der Einsamkeit ein. Häufig werden Vergleiche mit dem gewohnten ehemaligen Leben und dem vorherigen Land aufgestellt. Diese werden geäußert mit Worten wie diesen: „Das Land hat sich verändert", „die Leute sind irgendwie anders", „ich verstehe sie nicht und sie verstehen mich nicht" (wenn Umgangssprache gesprochen wird) oder „mir fällt es schwer zu kommunizieren". Oft kommen auch Existenzängste auf. Alte Verbindungen von früher können zerbrechen, jedoch auch neue entstehen mit Menschen, die einen ähnlichen Lebensweg hatten.

Immens wichtig ist das Finden einer geeigneten und gut dotierten Arbeitsstelle, was die Integration in das neue Gesellschaftsnetz fördert, das Selbstwertgefühl und das Zugehörigkeitsgefühl zum neuen Land steigert. Dasselbe kann durch den Beitritt zu einem Verein oder einer Institution erreicht werden. Trotzdem sind wohl nicht alle – auch mitgebrachten – Probleme auf Anhieb lösbar, viel Geduld ist nötig, die Erwartungen sollten nicht zu hoch sein.

Die Integration von Kindern ist umso leichter, je besser diese die spanische Sprache bereits bei der Einreise beherrschen. Deshalb ist bereits in Europa ein Spanischkurs oder Urlaub in Spanien zu empfehlen. Eine Alternative ist ein mehrwöchiger Spanischkurs in einer der vielen Sprachschulen Santiagos oder anderen Städten Chiles. Eine gute Ausbildung der Kinder ist in Chile je nach Schule nicht gerade billig, oft geht ein Drittel oder die Hälfte vom Monatslohn dafür weg. Nicht wenige verschulden sich, damit ihre Kinder einmal bessere gesellschaftliche Kontakte und Lebensperspektiven haben. Die besten Schulen auf europäischem Niveau verlangen pro Kind neben der Einschreibegebühr von etwa 1000 EUR um die 250 EUR Schulgebühr monatlich. Die besten Unis verlangen je nach Fachgebiet bis zu 5000 EUR pro Jahr.

Im Centro de Información Juvenil (CIDJU) bekommen Jugendliche Auskünfte über sie betreffende, nationale Programme, u. a. die „Tarjeta Joven", eine Karte, mit der die Jugendlichen ermäßigten Eintritt in öffentlichen und privaten Einrichtungen erhalten.

Der Servicio Nacional de Capacitación y Empleo (SENCE) und viele Kommunen bieten bis zu mehrmonatige Programme für Jugendliche zur beruflichen Qualifikation.

Die Integration von Rentnern kann leichter fallen, wenn diese Angehörige oder Freunde in Chile haben. Die familiäre Unterstützung, Kommunikation und menschliche Nähe ist bei intakten Verhältnissen in Chile oft besser als etwa in Mitteleuropa. Eine ausreichende Altersversorgung und genug Eigenkapital kann positive Effekte haben, da die Lebenshaltungskosten in Chile niedriger und Immobilien günstiger, als in Deutschland sind. Auf der anderen Seite ist in Chile mit höheren Kosten für eine qualitativ gute medizinische Versorgung zu rechnen als in Mitteleuropa.

Binationale Paare und Familien leben oft in Gedanken in beiden Ländern, vergleichen und wägen ab. Wichtig ist die Integration des deutschen Partners/der deutschen Partnerin, gerade wenn diese eine qualitative Ausbildung haben. In Chile sind die Grenzen zwischen den Geschlechtern stärker markiert, auch herrscht mehr Machotum als in Mitteleuropa.

Einmal in Chile lebend, kann man dann – je nach finanziellen Verhältnissen – nicht einfach kurzfristig bei Sehnsucht nach der alten Heimat oder alten Freunden einen Kurztrip dorthin starten, wie das etwa in Italien und Spanien möglich ist. Auch ein mehrwöchiger Urlaub ist als Angestellter nicht machbar, da dieser nach einem Jahr Urlaubssperre anfangs nur 15 Tage beträgt (nach 10 Jahren Beschäftigung plus einen Tag je alle drei Jahre). Leichter ist es sicherlich, wenn man für eine europäische Firma/Institution oder chilenische Firma/Institution mit Interessen in Europa arbeitet. Angestellte, die zu beruflichen Aufenthalten nach Europa entsendet werden, können dies dann sicherlich auch mit einem Besuch in der alten Heimat verbinden.

Positive Aspekte bei der Ansiedlung in Chile sind die in Europa gesammelten, oft hochqualitativen Ausbildungen und Erfahrungen, die dann in Chile in selbstständiger oder angestellter Arbeit umgesetzt werden können.

Ein großer Vorteil für aus Europa nach Chile kommende Fachkräfte ist die Kenntnis des europäischen Marktes, seiner Werte und Standards. Gerade aber auch das Wissen um die verschiedenen Spezialcharakteristika wie Mentalitäten, Sprachen und Kulturen der einzelnen Länder sind bedeutend. Sie kennen die Wünsche und das Konsumverhalten der Verbraucher und sind mit dem technologischen Fortschritt sowie den Qualitätsstandards vertraut. Im Außenhandel arbeitende Berufstätige kennen die Vertriebsstrukturen des europäischen Marktes.

Die mitgebrachten finanziellen Ersparnisse können in Chile ab einem gewissen Niveau zu einem höheren Lebensstandard beitragen, da die Anschaffungskosten oft niedriger sind als in Europa (z. B. Immobilien).

Kapitel 8

UMZUG

8.1 Umzug nach Chile

Umzugsorganisation
Firmen, die Umzugsservice nach Chile anbieten: www.alsmovers.cl www.decapack.com www.nyklogistics.com www.quirx.net www.unipack.cl www.wardvanlines.com www.cavada.cl www.hasenkamp.com www.navtrans.com www.schroeter-international.com www.dms-umzug.com www.internationalerumzug.de www.umzug-uebersee.de www.nolimitservice.de www.zapf.de www.umzugsauktion.de www.beat-suter.com

Einen kompletten Umzugsservice inklusive Begleitung bei den ersten Schritten in Chile bietet AvR Relocation an – außerdem Vermittlung von Hauspersonal, Handwerkern und Immobilien.

Andrea von Ratibor, Albert le Blanc 1798, Santiago-Lo Barnechea Handy: 93231967, Tel: 2-2160781, E-Mail: andrearatibor@vtr.net

Ausländische Staatsbürger, die in Chile mit einem Visum für einen vorübergehenden Aufenthalt oder mit einem Visum im Zusammenhang mit einem Arbeitsvertrag für einen Zeitraum von mindestens einem Jahr einreisen, können Hausrat und persönliche Gegenstände im Wert von bis zu US$ 5.000 FOB steuer- und gebührenfrei einführen.

Die Einfuhr gebrauchter Fahrzeuge (PKW, Geländewagen, Kleinbusse, Kombi) ist in Chile verboten. Ausgenommen sind zurückkehrende Chilenen (über 18 Jahre alt, nach einem Auslandsaufenthalt von mindestens einem Jahr). Sie müssen jedoch alle Steuern und Gebühren zahlen, die zum großen Teil dem Wert des Fahrzeugs gleichen oder überschreiten.

Unerlässliche Voraussetzungen für die Einfuhr eines Gebrauchtfahrzeugs:

- Es muss einen Dreiwegkatalysator besitzen und
- das Baujahr darf nicht älter als 1994 sein.

Innerhalb einer Frist von drei Jahren ab Einfuhrdatum darf das Fahrzeug weder verkauft noch Gegenstand anderer Verhandlungen werden.

Mit Wirkung vom 1. Juli 2005 sind alle zur Einfuhr/Transit nach Chile verwendeten Holzverpackungen, gemäß internationalem Standard der Pflanzenschutzmaßnahmen, vom Versandort nach ISPM 15 zu zertifizieren und mit dem international gültigen Stempel zu versehen. Methylbromid- oder Hitzebehandlungen sind zulässig.

Eine Versicherung für den Verlust oder die Beschädigung des Umzugsguts sollte abgeschlossen werden.

Bei wenig Umzugsgut ist Luftfracht vorzuziehen.

Bis 100 kg kostet dies einige Hundert EUR, bei mehr Volumen als Gewicht wird 1 Kubikmeter mit 167 kg berechnet. Entweder selbst am Flughafen aufgeben oder bei einer Umzugsfirma.

Eine andere Möglichkeit ist, das Gepäck im selben Flugzeug, mit dem man die Chile-Reise durchführt, beim Check-in als Übergepäck aufzugeben (rechtzeitig Voranmeldung!).

Eine Packliste ist zu erstellen – mit Inhalt und dem ungefähren Zeitwert in US-Dollar – sowie eine Liste aller Gegenstände, die Holz enthalten. Die Holz-Liste benötigt der staatliche Kontrolldienst für Lebensmittel (SAG) in Chile. Die Listen sind auf Deutsch und Spanisch zu erstellen, die Gegenstände sind mit Nummern und Mengenangabe zu versehen. Auf den Kartons außen sollte nur die Kartonnummer notiert werden, es sollte keine Liste angebracht werden, um Diebstahl zu vermeiden. Bei technischen Produkten sind Marke und Modell anzugeben. Diese Liste für den Zoll hilft auch, den Warenwert für die Versicherung anzugeben. Bei teuren elektronischen Produkten wie Videokameras oder Notebooks sollte der Gebrauchtheitszustand durch den Einkaufsbeleg belegt werden können. Bei neuen Produkten kann man vom deutschen Zoll die Mehrwertsteuer zurückverlangen, in Chile müsste diese (IVA) dann aber bezahlt werden.

Bei Gebrauchtwaren ist der Einheitssteuersatz zuzüglich Mehrwertsteuer auf die ersten 1000 US$ (cif-Wert) zu zahlen. Darüber muss ein Zollagent eingeschaltet werden.

Bei Neuwaren ab einem FOB-Wert von 500 US$ muss ein Zollagent eingeschaltet werden.

Bei chilenischen Staatsbürgern gibt es eine Vereinfachung. Bei bestimmten Voraussetzungen können Zollabgaben für eingeführte Kapitalgüter – z. B. bei Verwendung zur Produktion von Exportgütern – bis zu sieben Jahren gestundet werden.

Vom Bill of Lading (Seefrachtbrief) oder Air Way Bill (Luftfrachtbrief) sollte man ein Original für den Zoll haben.

Am günstigsten ist es, die Kartons selbst in Europa zur Spedition zu bringen und diese z. B. in San Antonio abzuholen.

Bei Tür-Zustellungen ist es gewöhnlich so, dass die einzelnen Gebührenelemente ab Einfuhrhafen Chile nicht mehr kontrollierbar sind und dort erheblich aufgeschlagen wird.

Haustiere

Das Flugticket für den Hund ist oft teurer als ein Personenticket, natürlich abhängig vom Gewicht. Relativ problemlos und ohne Quarantäne ist der Verlauf, wenn man den Hund in Europa bereits impfen lässt und dann bei der chilenischen Botschaft alle notwendigen Papiere besorgt. Kleinere Hunde dürfen teilweise in die Personenkabine. Man sollte dann am Flughafen von Santiago mehrere Stunden einplanen, um den Hund mit den erforderlichen Papieren aus Zoll und eventuell den Servicio de Agricultura y Ganadero (SAG, www.sag.cl) herauszubekommen. Dies gilt auch für spätere Aus- und Einreisen auf dem Land- oder Seeweg mit dem Hund (Genehmigung vorher vom SAG besorgen!).

Möbel

In Chile sind Einbauschränke üblich, sperrige Kleiderschränke sollten also nicht unbedingt eingeführt werden. Bei Leuten, die größer als 1,80 m sind, ist es aber ratsam, Betten und warmes Bettzeug nach Chile zu senden, lokale Betten und Matrazen sind oft nur maximal 1,90 m lang.

Kleidungsstücke/Schuhe

Spezialgrößen sollten aus Europa mitgebracht werden (z. B. Schuhe: Herren ab Gr. 45 und Damen ab Gr. 41). Generell ist zu empfehlen, Produkte, die in Chile als Luxus empfunden werden (z. B. Skiausrüstung), aus Europa einzuführen.

Für den Umzug innerhalb Chiles wird ein sogenannter „salvoconducto" benötigt – ein Dokument, in dem bestätigt wird, dass der Umziehende keine Außenstände bei den Diensten wie Gas-, Wasser-, Strom- und Telefonfirmen hat und die verladenen Gegenstände sein Eigentum sind. Als Belege sind entsprechende Rechnungen vorzulegen und die Bestätigung des Vermieters über das ordnungsgemäß beendete Mietverhältnis. Der „salvoconducto" ist fünf Tage gültig. Innerhalb von 30 Tagen hat man dann Zeit, sein neues Domizil bei der zuständigen Behörde anzumelden (für Ausländer: Policia Internacional in Santiago – www.policia.cl, General Borgoño 1052 oder bei den Intendencias Regionales in den Provinzen).

Institutionen für Auswanderer und Auslandserwerbstätige

Raphaels-Werk, Dienst am Menschen unterwegs e. V.
Adenauerallee 4, 20097 Hamburg
Tel.: 040-248442-0
E-Mail: kontakt@raphaels-werk.de, www.raphaels-werk.de

Das Raphaels-Werk bietet Länderinformationen und konkrete Hilfen für Auswanderer und setzt sich für deren Rechte in der Politik und in der Gesellschaft ein. Es ist ein anerkannter zentraler Fachverband des Deutschen Caritasverbandes mit 20 Beratungsstellen in Deutschland und begleitet seit 1871 Menschen auf ihrem Weg in eine neue Heimat. Es steht der Mensch im Mittelpunkt, unabhängig von Nationalität, rechtlichem Status und Religionszugehörigkeit.

Evangelische Auslandsberatung für Auswanderer, Auslandstätige und Ausländer-Ehen e.V.
Rautenbergstr. 11, IV., 20099 Hamburg
Tel.: 040-244836 und 2804043, Fax: 040-244809
E-mail: info@ev-auslandsberatung.de, www.ev-auslandsberatung.de

Dieser alte Hamburger Traditionsverein wird heute noch getragen von verantwortungsbewussten Hamburger Bürgern und einem Freundeskreis. Der Verein ist über die Innere Mission dem Diakonischen Werk Hamburgs angeschlossen.

Bund der Auslands-Erwerbstätigen BDAE e.V.
Kühnehöfe 3, 22761 Hamburg
Tel.: 040-30687-0, Fax: 040-306874-90
E-Mail: info@bdae.de, www.bdae.de

Der Bund wurde 1995 in Hamburg mit dem Ziel gegründet, Unternehmen, deren Mitarbeiter sowie auch Privatpersonen bei der Planung und Umsetzung von Auslandsaufenthalten umfassend zu unterstützen. Unter dem Dach des BDAE mit mehreren Gesellschaften und einem Beratungsteam wird heute ein Dienstleistungsangebot angeboten, das von der umfassenden Auslandsberatung über die länderspezifische soziale Absicherung bis hin zum internationalen Personalmanagement reicht.

Flug

Rund ein halbes Dutzend Gesellschaften fliegt Santiago de Chile täglich von Europa aus an, oft mit einem Zwischenstopp oder in Kooperation mit LanChile. Zur Auswahl stehen z. B. LanChile, TAM, Lufthansa, Swiss, Iberia, Aerolíneas Argentinas, Air France, Alitalia, British Airways, Air Canada, United Airlines, American Airlines und Delta Airlines. Die Flugzeit beträgt je nach Verbindung ab 16 Stunden. Die Preise schwanken je nach Saison, günstige Tickets kosten selten unter 700, meist um 800-1100 EUR bei Online-Anbietern wie z. B. www.travel-overland.de, www.flugbuchung.com, www.cheapfares.de oder bei www.lan.com. Unter Angebote gibt es zeitweise Schnäppchen um die 600 EUR für hin und zurück. Rechtzeitiges Reservieren wird dringend empfohlen, da die Flüge oft Wochen im Voraus ausgebucht sind. Günstiger, aber mit mehrmaligem Umsteigen und langen Wartezeiten verbunden sind die Verbindungen mit amerikanischen Linien über die USA.

Die Gepäckbegrenzung ist wichtig – es lohnt, sich vorher genau beim Reisebüro/der Fluggesellschaft zu erkundigen, um Zahlungen wegen Übergepäck zu vermeiden.

Bei Lufthansa, LAN und sämtlichen europäischen und südamerikanischen Fluglinien, die Chile anfliegen, beträgt die Freigepäckgrenze für die Economy-Klasse 20 kg. Lediglich bei den nordamerikanischen Linien sind zwei Gepäckstücke à 32 kg frei, die brasilianische TAM ist auch etwas großzügiger mit 2 x 23 kg. Diese Limits ändern sich von Zeit zu Zeit. Website des Flughafens Santiago: www.aeropuertosantiago.cl.

TurTransfer und TransVip heißen die sicheren und bequemen Tür-zu-Tür-Kleinbusse, die Fluggäste in Sammelfahrten bis zur gewünschten Adresse bringen. Ab zwei Personen lohnt sich bereits ein Taxi (vorher Fahrpreis aushandeln!) – andere: z. B. www.transferdelfos.cl.

Centropuerto: Flughafenbus vom/zum Zentrum (Metrostationen Los Héroes, Universidad de Santiago, Las Rejas und Pajaritos), 1400 Pesos, 6:30-23:30 h (www.transvip.cl/centropuerto).

Komfortabler ist der Flughafenbus von TurBus (www.turbus.cl, 1700 Pesos), Haltestellen: Moneda 1523 und Terminal Alameda.

Wer den Trip nach Chile mit einer Kreuzfahrtreise verbinden will, kann z. B. über die Hamburg-Süd-Reiseagentur buchen. Der Reiseverlauf ist Antwerpen, Dominikanische Republik, Kolumbien, Panama, Peru: www.hamburgsued-frachtschiffreisen.de.

Touristeninfo

Sernatur (Servicio Nacional de Turismo) ist die staatliche Behörde mit Info-Schaltern in allen größeren Städten und an Flughäfen.
In Santiago: Av. Providencia 1550 (Metro Manuel Montt), Tel. 600-73762887, Mo.-Fr. 9-18, Sa. 9-13 Uhr (mit Bibliothek).

8.2 Visabestimmungen

Websites

http://www.extranjeria.gov.cl
www.extranjeria.gov.cl/visa_tem.html
http://www.interior.gov.cl/intendencias.html (Provinzen)

Touristen und Geschäftsreisende

Ausländer, die in Chile arbeiten möchten, benötigen ein Visum, das in einer diplomatischen Vertretung Chiles in Deutschland beantragt werden kann (Bearbeitungszeit: drei bis vier Monate).

Bei einem Kurzaufenthalt von nicht mehr als drei Monaten ist ein Touristenvisum ausreichend, das formlos bei der Einreise erteilt wird. Im Flugzeug erhält man die 90 Tage gültige Touristenkarte, welche dann von der Einreisebehörde abgestempelt wird. Dieses Dokument ist unbedingt an einem sicheren Ort aufzubewahren und zu kopieren! Bei Verlust ist dies bei der **Policía International** zu melden (in Santiago: General Borgoño 1052, Metrostation Cal y Canto, Tel. 5657863, Mo-Fr 8.30-12.30 Uhr).

Wer länger als drei Monate bleibt, kann durch eine Tagesfahrt nach Argentinien die Touristenkarte automatisch erneuern. Ansonsten sind US$ 100 für die einmalige Verlängerung bei der **Policía Internacional** zu entrichten. Binationale Kinder mit chilenischem Pass reisen mit diesem ein und buchen den Flug unter dieser Passnummer.

Minderjährige benötigen zur Ausreise die notariell oder in einem chilenischen Konsulat beglaubigte Erlaubnis beider Elternteile. Die Personendaten des/der Minderjährigen sowie die der Begleitperson müssen darin enthalten sein, ebenso der Zeitraum des Auslandsaufenthalts (befristet in Monaten/Jahren oder unbefristet). Mehrfache Exemplare für Zoll und andere Behörden sind empfehlenswert.

Es ist prinzipiell kein Problem, ein Visum (sowohl Arbeits- als auch Studentenvisum) erst in Chile zu beantragen. Man reist als Tourist ein und geht dann in Santiago zur Extranjería, in der Provinz zur Intendencia.

Extranjería:
San Antonio 580, piso 2,
Tel.: 600-626-4222, Mo.-Fr. 8.30 bis 14 h,
mit langen Wartezeiten ist zu rechnen.

Eine vorläufige Arbeitsgenehmigung kann unter bestimmten Voraussetzungen (z. B. Arbeitsvertrag) sofort erteilt werden, allerdings kostet diese etwa 150 US$. In der Praxis bringt für Studenten ein Studentenvisum keine nennenswerten Vorteile – außer, dass man nicht alle drei Monate aus- und wieder einreisen muss.

Generell muss man in Chile bei der Beantragung eines Visums genügend finanzielle Mittel vorweisen können. Das können Geldautomatenauszüge, Geldumtauschbelege, Aktienbelege, Rentenauszugsbelege, Kopien von Kreditkarten und ein Arbeitsvertrag sein. Wenn der Arbeitsvertrag jedoch beendet ist, dann erlischt auch das Visum.

Wer Familienangehörige in Chile hat (Ehepartner oder Kinder), beantragt ein „Visa Temporaria“ und kann bereits nach einem Jahr das „Visa Permanente“ (Daueraufenthaltsgenehmigung) erhalten. Es sind die Einzahlungen der letzten 12 Monate in die Sozialversicherung oder bei Selbstständigen die letzte Jahressteuererklärung und die letzten Mehrwertsteuer-Zahlungen nachzuweisen.

Ämter und Dokumente

Auf www.chileclic.gob.cl gibt es zahlreiche Informationen zu Ämtern und Institutionen sowie den notwendigen Dokumenten in Chile.

8.3 Zoll

Für Zölle und Einfuhrverfahren ist in Chile der Servicio Nacional de Aduanas zuständig (www.aduana.cl).

Zollagenten: www.mewes.cl, www.adelsdorfer.cl
Infos: www.zollbestimmungen.de/umzug/chile.htm
Zollfrei ist die Einfuhr von persönlichem Bedarf:
500 Zigaretten (oder 50 Zigarren), 2,5 L Wein oder 1 L Spirituosen (>18 Jahre !) und Parfum für Privatbedarf.
Infos: www.zoll.de, www.bmf.gv.at, www.ezv.admin.ch

Einfuhrbeschränkungen

Außer Chilenen dürfen Ausländer keine Gebrauchtwagen nach Chile einführen. Ausnahmen gibt es bei Krankenwagen, Geldtransportern, Feuerwehrwägen etc.

Nahrungs- und Genussmittel sowie Pharmazeutika als auch z. B. Massagemittel müssen vor einem offiziellen Import von der chilenischen Gesundheitsbehörde einzeln genehmigt werden unter Angabe der Inhaltsstoffe.

Haustiere brauchen ein von einem autorisierten Veterinär ausgestelltes Gesundheitszeugnis und den Nachweis der notwendigen Impfungen.

Textilien und Bekleidungsstücke haben besondere Vorschriften der Etikettierung zu erfüllen.

Zollfreizonen (Zonas Francas)

Die zollfreie Zone von Iquique (ZOFRI) im Norden Chiles hat zunehmend an Bedeutung gewonnen für den Handel von (u. a. asiatischen) Industrieprodukten mit Peru, Bolivien, Argentinien, Paraguay und Brasilien. Es werden vor allem Gebrauchtwagen günstig angeboten. Die dortige Steuerbefreiung gilt nur für Einwohner der Region. Einen Neuwagen kauft man am besten in Santiago, dort gibt es die größte Auswahl und angesichts der Konkurrenz auch die besten Preise.

Ferner gibt es im Süden in Punta Arenas die PARENAZON. Außer zollfreien Waren und Dienstleistungen genießen die Firmen dort noch zusätzliche Steuervergünstigungen.

Der Warenverkauf in Regionen der zollfreien Zonen wird nur mit der einheitlichen Steuer von 6 % belastet, Mehrwertsteuer fällt nicht an.

8.4 Immobilien

Wärmedämmung ist im Vergleich zu europäischen Standards in Chile unterentwickelt. Eine Zentralheizung ist Luxus. Auf diesem Gebiet gibt es noch immenses Entwicklungspotential, welches selbstständige Unternehmer nutzen können. Im Landesinneren von ganz Chile und fast das ganze Jahr über im Süden können die Nächte mit Temperaturen um den Gefrierpunkt sehr frisch werden. Trotzdem sind die Fenster und Wände der Häuser ziemlich dünn und der Wind pfeift schon mal durch die eine oder andere Spalte hindurch. Man behilft sich im Wohn- und Schlafbereich mit mehreren Decken, vor allem im Süden mit viel Holz für den Ofen, mit Gas- und Kerosinöfen (Verkauf von Gasflaschen bei www.gasco.cl, www.abastible.cl oder www.lipigas.cl) oder mit stromfressenden „estufas electricas“ (Elektroöfen).

Offene Kamine sind hauptsächlich auf dem Land in Betrieb, in Santago sind sie verboten, weil zu smogbelastend. Erlaubt sind katalytische Kamine mit doppeltem Verbrennungssystem, welche mit normalem Brennholz gespeist werden (z. B. www.bosca.cl).

Einen Teil des Wochenendes verbringen viele Chilenen vor allem in den kalten Wintermonaten unter der warmen Decke beim Fernsehgucken. Die Temperatur-„Schmerzgrenze“ der Chilenen liegt deutlich niedriger als in Mitteleuropa, nur 8-15 Grad in den Räumen sind in der kalten Jahreszeit keine Seltenheit. Bei einfachen touristischen Unterkünften wird gespart, 20 Grad Raumtemperatur im Winter sind mehr oder weniger Luxus.

Vor allem in der Provinz funktioniert das Duschen meist mit Gasbehältern (califons), vorher muss dann mit einem Streichholz das Califon aktiviert werden.

Preisbeispiele (Monatsmieten)
Zimmer möbliert, abhängig vom Stadtteilniveau, ob WiFi etc.:
Zentrum, Providencia, ohne WiFi, 9 m^2: 50.000-70.000 $
Las Condes, Vitacura, mit WiFi, 9 m^2: 130.000-180.000 $

Kleine Wohnungen liegen – je nach Stadtteil und Ausstattung – ca. zwischen 80.000 und 200.000 Pesos plus Nebenkosten.

Wohnungen mit drei Schlafräumen (tres dormitorios) in den besseren Stadtteilen kosten um 300.000-400.000 Pesos plus Nebenkosten.

Büros im Zentrum von Santiago haben einen Quadratmeterpreis von ca. 3.000-4.000 Pesos pro qm, in Las Condes muss man mit etwa 13.000 bis 15.000 Pesos pro qm rechnen.

Häuser zur Miete gibt es in einfachen Vierteln ab 100.000 Pesos, in Las Condes liegt der Durchschnitt bei etwa 400.000 bis 850.000 Pesos, für eine Fläche von ungefähr 140 m^2,

Es gibt eine Steuerermäßigung für Wohnungen bis zu 140 m^2, so dass bis zu dieser Fläche ein Großteil der Wohnungen gebaut wird. Darüber hinaus gibt es meistens einen großen Sprung in der bebauten Fläche, ab 160m^2 oder 180m^2 aufwärts.

WiFi-Anschluss, Warmwasser, Toilette und Stromanschluss sollten vor der Mietvertragsunterzeichnung auf Funktionsfähigkeit überprüft werden. Die Heiz- und Waschkonditionen sollten ebenso festgehalten werden wie eine Inventar-Mängelliste. Vermieter beheben Mängel (z. B. im sanitären Bereich) oft nur nach intensivem Nachhaken.

Die teuersten im Osten und Nordosten Santiagos gelegenen Wohngegenden (überwiegend Häuser) sind La Dehesa, Lo Barnechea, Los Domínicos, Santa María de Manquehue und Lo Curro. Danach folgen

Las Condes, Vitacura, La Reina, Providencia und Ñuñoa (Wohnungen und Häuser gemischt).

Websites Immobilienmarkt
http://propiedades.elmercurio.com/_portada/stgo.asp www.portalinmobiliario.com www.clickhogar.cl www.mundoinmobiliario.com/cl http://santiago.es.craigslist.org/hhh/
Vivest Group Christoph Wander, Viña Andrea s/n, sector Alto Lircay Casilla 143, Talca, Chile, Tel. 71-1970430, Fax: 71-1970430 E-Mail: info@vivest.net Gesellschafter & Geschäftsführer Christoph Wander – www.vivest.net, www.suedamerika-immobilien.net: – Kauf, Verkauf und Vermietung von Grundstücken, Häusern, Wohnungen sowie Gewerbe; Projektentwicklung; Objektverwaltung. – www.vivest.net/erneuerbare-energien-chile: – Planung, Installation und Vertrieb von Erneuerbaren Energien. – Mitarbeit bei NGO-Hilfsprojekten (z.B. Erdbebenhilfe 2010)
Klaus Lüttecke Propiedades Noruega 6680, Depto. 71, Las Condes, Santiago Tel.: 2-4750348, E-Mail: klaus@luttecke.cl
www.engelvoelkers.com/cl/ www.veraschwarz.cl

Die Wohnungen und Häuser in Chile sind zwar günstiger als in Mitteleuropa, jedoch oft mit relativ einfachem Baumaterial errichtet. Vieles sieht oberflächlich gesehen von außen ganz gut aus, das Innere und die Fenster sind dann aber von eher einfacher Qualität.

Die Immobiliensuche kann sich daher je nach Ansprüchen schwierig gestalten. Es kann sein, dass man im Internet oder in der Zeitung scheinbar ein Schnäppchen findet, dann sich aber herausstellt, dass es an diesem und jenem gewohnten Standard fehlt oder das Objekt in einem nicht gerade vertrauenserweckenden Stadtviertel liegt.

Sollen die erwarteten Bedingungen erfüllt werden, kostet das Geld. Ein relativ neues Haus mit 200 m^2, gut gelegen, kann zwischen 1,2 bis 1,5 Millionen EUR kosten. Zu berücksichtigen ist auch, dass es in den Wintermonaten bis um den Gefrierpunkt kalt werden kann, viele Häuser und Wohnungen aber nicht dafür gebaut sind und die Leute diese wenigen Monate einfach „aushalten".

Bei der Mietvertragsunterzeichnung sind dem Vermieter stabile wirtschaftliche Verhältnisse nachzuweisen durch Unterlagen wie Arbeitsvertrag und Einkunftsnachweise (z. B. Gehaltsüberweisungen).

Es ist ratsam, wie bei allen halbwegs wichtigen Verträgen in Chile auch den Mietvertrag notariell beglaubigen zu lassen. Generell läuft der Mietvertrag über ein Jahr und wird vor Ablauf der Frist wieder erneuert. Als Kaution ist eine Monatsmiete üblich. Empfehlenswert ist eine Immobilie mit integrierter Parkmöglichkeit, damit das Auto nicht auf der Straße der Diebstahlsgefahr ausgesetzt ist.

Bei der Miete einer Hochhaus-Appartmentwohnung sollten Nebenkosten wie Gärtner, Wachdienst, Sauna, Swimmingpool, Wäscheservice, Parkplatz, Besprechungszimmer, Fitnessraum, Internetraum, Spielzimmer, Verwaltungsgebühren, Reparaturen etc. nicht unterschätzt werden (in guten Wohnlagen um 150.000 Pesos). Auf der anderen Seite haben diese Gemeinschaftseinrichtungen („condominios") auch viele Annehmlichkeiten und senken Kosten, die bei einem Einfamilienhaus alleine zu tragen wären.

Die Maklergebühr beträgt 40-100 % des monatlichen Mietpreises.

Es gibt Websites, wo der Kontakt direkt über den Vermieter läuft. Niemand garantiert aber, wie seriös das Angebot bzw. der Vermieter ist, ob die vom Vermieter verfasste Beschreibung des Zimmers stimmt oder dieser vielleicht wichtige Details „vergisst" (z. B. Straßenlärm, Sicherheit). Und selbst wenn der Vermieter halbwegs seriös ist, ist er doch von der chilenischen Kultur der Informalität und Unverbindlichkeit geprägt. Wenn zwei Wochen vor der Ankunft jemand kommt und das Zimmer sofort mieten will, wird er die Reservierung kaum respektieren.

Alternativen bei minimalem Budget
www.couchsurfing.com
www.hospitalityclub.org
www.hb-247.com/aff/hostelbloggers

Wer ein Haus oder Grundstück kaufen will, kann dies auch als Tourist mit der Steuernummer RUT tun. Auf keinen Fall sollte man dies aus der Distanz arrangieren, da es auch einige schwarze Schafe unter den Maklern gibt. Eine Vertrauensperson vor Ort ist sehr wichtig.

Das Ministerio de Vivienda y Urbanismo hat auch ein Immobilienerwerbsförderungsprogramm, in dem es dem Bürger einmal im Leben unter gewissen Bedingungen bei der Anschaffung einer Immobilie Unterstützung gewährt. Es muss hierfür genug Eigenkapital angespart worden sein (Mindestzeitraum 12 Monate), um in den Genuss eines günstigen Kredites und einer Wohnungsbauprämie zu kommen. 18 Monate vor Antragstellung müssen bereits die Erwerbsabsicht und das Ansparen hierfür bewiesen werden. Der Immobilienwert darf meist UF 1000 nicht übersteigen und der Käufer darf nicht bereits Immobilienbesitzer sein. Die Anzahl der Familienmitglieder wirkt sich auch auf die Unterstützungsentscheidung (Punktsystem) aus. Die Programm-Einschreibung erfolgt beim regionalen Servicio de Vivienda y Urbanismo (SERVIU).

Dieses staatlich geförderte Programm für den Erwerb von kleinen einfachsten Standardhäusern dürfte aber für Europäer oder Chilenen, die in Europa gelebt haben und einen gewissen Standard gewohnt sind, weniger interessant sein.

Für ländliche Gebiete mit weniger als 2500 Einwohner gibt es ebenfalls ein Programm.

Informationen für weitere staatliche Unterstützungsprogramme im Bereich Immobilien sind erhältlich bei www.serviu.cl.

Beim Kauf einer Immobilie mittels eines Bankkredits und Hypotheken muss der Käufer eine „Bankgeschichte" haben – das heißt, er muss mindestens drei oder fünf Jahre in Chile regelmäßige Einkommen haben, sonst geben die Banken in der Regel keinen Kredit. Es gibt jedoch Ausnahmen (je nach Verhandlungspartner).

Bei den Immobilien ist der von der Bank geschätzte Wert der Immobilie und das Einkommen des Käufers die Basis für die Vergabe des Hypothekenkredits.

Am wichtigsten ist jedoch die Untersuchung, ob die Immobilie überhaupt „sauber" ist – bezüglich Titel, Eigentumsverhältnissen und Hypotheken-Altlasten. Das sollte unbedingt von einem Rechtsanwalt untersucht werden. Im Grundbuchamt muss man ein Zertifikat anfordern, welches für 10 Jahre die „Schuldengeschichte" bestimmt, sowie ein weiteres, welches bestätigt, wer der momentane Besitzer ist.

Für Neubauten ist bei der Kommune eine Baugenehmigung erforderlich, leichter ist das bei Fertighäusern („casas prefabricadas"). Beides muss von einem Architekten geregelt werden.

Bei der Handwerkerauswahl sollte nicht unbedingt auf den Titel der sogenannten „Maestros" vertraut werden, sondern eher auf deren vorherige Werke. „Maestro" heißt zwar übersetzt „Meister", die Fähigkeiten sind aber kaum mit denen zu vergleichen, welche diesen Titel in Europa tragen. In Chile ist es nicht nötig, für eine Geschäftsgründung einen Gesellen- oder Meisterbrief zu haben.

Selbstverständlich sind die Kostenunterschiede zwischen einer allestuenden Hilfskraft und einem gelernten „Maestro" erheblich. Bei allen Neubauten oder bei Veränderungen der bebauten Fläche oder der Struktur müssen Fachkräfte die Arbeit ausführen – unter anderem, weil die Pläne von den Behörden genehmigt werden müssen.

Statt den Stundenlohn zu vereinbaren, sollte man auf Kostenvoranschläge und Fertigungsfristen bestehen, nach denen man die Bezahlung festlegen sollte. Trinkgeld oder andere kleine Geschenke sowie Essensverpflegung schadet auch in Chile sicher nicht, um die Arbeitsmoral aufrecht zu erhalten.

Die Bauarbeiten sollten häufig inspiziert werden, da man oft auf Ungenauigkeiten und Details hinweisen muss. Ein weiterer Grund ist die Diebstahlsvermeidung von Werkzeug und Material.

Nebenkosten:

- Die Kosten für Elektrizität betragen in Santiago bei einem mehrköpfigen Haushalt etwa 25.000-30.000 Pesos/Monat, im Winter liegen sie etwas höher. Die chilenischen Steckdosen haben die gleiche Spannung wie die deutschen (220V, 50 Hz), Geräte mit Schukostecker können allerdings nur mit einem z.B. in Supermärkten erhältlichen Adapter („adaptador") benutzt werden.
- Internet, Kabel-TV und Telefonanschluss kosten im Paket 30.000-60.000 Pesos/Monat. Beim oberen Preisbereich sind Internet-Breitband, unbegrenztes Telefonieren im Land sowie mehr als 60 TV-Kanäle inklusive.
- Verbrauchs- und jahreszeitabhängige Kosten in Pesos:
- Trinkwasser: ca. 15.000/Monat
- Gas aus Leitung: ca. 20.000-30.000/Monat
- Gas aus Flasche, 45 kg: ca. 40.000 (1-3 Monate)

Suche in Gelben Seiten
www.amarillas.cl www.websites.cl

Kapitel 9

LEBEN IN CHILE UND DIE CHILENEN

9.1 Essen, Trinken, Einkaufen

Es gibt viele Einflüsse von Einwanderern in der chilenischen Küche. „Strudel", „Berlin(er)", „Pretzel" oder „Kuchen" wurden aus dem Deutschen übernommen und sind gängige Bezeichnungen in Chile. Chucrut (französisch: Sauerkraut) und Eisbein sind ebenfalls bekannt.

Ein passendes Bild hierzu ist zu finden unter www.ms-unger.de/chile/index.html, wo auch deutsche Auswanderer vorgestellt werden.

Chilenische Küche

Der kalte Humboldtstrom ist unter anderem für die großartige Qualität und Quantität der chilenischen Fische und Meeresfrüchte verantwortlich. Hauptattraktion ist jedoch das gesellschaftlich wichtige Grillen von Fleisch, Asado genannt.

Typisches chilenisches Essen git es wenige Kilometer entfernt vom südöstlichen Stadtrand Santiagos, website: www.lavaquitaecha.cl.

Neben Frühstück (desayuno) und Mittagessen (almuerzo) wird auch am frühen Abend ein Imbiss mit Tee verzehrt, da oft erst sehr spät das Abendessen (cena) auf dem Tagesprogramm steht. Diese Zwischenmahlzeit wird „tomar once" (wörtlich „Elf einnehmen") genannt, ähnlich dem „Fünf-Uhr-Tee" in England.

Typisch chilenisch

Empanadas: Gefüllte Teigtaschen, ca. 15 cm lang und halbmondförmig. Die Empanada „Pino" ist die traditionelle Art und hat eine Füllung aus Hackfleisch, Stücke von gekochtem Ei, Zwiebeln, Rosinen und einer Olive. Es gibt auch Füllungen mit Meeresfrüchten (Empanada de marisco) oder

Käse (Empanada de queso). Die Empanadas werden im Backofen (horno) gebacken oder frittiert (frita) in Öl oder Schmalz.

Asado: Gegrilltes Fleisch, oft zubereitet im Freundes- und Verwandtenkreis als festliches, aber informelles Ereignis. Verschiedene Fleischsorten und Innereien, meist vom Rind, aber auch von Schaf, Ziege, Schwein, Lama und Geflügel werden auf einem Holzkohle- oder Holzgrill gegart. Dazu gibt es Salate und kräftigen, herben, tanninreichen Rotwein.

Cazuela: Kräftiges Eintopfgericht, mit Hühnchen oder Rindfleisch, „Choclos" (Maiskolben), Kürbis und anderem Gemüse.

Ceviche: Roher Fisch oder Krabben mit Zwiebeln, Chili und Limonensaft.

Choripan: ähnlich einem Hot-Dog.

Completo: Eine Art Hot Dog (Perrito) mit Avocadomus (Palta) und Sauerkraut oder Krautsalat (Chucrú) sowie mit Tomatenketchup und dem mild-süßen chilenischen Senf (mostaza).

Curanto: Geschmortes verschiedenes Fleisch, Meeresfrüchte, Kartoffeln und Würste. Früher in Südchile/Chiloé auf Steinen in Erdlöchern erhitzt und zugedeckt mit Nalcablatt (ähnlich Rhabarber), heute oft in Schmortöpfen zubereitet.

Humitas: Maisbrei, in Maisblättern gekocht und süß oder salzig gegessen.

Mote con huesillo: Pfirsich-Graupen-Kompott.

Paila Marina: Muschel- und Fischsuppe.

Pastel de Choclo: Mais-Auflauf mit Fleischfüllung.

Pebre: Eine aus scharfem Paprika (Ají), fein gehackten Zwiebeln, Knoblauch und Kräutern zubereitete Öl-Zitronen-Sauce, die vor allem zu Fleisch, aber auch als Würze zu anderen Gerichten gereicht wird.

Beliebt sind auch mit getrocknetem Kelp (Cochayuyo genannt; es handelt sich um Braunalgen der Art Durvillaea antarctica), zubereitete Beilagen. Die relativ geschmacklose Alge wird dazu klein geschnitten und mit Zwiebeln, unterschiedlichen Gewürzen und Kräutern und unter Umständen auch Hülsenfrüchten oder anderem Gemüse vermengt gegart.

Meeresfrüchte/Seefische

Glossar

Almeja: Venusmuschel
Bacalao: Kabeljau
Camaron: Krabbe, Sandgarnele
Centolla: Seespinne, Königskrabbe
Cholga: Kammmuschel
Chorito: Miesmuschel
Congrio: Seeaal
Corvina: Umber-/Adlerfisch
Erizo: Seeigel
Jaiba: Seekrebs/-krabbe
Jibia: Tintenfisch
Loco: Abalon (Seeschnecke) – da geschützt, nur begrenzt erhältlich!
Macha: Muschel
Mejillón: Miesmuschel
Merluza: Seehecht
Ostión: Jakobsmuschel
Ostra: Auster
Picoroco: Felsmuschel
Reineta: Seezunge/Flunder

Cafés, Restaurants und Kneipen

Vor allem die Konkurrenz der Starbucks-Kette steigerte die Qualität der chilenischen Café-Szenerie. Auf dem Land und in den einfachen Lokalen bekommt man aber immer noch meist nur Nescafé in Pulverform angeboten.

Cappuccino bedeutet in Chile Kaffee mit Sahne, Café cortado entspricht eher dem in Europa servierten Cappuccino.

Eine umstrittene chilenische Spezialität gibt es vor allem im Zentrum von Santiago, „Café con Piernas" (Café mit Beinen) –Cafés, in denen leicht bekleidete Damen Getränke servieren.

Bierkneipen in Santiago mit Spezialbieren
Re-Locos, Bilbao 5365, Tel. 2-2264294
La Fuente Chica, Bilbao 5359, Tel. 2-2778055
Budapest, Bilbao 5351, Tel. 9-84490987
Bachata Rosa, Las Carretas 2369, Tel. 2-7896738
Birras: Bilbao 4359, Tel. 2-9525123

In der Halle des Mercado Central (Fisch-, Obst- und Kräutermarkt) gibt es typische chilenische Spezialitäten in verschiedenen Restaurants. Viele aus- und inländische Touristen speisen dort.

Auf der anderen Flussseite gegenüber befindet sich der typisch südamerikanische Großmarkt La Vega. Obst und Gemüse gibt es dort erheblich günstiger als in den Supermärkten.

Feine Restaurants, teils mit internationaler Küche, befinden sich u.a. in der Nähe der Metrostationen Tobalaba und El Golf. Eine Alternative sind Lokale in Providencia, oder im Zentrum die „Bar Nacional" mit landestypischen Gerichten. In Vitacura gibt es Designer-Restaurants. Im Bohème-Viertel Bellavista gibt es kleine und stilvolle Restaurants, viele Touristen und Studenten tummeln sich dort.

Adressen von Gastronomieeinrichtungen mit deutschem, schweizerischem oder österreichischem Stil
Pasteleria Mozart S.A.: Av. Pedro de Valdivia 3059, Ñuñoa, Tel.: 2091880, Fax: 2040707 Av. Luis Pasteur 5852, Vitacura, Tel.: 2190700, Fax: 2190800 www.pasteleriamozart.com
Pastelería Vienesa: Portugal 552, Santiago, Tel.: 2225473, www.pasteleriavienesa.cl

Restaurant Elkika Ilmenau: Hernando de Aguire 47 (Metro Tobalaba), Tel. 2310260,
www.cafecolonia.cl MacIver 161+133, Santiago-Centro, Tel.: 2-6391267, Fax: 6397256
www.rhenania.cl Konditorei in Santiago, Valdivia, Osorno und Puerto Montt
www.restaurantrhenania.cl (ehemals deutsch), Santiago-Ñuñoa Tel.: 2-3418386, Email: restaurant.rhenania@gmail.com
Restaurant Lili Marleen (altdeutsches Restaurant/Kneipe) Julio Prado 759, Providencia, Tel.: 2-3416213
www.restaurantetantemarlene.cl Altdeutsches Restaurant mit vielfältiger deutscher Speisekarte Miguel Claro 1802, Providencia, Tel. 7619043
www.walhalla.4mg.com, Schweizer Restaurant in Santiago-Ñuñoa
www.bierstube.cl, Restaurant/Kneipe mit deutschen Gerichten Merced 142-B, Santiago-Centro, Tel. 6337717
Restaurant Der Münchner Colonia Alemana, parcela 2, Peñaflor-Malloco Tel.: 2-8140022, Fax: 8140150 E-mail: wlabarca@hotmail.com, www.dermunchner.cl
La Casita de las Alemanas Panamericana Sur km 27, San Bernardo Restaurant+Caf'é, rustikal und gutbürgerlich, www.lasalemanas.cl
Restaurantes Fritz Ltda. 21 Lokale von Calama bis Puerto Montt, typisch deutsche Gerichte und Biere, Tel. Santiago: 2-8200124 E-mail: ar@unifood.cl
Restaurante Starnberg Alonso de Córdova 2359, Vitacura, Santiago, Tel.: 2-9535100

Restaurant Hamburg, Inhaber: Wolfgang Scheuber Valparaíso: Av. Bernardo O'Higgins 1274, Tel.: 32-2597037 Limache: Av. Urmeneta 557
www.elaustriaco.com, österreichisches Restaurant in der Nähe des Casinos von Viña del Mar (Inhaber: Dieter Pammer)
Restaurant Villa Karla, Cajón Grande 8331, Olmué, Tel.: 33-442796
Brothaus (Bäckerei) Renato Sanchez 4082, Las Condes, Santiago, Tel.: 2-3217320
Piroschka (Konditorei) Av. Vitacura 6255, Lokal 49, Vitacura, Tel.: 2-2191561
Viktor Sticha (österreichischer Koch und Konditor) Lieferservice, Catering, Tel.: 2-4534178, E-Mail: viktorsticha@vtr.net
Delikatessen: www.lecker.cl, Monjitas 620, Tel. 2-6644358
El Canelo S.A. – Omas Brot (Bäckerei und Konditorei) San Martin 0693, Temuco, E-Mail: omasbrot@gmail.com
Martina Linge und Heiko Hartmann (Wurstwaren/Gemüsekonserven) Villarrica-Loncoche, E-Mail: linhar@tie.cl, www.linhar.cl
Bäckerei (panadería) Rostock, Pedro de Valdivia 741, Villarrica
www.cecinas-llanquihue.cl, Wurstfabrik Mödinger, Llanquihue
Weitere Infos zu Restaurants in Chile: www.restaurants.cl
Buchtipp: „Die chilenische Küche" von Karla Berndt/Birgit Heitfeld

Malls

Viele Familien haben am Wochenende das Motto „vamos al mall". Diese Center im US-Stil bieten eine Vielfalt von Einkaufs- und Unterhaltungsmöglichkeiten – www.aventuracenter.cl ist in drei Malls in Santiago und in Temuco.

Malls in Santiago
Alto Las Condes, Avda. Presidente Kennedy 9001, Las Condes Apumanque, Manquehue Sur 31 esq. Apoquindo, Las Condes Parque Arauco, Avda. Pdte. Kennedy 5413, Las Condes Mall Plaza A Seger, Isidora Goyenechea 3250, p. 12, Las Condes Mall Sport, Sportartikel aller Art, Av. Las Condes 13451, Las Condes La Dehesa, Avda. El Rodeo 12850, Lo Barnechea Los Cobres, Avda. Vitacura 6780, Vitacura Mall Panoramico, Av. 11 de Sept. esq. Lyon, Providencia Mall del Centro, Puente 689 esquina Rosas Paseo San Agustín, San Antonio 140 Mall Plaza Valentín, Manuel A. Matta 437 Mall Parque Estación, Libertador Bdo. O'Higgins 3750 Mall Paseo Estación Central, San Borja 122, Quinta Normal Plaza Oeste, Avda. Américo Vespucio 1501, Maipú Mall Arauco Maipú, Americo Vespucio 399, Maipú Plaza Vespucio, Av. Vicuña Mackenna 7110, La Florida Mall Florida Center, Av. Vicuña Mackenna 6100, La Florida Gran Avenida Shopping, Gran Avenida Jose M. Carrera 6150 Las Palmas Shopping, Ramón Freire 1790 Puente Alto Shopping, Concha y Toro 1149 parad. 37 1/2, P. Alto Plaza Tobalaba, Camilo Henriquez 3296, La Florida Vivaceta Plaza, Fermín Vivaceta 957, Independencia

Lebensmitteln-Einfuhrkontrolle

Bei der Einreise nach Chile sind möglichst alle Lebensmittel gegenüber der Agrarbehörde SAG (Infos unter www.sag.cl) zu deklarieren, die auch nur entfernt suspekt sein könnten. Man muss eine eidesstattliche Erklärung unterschreiben. Die Gepäckstücke gehen durch den Scanner und an Spürhunden vorbei. Verboten sind vor allem frisches Obst und Gemüse, aber auch nicht pasteurisierter Käse, ungekochte Wurst oder Fleisch, Samen und Körner.

Deutsche Einwanderer gründeten im Zentralsüden Brauereien, so dass auf Bier nach dem Reinheitsgebot nicht verzichtet werden muss. Die Flaschenpreise sind etwas höher als in Europa.

Kleinbrauereien mit Spezialbieren (oft naturtrüb, herb, Ale)
www.kross.cl (Santiago, Curacaví) www.szot.cl (Santiago) www.tubinger.cl (Santiago) www.cervezadiem.cl (Santiago) www.dolbek.cl (Región Metropolitana, Puerto Montt, Coyhaique) www.cerveceradelpuerto.cl (Valparaíso) www.toropaire.cl (bei Concepción) www.cervezacrater.cl (Villarrica) www.cerveza-kunstmann.cl (Valdivia) www.cervezadrakkar.cl (Frutillar) www.cervezacolonos.cl (Llanquihue) www.cervezamonteverde.cl (Puerto Montt) www.cork.cl (Puerto Varas) www.cervezaaustral.cl (Punta Arenas)
Es gibt einige Bierfeste in Chile, u. a. in Valdivia: www.bierfestkunstmann.com

Auf Alkoholika spezialisiert sind die sogenannten „Botillerias“-Läden. Bei kleinen Läden erhält man oft beim Verkäufer einen Bon, mit dem man an der Kasse bezahlt und mit der dann erhaltenen „boleta“ beim Verkäufer oder Verpacker seine Ware erhält.

Die großen Supermarkt- und Kaufhausketten bieten meist eigene Konsumkarten an, wo man Punkte sammeln kann, um Prämien oder andere Vergünstigungen zu bekommen.

Deutsche Produkte gibt es vor allem bei Jumbo und bei Santa Isabel.

Viele Supermärkte und Apotheken bieten einen Home-Service an, d. h. man bekommt für einen Aufpreis die Ware nach Hause geliefert. Bioprodukte und Nahrungsergänzungsprodukte gibt es u. a. bei

- www.nowstore.cl,
- www.supernatural.cl,
- www.tiendanatural.cl,
- www.tierraviva.net oder
- www.productosorganicos.cl.

Diabetiker finden Lebensmittel bei www.dietstore.cl.

Beispiele für einen Einkauf in einem mittelgroßen Supermarkt („Lider Express") und andere Beispiele im Mittelklasse-Stadtviertel Providencia in Santiago (Stand: September 2009, Kurs 1 EUR = 800 chil. Pesos)

Obst- und Gemüsepreise in chil. $ (Preise je nach Erntezeit):	
Äpfel, 1 kg	450-680
Avocado (Palta), 1 kg	1190
Bananen, 1 kg	430
Birnen, 1 kg	680
Kiwi, 1 kg	320
Orangen, 1 kg	360
Zitronen, 1 kg	280-450
Kartoffeln, Beutel 2 kg, Sack 5 kg	1790, 1990
Knoblauchzehen, 4 Stk.	1100
Eissalat, 2 Stück	700
Tomaten, 1kg	1690
Zucchini, 1kg	300
Käse frisch, 250 gr	890-1490
Philadelphia Streichkäse Diät, 227 gr	2190

Käsecreme zum streichen, 100 gr	390
Schinkenstreichwurst, 125 gr	240-460
Salami abgepackt, 150 gr	1100
Schinken Geflügel abgepackt, 250 gr	1050-2200
Würstchen (ähnlich Wiener), 1kg	1730-2340
Schinken frisch, 250 gr	720-1900
Hackfleisch v. Rind abgepackt 500 gr	1700
Fleisch, 1kg	4000 (ca.)
Hähnchenschlegel, 1kg	1800
Toastbrot Vollkorn, 600 gr	890
Toastbrot Amerikanisch, weiß, 760 gr	1060
Brötchen, 1 kg	960-1200
Roggen-Vollkornbrot (dt.-chil.), 600 gr	1440
Pumpernickel Vollkornbrot, 400 gr	1250
Berliner/Krapfen	400
Eier, 6 Stk., 12 Stk.	790, 1430-1900
Fertigtorten	3000-5000
Nudeln (spiralförmig), 400 gr	280-500
Spaghetti, 400 gr	280-490
Tomatensoße, 200 gr	200-450
Tomatensoße Bolognese, 250 gr	520
Reis (2. „Grad") im 1-kg-Beutel	640-980
Teebeutel „Té Brasil", 100 Stk.	1300

Teebeutel Ceylon Tee, 100 Stk.	1490-1800
Muscheln Choritos, Konserven, 190 gr	650-800
Muscheln Cholgas, Konserven, 190 gr	790-990
Thunfisch in Konserven, 170 gr	400
Frisch-Fisch:	
Merluza Austral, 1 kg	3200
Choritos Muscheln, 1kg	490
Lachsfilet abgepackt, 1 k	8000
Tiefgekühlte-Produkte:	
Pommes Frites, tiefgekühlt, 1kg	1890
Hähnchenbrust, 480 gr	2390
Gemüse-Mix in Beutel, 500 gr	1050
Frühlingsgemüse, 1 kg	1900
Seehecht (Merluza) mit Haut, 1kg	4380
Meeresfrüchte-Mix, 1 kg	2580
Camarones, 200 gr	3290
Hamburger, 125 gr	390
Churrasco-Fleisch v. Rind, 650 gr	3790
Lachsfilet, in Folie, 1kg	4690
Lachs, geräuchert, in Folie, 100 gr	1900
Mineralwasser still (sin gas), 2 L, 5 L	450, 890
Mineralwasser medium, 1,5 L	400
Coca Cola, 1,5 L, 2,5 L	870, 1250

Pepsi Cola 2,5 L	950
Limo & Cola Eigenmarke 1,5 L, 3 L	530, 930
Fanta 2 L	790
Orangensaft in Tetrapack, 1 L	720
Frucht-Nektar, 1 L	440-560
Milch	500-590
Butter, 125 gr, 250 gr	490-580, 1030-1160
Margarine (z. streichen), 500 gr	750-1120
Joghurt im Beutel, 1kg	660-820
Joghurt im Becher, 125 gr, 175 gr	95-199, 210
Kaffepulver „Instant", 100 gr, 170gr	1450, 2090-2690
Schokolade Milch, 80 gr	500-670
Schokolade „Sahne-Nuss", 160 gr	990
Toblerone, 100 gr	1190
Kekse mit Schokolade, 130 gr	240-440
Marmelade in Beutel, 250 gr	250-540
Cornflakes ohne Zucker, 700 gr	1190
Cornflakes o. Zucker, Kellogs, 500 gr	1590
Haferflocken Marke Quaker, 500 gr	760
Lager-Biere	
Chilenisch, 355 ml, 6x355 ml	320-355, 1490-1720
Chil., Mehrwegfl., 1 L	590-910
Paulaner, Heineken, Mehrwegfl., 1 L	910-1050

Chil., Einwegfl., 1 L	930-950
Dt-chil., Kunstmann, Fl. 4x0,33 L	2990
Budweiser, Fl. 6x0,355 L	2670
Wein Cabernet Sauvignon	990-...
Wein in Tetrapack, 1 L	400
Pisco Capel 35 %, 0,7 L	1950
Pisco Alto del Carmen 35 %, 0,75 L	3390
Wodka 40 %, 0,75 L	3200
Tequila, 0,75 L	5900-6400
Rum Baccardi, 0,75 L	5600-6200
Milchreis in Plastikbehälter, 1,5, 2,5 L	1350, 1990
Chips, 120 gr, 200 gr, 250-300 gr	760, 800,1100
Toilettenpapier, 4 Rollen, zweifach	1090
Toilettenpapier, 8 Rollen, einfach	890
Toilettenpapier, 8 Rollen, zweifach	1570-2190
Zahnpastatube, keine Marke, Colgate	560, 780
Zahnpasta „extra weiß" Pepsodent	1490
Binden, keine Marke/Marke, 20/8 Stk.	1890-2740/2990
Binden always, 10 Stk, 16 Stk.	1190, 1450
Papiertaschentücher Lider, 6er-Pack	540
Seife Lux, 125 gr	450
Head & Shoulders Shampoo, 0,7 L	3990
Shampoo Antischuppen, chil., 35 ml	1590

Nivea-Creme in Alu-Büchse, 250 ml	3590
Nivea-Soft Bodymilk, 400 ml	3990
Deo-Spray Axe, 160 ml	1790
Deo-Sticks, Rexona 50gr, Nivea 42 gr	1690, 1790
Rasierschaumdose, Nivea, Gilette	3590-3690
Rasierklingen, Gilette Sensor, 5 Stk.	4990
Rasierklingen, Gilette Mach 3, 8 Stk.	8490
Rasierklingen Einweg, Schick, 10 Stk.	2990
Waschmittel in Pulver, Lider, Ariel, 3 kg	3520, 6990
Waschm. flüssig, Lider 1 L, Ariel 1,5 L	2190, 3990
Windeln, chil., Classic, bis 6 kg, 28 Stk.	1960
Windeln, chil., Ultra, 8,5-12 kg, 32 Stk.	5320
Windeln, Pampers, 32 Stk.	6590
Windeln, Huggies, 60 Stk.	7890-9590
Hamburger bei McDonalds	650
Empanada	650-850
Essen mit Getränk	2900 (einfaches Restaur.)
Kopierpapier, 500 Stk.	3090
Hundefutter Fleischkroketten, 3 kg	4090-5590
Kühlschrank:	100.000-1.000.000
Waschmaschine:	90.000-160.000

Haushälterin/Kindermädchen („nana")

Viele Peruanerinnen und Frauen aus der Provinz Chiles verdienen sich vor allem in den besseren Vierteln Santiagos ihr Geld als sogenannte „nanas" bzw. „empleadas". Sie haben entweder ein kleines Zimmer in der Wohnung/im Haus („puerta adentro") oder sie wohnen außerhalb („puerta afuera"). Man sollte beim Lohn (plus Sozialversicherungsbeiträge!) zusätzlich auch den Konsum der Haushälterin einkalkulieren sowie Haushaltsgegenstände und Essen – Kosten insgesamt: ca. 180.000-350.000. Es gibt auch einen tageweisen Betreuungs-Service für Kinder und Senioren (Kosten ca. 10.000-15.000 Pesos).

Dienstleistungen im Stadtteil Providencia:
Haarschnitt trocken, Männer: 1500-4500
Wäscherei, waschen und trocknen, 6 kg: 2800-5000

Post

Das Porto lag Anfang 2010 bei 470 Pesos pro Brief oder Postkarte (bis 20 g) nach Europa. Die Hauptpost an der Plaza de Armas hat montags bis freitags von 9 bis 19 Uhr und Sa. von 9 bis 12 Uhr durchgehend geöffnet. Der Postweg nach Deutschland beträgt zwischen vier und zehn Tagen, aus Deutschland (als Luftpost deklariert!) selten unter einer Woche; länger bei Sendungen in kleinere Städte. Für einen geringen Aufpreis kann man wichtige Briefe und Päckchen per Einschreiben („certificado") schicken.

Für Pakete nach Europa ist CorreosChile ein gute Wahl. www.correoschile.cl/productos_personas/internacional_encomiendas.php (u. a. Tarifrechner). Ein Luftfracht-Paket von 3 kg kostet etwa 40 EUR.

Bei Paketen von Europa nach Chile gibt man am besten immer die Telefonnummer der Adresse in Chile mit an. Postleitzahlen gibt es zwar in Chile, jedoch werden sie kaum benutzt. Postboten sollte man monatlich ein kleines Trinkgeld von ein paar Tausend Pesos zukommen lassen, dann erfolgt die Zustellung oft schneller. Bei Apartments ist dies in den

Nebenkosten enthalten. Innerhalb Chiles gibt es auch einen Kurierdienst: www.chilexpress.cl.

Eine Alternative sind die Busunternehmen (die meisten bieten einen Paketservice an, z. B. www.turbuscargo.com) oder man nimmt sein Übergepäck im Überlandbus mit (Kosten etwa 1000-5000 Pesos, im Bus bezahlen). Bei Rädern muss das Vorderrad ausgebaut werden.

Flohmärkte (mercados persas, am Wochenende)
– Persa del Bío Bío (Metrostation Franklin) – Anticuario de Balmaceda (Balmaceda/Mapocho) – Persa Parque de los Reyes (hinter der Estación Mapocho) – Feria de Domingo (Paseo Estado, Zentrum, sonntags) – im Stadtviertel Lastarria (östlich des Stadthügels Santa Lucía)
Möbel und andere Gebrauchtwaren
– www.amarillas.cl (Gelbe Seiten) – www.www.elrastro.cl, www.mercadolibre.cl, www.destacados, www.ebay.cl – Möbelmarkt (günstig): östlich der Metrostation Franklin, weitere günstige Möbelgeschäfte südlich der Universidad de Chile. – Möbelstücke aller Art aus Mimbre (Korbgeflecht), teilweise mit Holz kombiniert, gibt es günstig ab Werk im Süden Santiagos (Buin, Paine) als auch in Chimbarongo bei San Fernando. – Einlagerung von Möbeln: u. a. bei www.guardamuebles.cl
Kunsthandwerksmärkte
– El Pueblito de los Dominicos, (Metro Los Dominicos) – El Pueblito de Arrayán – Feria Artesanal Santa Lucía (Metro Santa Lucía) – Bellavista: Pio Nono / Santa María – Lapislazuli: in Bellavista gibt es viele Kunst- und Lapislazuliläden. – Kunsthandwerksstiftung: www.artesaniasdechile.cl

Öffnungszeiten
– Banken: Mo. bis Fr. 8/9-14 Uhr – Wechselstuben: Mo. bis. Fr 9-14 und 15-18 Uhr – Büros: Mo. bis Fr. 9-17 Uhr – Geschäfte und Kaufhäuser: Mo. bis Sa. (oft auch So.) 10-20 Uhr – Supermärkte und Shoppingcenter täglich (außer hohe Feiertage), meist 10 bis 22 Uhr
Feiertage
– 1. Januar: Neujahr – Año Nuevo – Karfreitag – Viernes Santo – Karsamstag – Sábado Santo – Ostersonntag – Domingo de Resurrección (Pascua) – 1. Mai: Tag der Arbeit – Día del Trabajo – 21. Mai: Tag der Marine, Seeschlacht von Iquique – Glorias Navales, Combate Naval de Iquique – Fronleichnam – Corpus Christi * – 29. Juni *: St. Peter und Paul – San Pedro y San Pablo – 16. Juli: Hl. Jungfrau von Carmen – Día de la Virgen del Carmen – 15. August: Mariä Himmelfahrt – Asunción de la Virgen – 18. September: Nationalfeiertag, Unabhängigkeitstag – Fiestas Patrias, Independencia Nacional – 19. September: Tag der Streitkräfte – Glorias del Ejército – 12. Oktober *: Tag der Entdeckung Amerikas – Día de la Raza, Día de la Hispanidad – 31. Oktober: Nationaler Feiertag der evangelischen Kirchen – Día de las Iglesias Evangélicas y Protestantes – 1. November: Allerheiligen – Todos los Santos – 8. Dezember: Unbefleckte Empfängnis Mariens – Inmaculada Concepción – 25. Dezember: Weihnachten – Navidad. – (31. Dezember: Bankfeiertag) * wenn nicht Sa., So oder Mo., dann Feiertag am folgenden Montag

9.2 Freizeit, Kunst und Kultur

Websites
www.estoy.cl www.musica.cl www.carretes.cl www.800.cl www.laferia.cl www.miercolespo.cl www.chileconciertos.cl www.emol.com/tiempolibre www.lasegunda.com/espectaculos www.estacionmapocho.cl www.culturachile.cl
Kunstartikel: im Künstlerdorf Pomaire

Künstler

Die moderne chilenische Kultur wurde von mehreren herausragenden Persönlichkeiten geprägt:

Isabel Allende (*1942): Nichte von Salvador Allende. Sie ist wohl die bekannteste zeitgenössische Schriftstellerin Chiles. Ihre Romane wie „Das Geisterhaus", „Fortunas Tochter" oder „Der unendliche Plan" wurden weltweit verlegt. Viele ihrer Bücher sind stark autobiografisch geprägt.

Gabriela Mistral (Lucila Godoy, 1889–1957) nannte sich nach den Dichtern Gabriele d'Annunzio und Frédéric Mistral. Dichterin (erster Nobelpreis für Chile 1945), christliche Humanistin und Schulleiterin. Schrieb in Gedichten über Liebe, Tod und Hoffnung, nachdem ihr nahestehende Personen Selbstmord begangen hatten. Sie arbeitete auch im diplomatischen Dienst Chiles.

Pablo Neruda (Neftalí Ricardo Reyes, 1904–1973) nannte sich nach dem spanischen Komponisten Pablo de Sarasate und dem tschechischen, sozialkritischen Dichter Jan Neruda. Er war ein weltbekannter Diplomat, Dichter, Schriftsteller, Kommunist, Antifaschist (gegen Franco) und Nobelpreisträger (1971). Er starb kurz nach dem Militärputsch 1973 an Krebs. Sein Begräbnis wurde zur ersten öffentlichen Demonstration gegen die Militärjunta. Heute sind seine Häuser in Santiago, Valparaíso und Isla Negra Museen.

Violeta Parra (1917–1967) begründete die „Nueva Canción Chilena". Die Sängerin wuchs in Armut auf, komponierte schon früh eigene Folklorelieder und begann in den 50ern, traditionelles Liedgut zu sammeln und zu dokumentieren. Ihre eigenen Werke hatten mehr politischen Charakter. Neben der Musik dichtete sie, malte, webte und schuf Skulpturen. Viele chilenische und internationale Künstler haben ihre Werke interpretiert, ihr bekanntestes Lied ist „Gracias a la vida".

Roberto Bolaño (1953–2003): Verfasser surrealistischer Lyrik und Prosa, ging nach dem Militärputsch 1973 ins Exil. Er erhielt viele Literaturpreise und starb in Barcelona.

Víctor Jara (1932–1973): Ein politischer Sänger und Vertreter der „Nueva Canción" (Neues Lied), einer breiten revolutionären künstlerischen Bewegung in Südamerika. Er unterstützte Präsident Allende und wurde während des Militärputsches 1973 gefoltert und getötet.

Antonio Skármeta (*1940): Schriftsteller und Allende-Anhänger, verließ nach dem Putsch 1973 das Land. Er verfasste Romane und Erzählungen, die sich mit der Diktatur befassten. 2000 bis 2003 war er Botschafter Chiles in Berlin, wo er bereits während seines Exils lebte.

Roberto Matta (1911–2002): großer surrealistischer Maler des 20. Jahrhunderts. Freund von Salvador Dalí und Federico Garcia Lorca.

Claudio Arrau (1903–1991): bedeutendster chilenischer Pianist und eine der wichtigsten Musikerpersönlichkeiten der Nachkriegszeit. Seine

Interpretation der Werke Beethovens, Schumanns und vieler anderer Komponisten des klassischen Repertoires setzen bis heute Maßstäbe.

Carmen Castillo (*1945) schrieb 1979 „Santiago de Chile, ein Tag im Oktober", ein Buch über das Untergrundleben nach dem Putsch.

Alejandro Jodorowsky (*1929): Schauspieler, Autor und Regisseur von surrealistischen Filmen.

Die Gruppen Illapu, Inti Illimani und Quilapayún machten die Musik der „Nueva Canción Chilena" weltbekannt. Sie mussten nach dem Militärputsch lange Jahre im Exil verbringen und haben ihr musikalisches Spektrum beständig erweitert.

Andrés Wood und Miguel Littín gehören zu den berühmtesten Regisseuren des modernen chilenischen Films. Sie beschäftigten sich mit der Zeit der Militärregierung von 1973 bis 1989.

Librerías

Es gibt Liberías (wörtliche Übersetzung „Bücherei"), in denen Bücher verkauft werden, und solche, in denen mit Schreibwaren gehandelt wird. In der Av. San Diego/Ecke Santa Isabel werden auch gebrauchte Bücher verkauft, ebenso in Providencia. Eine öffentliche Bibliothek, die „Municipal", befindet sich an der Av. Providencia 1590 (lange Öffnungszeiten).

Websites weiterer kultureller Angebote
Musik und Konzerte: Musikkonzerte, sonstige Veranstaltungen: www.feriadelticket.cl Klassische Konzerte in Frutillar: www.semanasmusicales.cl Musikinstitut in Santiago und Viña: www.emoderna.cl
Kino: Normandie, Tarapacá 1181, www.normandie.cl Teatro Universidad Católica, www.teuc.cl Cine Hoyts, Moneda 835 und Av. Ossa 655, www.cinehoyts.cl Cinemark, Mall Alto Las Condes, www.cinemark.cl Showcase: Mall Parque Arauco, www.showcase.cl El Biógrafo, Lastarria 181,
Kulturcenter/Veranstaltungen/Musik: Centro Arte Alameda, Alameda 139, www.centroartealameda.cl www.teatrocaupolican.cl www.clubsocialbuenavista.cl www.elperseguidor.cl www.patiobellavista.cl www.clubdejazz.cl www.mnba.cl
Kulturzentren: Viele Kommunen unterhalten "Casas de la Cultura" oder „Centros Culturales", welche gratis Veranstaltungen organisieren. z. B. Instituto Cultural de Providencia, Av. 11 de Septiembre 1995 Centro Cultural Estación Mapocho, Balmaceda 1215
Theater: www.telon.cl/salas.htm u. a. El Conventillo, La Comedia, Multisala Killshot, Municipalidad de La Florida, Museo Historico Nacional, Teatro Bellavista, Teatro Casa Amarilla, Teatro de la Esquina, Teatro Universidad Católica

Kunstgalerien und Kultureinrichtungen:
Galería Azul (Biblioteca Nacional), Moneda 650 Galería San Francisco, Alameda 816 Galería Gabriela Mistral, Alameda 1381 Galería Bucci, Huérfanos 526 Galería del Cerro, Antonia López de Bello 0135, Bellavista Galería Ziebold, Dominica 54, Bellavista Galería Isabel Aninat, Alonso de Córdova 3053 Galería World Trade Center, Av. Nueva Tajamar 481, Vitacura
Museen: Museo Histórico Nacional, Plaza de Armas 951 Museo Nacional de Bellas Artes, Parque Forestal Museo de Arte Contemporaneo, Parque Forestal Museo de Arte Sagrado, Plaza de Armas 444 Museo Colonial San Francisco, Alameda 834/Londres 4 Museo de Arte Precolombiano, Bandera 361/Esq. Compañía Casa Museo La Chascona (Haus von Pablo Neruda), Fernándo Márquez de la Plata 0192, Bellavista Museo de Santiago Casa Colorada, Merced 860 Museo de la Solidaridad Salvador Allende, Herrera 360 Museo del Huaso, Im Parque O'Higgins
Diskotheken: Eintritte etwa 2000-8000 $

Der Stadtteil Providencia wirkt sehr europäisch, wohingegen Las Condes mit seinen Glaspalästen eher nordamerikanisch wirkt. Kultur-Infos gibt es u. a. bei www.proviarte.cl. und www.culturallascondes.cl sowie anderen Stadtteil-Websites etc.

In Providencia gibt es eine Vielzahl von Literaturcafés, Bibliotheken, Museen, Theatern, Kulturzentren, stilvollen Villen, Palästen und Kirchen, Parks und botanischen Gärten, Fitnessgeräte im Freien und Spielplätze, Kunstgalerien, Kunstgeschäften, den Zoo, den langgezogenen Cerro San Cristobal mit zwei Freibädern und Wallfahrtszentrum, Kneipen, Bars, Restaurants, Diskotheken und sogar auch Fahrradwege.

Freizeitparks

Im Parque O'Higgins hat www.fantasilandia.cl u. a. eine Achterbahn sowie weitere Fahrgeschäfte, die vieles bieten, was man auch auf Volksfesten in Europa antrifft. Erlebnisparks für Kinder gibt es auch in den Stadtteilen Lo Barnechea, Puente Alto/La Vizcachas und Padre Hurtado (www.mampato.cl).

Zoo

Es gibt am Cerro San Cristobal einen kleinen Zoo (www.parquemet.cl), wo die Tiere auf engem Raum leben. Mehr Platz bietet der Zoo in Buin (www.buinzoo.cl), südlich von Santiago. Ein weiterer Zoo befindet sich in Quilpué (www.zooquilpue.cl), unweit von Viña del Mar.

Tiere und Spielattraktivitäten gibt es am Stadtrand von Santiago in Santa Maria Manquehue (www.granjamanquehue.cl), La Pintana (www.mundogranja.uchile.cl) und La Reina (www.granjaventura.cl) sowie hauptstadtnah in Peñaflor (www.parquemallinco.cl), Lonquén (www.granjaeducativa.cl) und Melipilla (www.granjaelmolino.cl).

Rodelbahn

Am östlichen Stadtrand in La Reina gibt es eine Sommerrodelbahn, auch Trampolin und Helikopterrundflüge werden angeboten (www.rodelbahn.cl, österreichischer Betreiber Günter Bauer).

Hubschrauber-/Kleinflugzeug- und Segelflugrundflüge können unter www.aerodromo.cl (u. a. in Santiago-Vitacura) gebucht werden.

Parks

Die Engländer führten im 19. Jahrhundert die Parkkultur in Chile ein. Die größten dieser Ruhe-Oasen in Santiago sind neben dem Parque Metropolitano die Parks Cerro Santa Lucía, O'Higgins, Araucano, Bicentenario, Forestal, Padre Hurtado und Quinta Normal.

Observatorien

Das Landesinnere im Norden Chiles hat eine sehr transparente Luft, mehrere Observatorien gibt es dort. In Santiago gibt es das Observatorium Cerro Pochoco in Lo Barnechea (www.achaya.cl).

Nationale Denkmäler

Auf der Seite www.monumentos.cl gibt es eine Liste der nationalen Denkmäler Chile wie die Stadthügel und Aufzüge von Valparaíso, die Holzkirchen von Chiloé sowie die verlassenen Minenstädte Sewell (Kupfer, im Gebirge bei Rancagua) und Humberstone/Santa Laura (Salpeter, im Norden).

9.3 Sport

Der Vereinssport ist in Chile verbunden mit oft, sogar für europäische Verhältnisse, hohen Beitritts- und Jahresgebühren. Anders als in Argentinien ist der Breitensport daher relativ unterentwickelt. Der neue sportbegeisterte Präsident Piñera will dies ändern und gab als Ziel an, zwei Millionen Chilenen zusätzlich zum Sport zu animieren. Manche Sportarten können sich nur die oberen 10.000 leisten, viele begabte Talente bleiben so unentdeckt oder werden nicht gefördert.

Viele Kontakte werden in den Sport- und Gesellschaftsclubs geknüpft sowie Geschäfte angebahnt und abgeschlossen. Viele Kolonien haben eigene Clubs und Stadien, z. B. die Italiener, Spanier, Palästinenser, Kroaten, Israeliten, Franzosen und Syrer.

Im Deutschen Sportverein „Club Deportivo Manquehue" werden u. a. folgende Sparten angeboten: Aerobic, Aikido, Basketball, Faustball,

Fechten, Fitness (Kraftraum), Fußball, Hockey, Jogging, Karate, Leichtathletik, Minigolf, Palitroque (Kegeln), Rayuela, Schwimmen (eigenes Bad), Spinning, Tennis, Turnen, Yoga, Volleyball.

Ferner gibt es Kurse für Tanzen, Deutsch, Malen und Geschichte sowie eine Theatergruppe.

Einer der folgenden Punkte ist u. a. Beitrittsvoraussetzung:

- deutsche, österreichische oder Schweizer Nationalität oder
- direkter Nachfahre eines Bürgers der genannten Nationalitäten,
- deutsch sprechend,
- mindestens dreijähriger Besuch in einer deutschen Schule,
- Bezug zur deutschen Kultur und Annahme ihrer Werte,
- Unterschrift von vier Mitgliedern, die den Beitritt befürworten.

Zum Beitritt entrichtet man eine Aufnahmegebühr von 150 UF (ca. 3 Mio. Pesos, zahlbar in sechs Monatsraten) und kauft innerhalb von drei Monaten ein Aktienpaket von mindestens 20 Aktien (Wert einer Aktie ca. 45.000-60.000 Pesos). Außerdem hat man vierteljährlich einen Mitgliedsbeitrag zu bezahlen (Familien etwa 150.000 Pesos) und zusätzlich bei den meisten Sparten einen Spartenbeitrag.

Im ersten Jahr der Mitgliedschaft sind also einige Tausend EUR zu bezahlen, dafür kann man die Einrichtungen des exklusiven Sportclubs nutzen (neu sind u. a. Thermal-Schwimmbäder, Sauna, Solarium, Cafeteria, Sportwarenladen etc.).

Für neu eintretende Mitglieder mit festem Arbeitsvertrag in der Metropolregion Santiago, die sich nur bis zu maximal fünf Jahren in Chile aufhalten, gibt es Ermäßigungen (keine Aufnahmegebühr, kein Aktienkauf, nur zwei Mitglieder als Aufnahmebefürworter), dafür ist die Vierteljahresgebühr höher (ca. 300.000 Pesos für Familien).

Neben dem Sport steht auch das Gesellschaftsleben mit vielen Aktivitäten im Vordergrund.

Kontakt: Av. Vitacura 5841, Tel. 2-4456500, Fax: 2-4456503 Ansprechperson für Neu-Mitglieder: Karin Wellmann, Tel.: 2-4456508 E-Mail: kwellmann@clubmanquehue.cl, www.clubmanquehue.cl
Hier die Websites weiterer Vereine in Santiago: www2.lacatolica.cl, www.deportes.uchile.cl, www.clublocanas.cl, www.clubprovidencia.cl, www.clubpatocornejo.cl, www.universia.cl

Daneben gibt es in Las Condes die Kinder-Sportschule von Ivan Zamorano (www.ivanzamorano.cl), Fußball für Mädchen/Frauen (www.ffso.cl) und kostenlose Sportkurse für Einwohner im Estadio Municipal (Av. Paul Harris 701, Tel. 2117041) sowie ein Sportstudio für Kinder mit Kletterwand in Lo Barnechea (www.b-active.cl) und Vitadeportes in Vitacura (www.vitacura.cl/vita_deportes/index.php).

Weitere Deutsche Sportvereine in den Regionen:
Club Deportivo Alemán (Deutscher Turn- und Sportverein) Gregorio Marañón 1457, Casilla 1381, Valparaíso
Club Deportivo Alemán Castellón 37, Casilla 1836, Concepción Tel.: 41-223606, www.deportivoaleman.cl
Club Gimnástico Alemán Senador Estébanez 620, Temuco, Tel.: 45-241054
Club Deportivo Phönix Valdivia Av. Viel s/n, Casilla 25, Valdivia, Tel.: 63-213363
Club Deportes Olympia Pasaje Olimpia s/n, Osorno,Tel.: 64-232044
Club Gimnástico Alemán Llanquihue Amunátegui 936, Llanquihue, Tel.: 65-242602

Angeln

Im Seengebiet und in Patagonien gibt es hervorragende Bedingungen zum Angeln und Fliegenfischen (fly fishing). Hauptsaison ist von Februar bis April. Eine Genehmigung bekommt man von der staatlichen Behörde Sernapesca (www.sernapesca.cl).

Puerto Varas und **Coyhaique** gelten als die Topspots für Fliegenfischen in Chile. *Die besten Plätze am Lago Llanquihue* sind der *Río Pescado* an der Mündung, die recht flach ist – im Sommer am besten bis um 10 Uhr. Optionen sind die Mündungen der Flüsse Blanco und Tepú, Ensenada und Cascada im Nordosten des Sees, an weitauslaufenden Stränden.

Weiter ist erwähnenswert der Rio Petrohué, der nicht mit dem Lago in Verbindung steht, aber auch nicht allzu weit von Puerto Varas entfernt liegt. Ein ortskundiger Führer ist empfehlenswert.

Lago Todos los Santos: Fast so gut wie im Lago Llanquihue, doch weniger frequentiert. Am Hotel Petrohué kann man Boote mieten. Ein guter Platz ist die Mündung des Rio Cayutué. Etwas weiter weg ist der Río Puelo. Dicke und fette Brocken warten dort, er ist allerdings auch viel besucht. Der Lago Yelcho im Südosten von Chaitén ist ein Geheimtipp und für erfahrene Angler geeignet.

In der Region Coihayque gibt es praktisch nur einheimische Fischarten, da hier kaum Lachsaufzuchtstationen existieren. Ñirehuao liegt im Norden von Coihayque, in der Nähe des „Valle de la Luna". Allerdings musste man bisher eine Erlaubnis mitführen, eine Änderung der Lage steht jedoch in Aussicht. Ein guter Platz ist am Rio El Gato (Hopper), in den Seen Los Juncos, Misteriozo und Zapato warten ebenfalls dicke Fische.

Eislaufen

In Las Condes gibt es auch eine Schlittschuhlaufhalle (www.cerogrado.cl).

Fitness-Clubs

Es gibt in Santiago bzw. Chile Fitnessclub-Ketten wie www.energy.cl oder www.gimnasiopacific.cl, aber auch einzelne Studios wie www.planetmusclegym.com , www.spaprovidencia.cl oder

- Power House Gym, Encomenderos 200, Las Condes, Tel.: 2-3369911, Metro Station El Golf
- Tu Club, Badajoz 138, Las Condes, Tel.: 2-2460797, 2-3257973
- Academia Gym Valero, Av. Vitacura 5480, Vitacura, Tel.: 2-2182467
- Nueva Academia Sesamo, Av. Los Leones 2384, Providencia, Tel.: 2-2042770
- Club Martín de Zamora, Martín de Zamora 4571, Las Condes, Tel.: 2-2282420, Metro Station Escuela Militar
- Gimnasio Palestra, Vitacura 5760, Vitacura, Tel.: 2-2182917.
- Sportlife, Avenida Las Condes 13635, Las Condes, Tel.: 2-2173170
- YMCA, Compañía 1360, Santiago Centro, Metro-Station Santa Ana, Tel.: 2-6965106,
- www.o2club.cl, Las Condes, Vitacura und Lo Barnechea

Fußball

In Chile fand sogar eine Fußball-Weltmeisterschaft statt, nämlich 1962. Wie auch in anderen Ländern Südamerikas ist in Chile der Fußball ständig in den Medien und oft Tagesgespräch, auch am Arbeitsplatz. Bei Länderspielen der Weltmeisterschaft und der Qualifikation wird oft tagelang diskutiert und philosophiert über Fußball und das Drumherum. Die souveräne Qualifikation zur Fußball-WM 2010 wurde ausgiebig gefeiert. Der Fußball gehört in Chile praktisch zur Allgemeinbildung, man sollte wenigstens ein bisschen Ahnung davon haben.

Die drei Hauptstadtvereine Universidad de Chile („La U", Spielaustragung im Stadion Nacional, Ñuñoa), Universidad Católica (Stadion San Carlos de Apoquindo, Las Condes) und Colo Colo (Spiele im Stadion Monumental David Arellano, Macul) haben viele ihrer Anhänger auch in der Provinz. Der Klassiker ist Colo Colo gegen „La U", die Sicherheitsvorkehrungen in der

Stadt sind dann hoch, leider kommt es manchmal auch zu Todesopfern bei Fankonflikten außerhalb des abgesicherten Stadionbereiches.

Original-Tickets (mit Hologramm!) gibt es bei www.feriadelticket.cl.

Die weiteren Vereine der „Primera División" 2010:

Santiago: Audax Italiano (La Florida), Palestino (La Cisterna), Santiago Morning (La Pintana), Unión Española (Independencia).

Provinz: Cobreloa (Calama), Cobresal (El Salvador), Deportes La Serena, Unión San Felipe, San Luis (Quilota), Everton (Viña del Mar), Santiago Wanderers (Valparaíso), O'Higgins (Rancagua), Deportivo Ñublense (Chillán), Huachipato (Talcahuano), Universidad de Concepción.

Go-Kart

Go-Kart-Bahnen finden sich unter www.ramonibarrakarts.cl, www.prokarchile.cl oder www.kartodromo.cl.

Golf

Bereits in der zweiten Hälfte des 19. Jahrhunderts gründeten englische Einwanderer den ersten Golf-Club in Valparaíso (Playa Ancha). Heute gibt es etwa 60 Plätze und Clubs im Land, von Arica bis Punta Arenas.

Eines der interessantesten Resorts ist www.marbella.cl in unmittelbarer Nähe des breiten und langen Sandstrandes von Maitencillo etwa 60 km nördlich von Valparaíso. Die vornehmsten Clubs Santiagos sind der Club de Golf Los Leones, Club de Golf La Dehesa, Club de Golf Lomas de La Dehesa und der Prince of Wales Country Club. Viele Hotels bieten Golf als Service an, die Gebühren betragen etwa 50-100 US$ pro 18-Loch.

Golf-Verband:
www.chilegolf.cl

Inline-Skating

Einige Parks (wie O'Higgings, Arauco, Los Dominicos) haben Bahnen.

Polo

Erste Adresse für Polo-Freunde ist der Club de Polo y Equitación San Cristobal Santiago (www.clubdepolo.cl). 2008 gewann Chile die WM.

Verband:
www.chilepolo.com

Pferderennen

Websites:
www.hipodromochile.cl, www.clubhipico.cl

Radfahren

Generell sollte man in Chile sein Rad immer mit einem robusten Ketten- oder Fahrradschloss absperren. Bei Ausflügen sollte immer eine Luftpumpe dabei sein, sowohl für Platten als auch für Hunde am Wegesrand. Es gibt landschaftlich sehr reizvolle Strecken, vor allem im Gebirge mit dem Mountainbike. Wenn man nicht gerade in einem Nationalpark unterwegs ist, sollte man sich vorher informieren, ob der Weg nicht in Privatbesitz ist, wenn nicht – wie so oft – der Privatweg mit einem Tor versperrt ist.

Radfahren sollte man in Santiago außerhalb der Stoßzeiten, wegen des Verkehrs und der Smogbelastung. Diese ist besonders zur kalten Jahreszeit erhöht, wenn die Luft steht, kaum Wind weht und die Abgase wegen der Gebirgskessellage nicht abziehen können.

Im Parque Metropolitano (www.parquemet.cl) hinauf zum Stadthügel Cerro San Cristobal trifft man tagsüber fast jederzeit auf Radfahrer. Auf dem Weg dorthin und oben entlang des Kammes bis nach Vitacura hat man eine hervorragende Aussicht auf die Stadt und das Gebirge. Auch Downhill-Experten haben dort ihr Revier.

Der Stadtteil Providencia verleiht an zehn Stationen Räder (Monatsbeitrag 1000 Pesos, Jahresbeitrag 8000 Pesos) Einschreibung an den Stationen oder unter www.providencia.cl. Weitere Verleiher finden sich unter www.santiagonbike.cl, www.labicicletaverde.cl oder www.lys.cl.

In Providencia gibt es mehrere Radwege, entlang des Flusses Mapocho und sogar in Zentrumsnähe (Av. Tarapacá und Curicó) sowie einige Kilometer oberhalb der Metrostrecke an der Hauptstraße Alameda (Av. Libertador Bernardo O'Higgins). Radwege-Plan: www.bicicultura.cl/mapa-de-ciclovias-santiago-2009.

Sonntags sind in La Reina/Las Condes einige Straßen für Autos gesperrt (www.ciclorecrovia.cl).

Weitere Websites zu Radfahren in Santiago finden sich unter www.ciclonautas.cl, www.contrapedal.cl und www.furiosos.cl.

Mountainbikestrecken

El Huinganal/Lo Barnechea; La Ermita/ca. km 11 der Straße nach Farellones (vor einer Polizeistation – da es sich um Privatgelände handelt, ist eine kleine Gebühr fällig); Yerba Loca (Kurve 15 der Serpentinen nach Farellones, mit Gebühr), San Carlos de Apoquindo/Club Deportivo Univ. Católica (am Eingang Streckenbeschreibung ins Gebirge, mit Gebühr),

Im Rennsport auf Straße und Bahn kommen die besten Sportler aus Curicó, bei den Mountainbikern und Downhillern aus Santiago. 2011 findet nach sechs Jahren Unterbrechung wieder die Vuelta de Chile statt.

Empfehlenswert für Hobby-Rennradfahrer ist der Cicloclub Santiago (www.cicloclub.cl), dieser hat einen eigenen Bus und unternimmt viele Ausflüge mit verschiedenen Alters- und Leistungsgruppen in der Zona

Central aber auch ins Ausland. Teilweise nehmen auch chilenische Halbprofis an den Ausfahrten teil.

Websites:
- Linkliste Radsport: http://www.esciclismo.com/zonas/Chile/
- Verband: www.ciclismo.cl

Rallyesport

2009 und 2010 jeweils im Januar fand die Rallye Dakar u.a. aus Sicherheitsgründen in Argentinien und Chile statt (www.dakar.com). Eine weitere Rallye ist die www.raid-atacama.cl im Landesnorden.

Reiten

Es gibt in Chile traditionelle, vornehme Reitclubs, daneben gib es mehrere Veranstalter, die Reitausflüge anbieten.

- www.cabalgatassantiago.cl (Reitunterricht von Nina Stumpf, La Reina)
- www.granjamanquehue.cl (Vitacura)
- www.aculeoecuestre.cl (Laguna Aculeo)
- www.santiagopaperchaseclub.cl (Huechuraba)
- www.altue.com (Reitausflüge, Las Condes)
- www.galopaventura.cl (Reitausflüge, Providencia)
- www.kawellexpediciones.cl (Reitausflüge, Reitunterricht, Las Condes)

Huasos (Gauchos) trifft man nicht selten auf dem Land an. Beim Rodeo-Wettbewerb treiben zwei Huasos ein Kalb und müssen dieses an einer markierten Stelle anhalten – Infos unter www.huasochileno.cl, www.rodeochileno.cl.

Rudern

Die Hochburg des Rudersports ist Valdivia, am Rio Calle Calle. Star ist Miguel Angel Cerda, der zweimal im Zweier ohne Steuermann Weltmeister wurde.

Schwimmen

Viele Apartmenthäuser und Privathäuser in Chile haben einen Swimming-Pool. Eine andere Möglichkeit ist das Schwimmen in Seen, die zum Baden geeignet sind (u. a. Zentralsüden). Das Meer ist relativ kalt mit maximal etwa 18 Grad in der Zentralzone. Es taugt allenfalls zum kurzen Verweilen im Pazifik, der viele Strömungen, nur wenige flach abfallende Strände und hohe Wellen aufweist.

Das Schwimmen in öffentlichen Schwimmbädern oder privaten Clubs ist ein relativ teures Vergnügen.

Ein schönes Schwimmbad gibt es z. B. im Centro Deportivo Providencia (www.cdprovidencia.cl), die Einschreibegebühr beträgt 40.000 $ und ein Monatsbeitrag von 30.000 $ ist zu entrichten.

Freibäder

- Tupahue: am Cerro San Cristobal, Tel.: 7776666 (3200-5000 $)
- Antilén: am Cerro San Cristobal, Tel.: 2326617 (3200-6000 $)
- Parque O'Higgins: Tel.: 5561927 (1100-2900 $)
- Parque La Quintrala: Aguas Claras 1451, Tel. 2271714, La Reina (2500-4000 $)
- Vitadeportes, Cleveland 8612, Vitacura, Tel.: 2010145
- Hostería San José de las Vertientes, Cajon del Maipo, Vista
- Hermosa 295, Tel.: 8711926 (3000-6000 $)
- Parque Los Heroes, Calle Comercio 930, San José de Maipo, Tel.: 861 1110
- Oasis de Paine: Panamericana Sur km 47, Tel.: 8242083 (1500-2500 $)
- Playa Anakena: 4 Kinder-/Babyschwimmbecken, Rutschen und „Strand", Nueva Bilbao 9495, Las Condes (Parque Alberto Hurtado)

Beheizte Bäder
– Centro Ecotermal Günter Mund: Cardenal Belamarino 1075, Vitacura, Tel.: 2116104 (3000-7800 $), www.spamund.cl. – Club Acuático: Macul, La Florida und La Cisterna (4000-4500 $), www.recrear.cl. – Centro Deportivo Providencia, Av. Santa Isabel 0830, Tel.: 3414790 (5000-7000 $/ Stunde!) – Club Spa Providencia, Jorge Matte 1650, Tel.: 2250465 – Stade Français, Sánchez Fontecilla 498, Las Condes, Tel.: 2337608, ($ 6000 erwachsene Nicht-Mitglieder) – Balthus, Balaguer 5970, Vitacura, Tel.: 4101400 (nur Mitglieder) – www.centrodenatacion.cl , Patricia Thompson, Providencia – www.rayuela.cl: Baby- und Kinderschwimmen, Wassergymnastik

Skateboard

Hinter dem Kulturzentrum „Estación Mapocho" gibt es einen Skatepark (www.patineta.cl).

Skifahren/Snowboard

Seit 1966 die alpinen Skiweltmeisterschaften zur Eröffnung des von US-Amerikanern erbauten Skizentrums Portillo stattfanden, ist Chile auch in der Skiwelt ein Begriff.

Ab den 70er Jahren investierte man dann im Osten von Santiago in die Skizentren Farellones-El Colorado, La Parva und Valle Nevado. Diese drei jeweils aneinander angrenzenden Skigebiete können mit einem Verbundticket auch als Skischaukel befahren werden.

Saison ist meist – je nach Schneelage – von Mitte Juni bis Anfang Oktober. Viele Ski- und Snowboard-Nationalmannschaften aus Nordamerika und Europa nutzen die ausgezeichnete Infrastruktur zur Vorbereitung auf die Ende Oktober beginnende Skisaison. Die Schneebeschaffenheit ist oft besser als in Europa, da weniger Luftfeuchtigkeit herrscht und die Pisten weniger vereist sind. Es gibt traumhafte Gebirgskulissen mit Sicht auf

Berge und Gletscher bis um 6000 Meter, Vulkane, Seen, Araukarienwälder, die Ski- und Snowboardfahren in Chile zu einem Genuss werden lassen. Die Preise bewegen sich allerdings auch auf europäischem Niveau.

Farellones-El Colorado
(www.farellones-ski.com, www.elcolorado.cl)
2430–3333 m, 4 Sessellifte, 16 Schlepplifte.

Das Skigebiet befindet sich etwa 50 km oder eine Autostunde (je nach Schneelage) entfernt vom Zentrum von Santiago. Anfänger können die günstigen Tarife von Farellones nutzen (3 Schlepplifte, Tagestickets Erwachsene 9000 $, Kinder 6000 $, oder noch preiswertere Halbtagestickets). Experten bewegen sich eher im oberen Bereich des Cerro Colorado oder im freien Gelände abseits der Pisten.

Wer ohne Skier und Snowboard Spaß haben will, für den gibt es in Farellones die „Tubis" – Gummireifen, mit denen auf mehreren Bahnen ein paar hundert Meter hinuntergerutscht wird, um sich anschließend vom Lift hochziehen zu lassen.

Außerdem sind vor allem an den Wochenenden nach etwa einem Kilometer an einem Hang an der Straße nach Valle Nevado viele Chilenen auf Schlitten, Plastiktüten und Plastik-Tellerschlitten anzutreffen.

In Farellones-El Colorado gibt es für jeden Geldbeutel die vielfältigste Infrastruktur, einige Restaurants, Pubs und eine Diskothek sowie eine Vielzahl von unterschiedlichen Unterkunftseinrichtungen wie die Hotels Farellones, Posada, La Cornisa, Aspen Apart, Apartmenthäuser wie das Edificio Monteblanco, Holzhäuser (Cabañas) sowie die Refugios Manquimavida, U. de Chile (www.dta.cl), El Monte, Club Andino Aguila Azul etc.

Valle Nevado (www.vallenevado.com):
(2860-3670 m, 4 Sessellifte, 7 Schlepplifte)

Diese schneesichere Retortenstation 13 Kilometer östlich von Farellones ist nach dem französischen Vorbild von Les Arcs erbaut worden. Das

Luxusangebot (Hotel, Appartments, Restaurants bis 5 Sterne) dürfte das beste und auch teuerste unter den chilenischen Skiresorts sein. Für Heliskiing-Freunde gibt es dort einen Landeplatz, der von der Firma Ecocopter angeflogen wird.

La Parva (www.laparva.cl)
(2670–3630 m, 4 Sessellifte, 10 Schlepplifte)

Eine Apartment-Skistation in unmittelbarer Nachbarschaft von Farellones-El Colorado vor allem für begüterte Santiaguinos, die dort in ihren Eigenheimen unter sich sind. Es gibt auch Restaurants und zwei Minimarkets.

Die Serpentinen-Teerstraße mit 40 Kurven nach Farellones kann während der Skisaison am Wochenende nur von 6 bis etwa 13 Uhr bergaufwärts befahren werden. Ab etwa 15 Uhr ist dann nur Bergab-Verkehr zugelassen. Zumindest die Mitnahme von Schneeketten ist je nach Wetterlage oft Pflicht. Kontrolliert wird beim Posten der Carabineros bei km 11, die „Cadeneros" (Kettenverleiher) befinden sich etwa bei km 10. Verleih von kompletten Wintersportausrüstungen (ca. 15.000-20.000 chil. $):

Im Omnium-Gebäude oberhalb/östlich der Metrostation Escuela Militar befindet sich u. a. www.skitotal.cl (Av. Apoquindo 4900), Mitinhaber ist dort der deutschsprachige Cristian Cofré Schonrock, der Chile-Trips für Skifahrer aus der ganzen Welt organisiert.

Weitere Verleiher: KL Chile Adventure, La Bolsa del Ski, Nautisport Ski Ahorro, La Picá del Ski, Da'Ski sowie weitere kleine Verleiher entlang der Hauptstrasse Av. Las Condes. In den Skigebieten selbst werden auch Ausrüstungen verliehen. Personen-Transporte in die Skigebiete werden von den genannten Verleihern und den Skigebieten organisiert sowie von Ski Van und Manzur Expediciones.

Portillo
www.skiportillo.com, 2590–3330 m
5 Sessellifte, 7 Schlepplifte

Traditionell sehr internationales Skigebiet mit auch einigen schwarzen Pisten und einer Hochgeschwindigkeitspiste rund um das Hotel Portillo und die Laguna del Inca. Direkt an der internationalen Straße nach Mendoza gelegen, etwa 150 km entfernt von Santiago.

Einige Kilometer hinter der Grenze in Argentinien befindet sich das kleine Skigebiet Los Penitentes mit moderaten Preisen. Auf der Fahrt dorthin kann man bei guter Sicht auch den höchsten Berg Amerikas, den Aconcagua sehen.

El Arpa
www.skiarpa.com

Snowcat-Tiefschneeparadies etwa 100 km nördlich von Santiago bei Los Andes gelegen, gegründet vom Österreicher Toni Sponar. Beliebt vor allem bei Nordamerikanern, die sich von der Pistenraupe die Berge hochziehen lassen, um dann Freeride mit Skiern oder Snowboard zu geniesen. Zur Übernachtung bieten sich die Termas del Corazón an.

Lagunillas
www.skilagunillas.cl

Familienskigebiet des Club Andino, ca. 60 km südöstlich vom Zentrum Santiagos um 2300 Meter gelegen, oberhalb des Tals Cajon del Maipo. Drei Schlepplifte von 1100 Meter und zweimal 350 Meter stehen dort zur Verfügung. Der Schweizer Club besitzt dort seine Skihütte. Auch Tourengeher kommen dort auf ihre Kosten.

Chapa Verde
www.chapaverde.cl, 2370–3050 m
1 Sessellift, 3 Schlepplifte

Dieses kleine Skizentrum befindet sich ca. 140 Kilometer südlich von Santiago. Man kommt nur mit Bussen ab Rancagua (Plaza America) oder mit einer Sonder-Genehmigung des Skizentrums mit dem Privat-Pkw dorthin. Es gibt einfache Übernachtungsmöglichkeiten.

Termas de Chillán, Ski und Spa Ressort
www.termaschillan.cl, 1600–2700 m 4 Sessellifte, 5 Schlepplifte

Es gibt dort die längste Abfahrt Südamerikas (13 Kilometer) und die einzigen gespurten Langlaufloipen in Chile, außerdem Skitourenmöglichkeiten. Die Hotels bieten Pools mit Thermalwasser. Das internationale Skizentrum inmitten von Wäldern befindet sich etwa 400 Kilometer südlich von Santiago und 80 Kilometer östlich von Chillán.

Weitere Skizentren
Antuco (www.skiantuco.cl) 90 km östlich von Los Angeles, am Vulkan Antuco, 3 Schlepplifte.
Corralco (www.corralco.com) 120 km nordöstlich von Temuco am Vulkan Lonquimay, 1 Sessellift, 1 Schlepplift.
Las Araucarias (www.skiaraucarias.cl) 60 km östlich von Temuco, am aktiven Vulkan Llaima, 1 Sessellift, 2 Schlepplifte. Traumhaft gelegen oberhalb von Araukarienwäldern am aktiven 3125 hohen Vulkan Llaima im Nationalpark Conguillio. Die Deutsche Schule Temuco hat nahe der Talstation ihr Refugio.
Pucón (www.skipucon.cl) 110 km südöstlich von Temuco, am Vulkan Villarrica, 4 Sessellifte, 5 Schlepplifte, Skigebiet 1200-1930 m. Ganzjährige Saison herrscht in diesem internationalen Tourismusort. Viele Outdoor-Aktivitäten, gute Hotels sowie einige Thermen gibt es dort und in der Umgebung.
Huilo Huilo (www.huilohuilo.cl) Zwischen dem Lago Panguipulli und dem Lago Pirihueico gelegen, etwa 60 km südöstlich von Pucón. Auf Schotterstraßen zu erreichen. Es gibt dort einen Snowpark, der auch im Sommer geöffnet ist.

Antillanca (www.skiantillanca.cl) 100 km östlich von Osorno oberhalb der Termas de Puyehue, 1 Sessellift, 4 Schlepplifte
Vulkan Osorno (www.volcanosorno.com) 2 Sessellifte und 1 Schlepplift, 60 km östlich von Puerto Varas.
El Fraile (www.elfraile.cl) 30 km von Coyhaique, 2 Schlepplifte.
Cerro Mirador (www.clubandino.cl) 10 km westlich von Punta Arenas, 1 Sessellift, Langlaufmöglichkeit.
Websites
Ski- und Snowboardverband: www.fedeski.cl Skiclubs Santiago: www.clubandes.cl, www.clubskilaparva.cl, www.skiuc.cl, www.clubvallenevado.cl, www.clubaventura.cl

Skitouren, Trekking, Wandern

Für Bergsteiger und Skitourengeher ist das Geschäft www.lacumbre-online.cl in der Av. Las Condes 5220 sicherlich erste Wahl, ferner gibt es www.andesgear.cl und KL Adventure Chile verleiht Bergsteiger- und Skitourenausrüstungen.Wer Anschluss an Bergfreunde sucht, kann dem Deutschen Andenverein beitreten (www.dav.cl). Der Verein besitzt eine Hütte (www.refugiolovaldes) bei Baños Morales im Cajon del Maipo bei Santiago mit Blick auf 6000er Berge.

Verband: www.feach.cl
Kletterwände: bei FEACH, Universidad de Santiago (USACH), www.gimnasioelmuro.cl und www.mallsport.cl.
Detailkarten sind u. a. erhältlich beim Instituto Geográfico Militar (www.igm.cl) oder bei www.mapsoftheandes.de.

Tourenanbieter:
www.azimut360.cl, www.andesmountain.cl, www.altue.com

Der Österreicher Franz Schubert ist Trekkingexperte (www.trekkingchile.com, Turismo el Caminante und Landkarten-Vertrieb) und bietet Jobs im Tourismus (Reiseleiter und Büro).

Tauchen
www.alfabuceo.cl (Panamericana Norte km 187)
www.bucea.cl (Aquatica Expediciones, Tauch- und Erste-Hilfe-Kurse)
www.atmosfera4.cl (Ñuñoa)

Tennis

Durch die kurzzeitige ehemalige Nr. 1 Marcelo Rios und die beiden Fernando González und Nicolás Massú (Olympiasieger von 2004) wurde Tennis in Chile sehr populär, zumindest im Fernsehen. Nicht jeder in Chile kann diesen Sport aus finanziellen Gründen ausüben. Früher war der deutschstämmige Hans Gildemeister der bekannteste chilenische Tennisprofi, heute betreibt er eine Tennisschule und ist Daviscup-Teamchef.

Infos gibt es unter www.federaciondetenisdechile.cl und www.tenischile.com.

Clubs: www.balthus.cl (Vitacura), www.lascondes.cl/tenis_alba, Club de Campo de Colegi Médico (Lo Barnechea, Tel.: 4277800), Tenis Tobalaba (La Reina, Tel.: 7585470)

Wassersport

Durch die lange Küste, die vielen Flüsse aus den Anden und die vielen Seen im Süden bieten sich in Chile viele Möglichkeiten zum Wassersport. Das Wetter ist außer in den Wintermonaten relativ stabil, vor allem im Norden und in der Mitte des Landes.

Surfer sollten einen Neoprenanzug anlegen, da der Humboldtstrom aus der Antarktis nur Wassertemperaturen von 10 bis maximal 20 Grad zulässt.

Im Norden sind die Wellen kleiner, aber dafür sehr kräftig, es treten häufig Tubes auf. Im Zentrum sind die Wellen größer, die Küsten fallen steiler ab. Surfen ist in Chile noch ausbaufähig, obwohl es bei Arica, Iquique, Ritoque, Pichilemu und Curanipe gute Reviere gibt (siehe www.chilesurf.cl).

Taucher finden von La Serena bis Arica beste Bedingungen, vor allem in Caldera. Flora und Fauna der chilenischen Pazifikküste bestechen durch Vielfältigkeit. Zum Tauchen benötigt man ein PADI-Zertifikat.

Wellness
Centro de Salud Günter Mund (www.spamund.cl)

Wildwasserrafting und Kajak

Die bekanntesten Reviere sind Rio Maipo bei Santiago, Rio Tinguiririca bei San Fernando, Rio Trancura bei Pucón, Rio Fuy bei Panguipulli und weiter im Süden Rio Petrohué, Rio Futaleufú, Rio Baker, Rio Palena und Rio Cisnes. Anbieter finden sich unter www.cascada.net, www.altue.com und www.exchile.com.

9.4 Medien

Zeitungen:
Región Metropolitana: Santiago: www.emol.com, www.tercera.cl, www.lun.com, www.lacuarta.cl, www.lahora.cl, www.metrodiario.cl, www.lasegunda.com, www.lanacion.cl, www.diariosiete.cl, www.eldiario.cl, www.publimetro.cl, www.estrategia.cl, www.elfinanciero.cl Melipilla: www.diariolabrador.cl

XV Region: Arica: www.estrellaarica.cl
I Region: Iquique: www.estrellaiquique.cl, www.diarioelnortino.cl, www.diarioelsalitre.cl, www.diario21.cl
II Region: Calama: www.mercuriocalama.cl, www.estrellaloa.cl Tocopilla: www.prensatocopilla.cl Antofagasta: www.mercurioantofagasta.cl, www.estrellanorte.cl
III Region: Chañaral: www.chanarcillo.cl Copiapó: www.diarioatacama.cl
IV Region: La Serena: www.diarioeldia.cl Coquimbo: www.diariolaregion.cl Ovalle: www.elovallino.cl
V Region: San Felipe: www.eltrabajo.cl, El Valle Los Andes: www.elandino.cl Quillota: www.diarioelobservador.cl Viña del Mar: www.expreso.cl, www.vmasv.cl Valparaíso: www.mercuriovalpo.cl, www.estrellavalpo.cl San Antonio: www.lidersanantonio.cl, www.elproa.cl
VI Region: Rancagua: www.elrancaguino.cl, www.diarioeltipografo.cl San Fernando: www.diarioviregion.cl Santa Cruz: www.diarioeltiempo.cl, www.diarioelcondor.cl
VII Region: Talca: www.diarioelcentro.cl Linares: El Heraldo, El Lector Curicó: www.diariolaprensa.cl

VIII Region: Chillán: www.diarioladiscusion.cl Concepción: www.elsur.cl, www.cronica.cl Los Angeles: www.diariolatribuna.cl, La Tribuna Arauco: www.renacerdearauco.cl, Diario Austral San Carlos: El Esfuerzo
IX Region: Angol: www.renacerdeangol.cl, El Angolino Victoria: www.lasnoticiasdevictoria.cl Temuco: www.australtemuco.cl Villarrica: www.correodellago.com
XIV Region: Valdivia: www.australvaldivia.cl
X Region: Osorno: www.australosorno.cl Puerto Varas: www.elheraldoaustral.cl Puerto Montt: www.diariollanquihue.cl Castro: www.laestrellachiloe.cl
XI Region: Coyhaique: www.diarioaysen.cl, www.eldivisadero.cl
XII Region: Punta Arenas: www.laprensaaustral.cl

Magazine und Zeitschriften
emprendedores.cl, apertura.cl, aqua.cl, actualidad.araucania.cl, arslatino.com, autochile.cl, autored.cl, revista.bluesonline.cl, capital.cl, caras.cl, comunica.org/chasqui/, finanzas.cl, chilenred.cl, chileroch.uchile.cl, chiletech.com, cienciadigital.net, cinegrama.cl, cobertura.cl, compuchile.cl, cworld.cl, conozcamas.cl, copesa.cl, copropiedad.cl, cosas.com, defiesta.cl, demolicion.cl, ed.cl, atico.cl, elsiglo.cl, morgan.cl/elle/, ercilla.cl, especial35.com, extravaganza.cl, fempress.cl, altiro.com/gaceta/, estrategia.cl/gestion.htm, granvalparaiso.cl, icarito.cl, imago.cl, independiente.cl, informader.cl, informatica.cl, infoweek.cl, inmerso.cl, altiro.com/induambiente/ , internet21.cl, interra.cl, chilelindo.com/aurora/, lafirme.cl, lanoche.cl, lanuevarepublica.cl, lapaginadefinitiva.com, lambdanews.cl, editec.cl/latinomineria/, librochile.cl, lily.cl, mejoresdatos.cl, mensaje.cl, editec.cl/mchilena/, miss17.cl, mouse.cl, netup.cl/~imaccion/, mundosur.com, muyinteresante.cl, neurotyka.org, outdoorschile.cl, panoramas.cl, panoramics.co.cl, papasfritas.cl, altiro.com/perfil/, publimark.cl, quepasa.cl, redchilena.cl, reporte.cl, revista4x4.cl, revistaca.cl, conicyt.cl/revista/, chileweb.net/revismar/, editec.cl/electricidad/, editec.cl/ingenieros/, regalones.cl, sueter.net, ritornis.com, telecomlatina.cl, telemedia.editec.cl, triunfo.cl, tu.cl, tvgrama.cl, sidharta.cl, somostv.cl, vanidades.cl, vea.cl, volare.cl, vortice.cl
TV
Deutsche Welle: www.dw-world.de fast überall empfangbar in Chile über Kabel-TV.
Kabel-TV: www.vtr.cl, www.telefonicactcchile.cl, www.directv.cl Es werden auch Pakete angeboten: Kabel-TV, Telefon und Internet. Internet-TV: z. B. http://de.wwiTV.com oder Fußball bei www.nkora.org
Chilenische Sender: TVN, Canal13, MEGA, Chilevisión, UCTV etc.
RADIO
Canal 13 Radio, Canal 95, Chile Radio, FM Hit, FM Okey, FM Tiempo, Radio 21, Radio Activa, Radio Carolina, Radio Catalina, Radio Chilena, Radio Cooperativa, Radio Duna, Radio Festival, Radio Horizonte, Radio Paloma FM, Radio Polar, Radio Romance, Radio SOL FM, Radio Superandina, Radio Vacaciones Radio Zero, Radio Chilena, Radios.cl

9.5 Gesellschaft und Verhalten bei Geschäftsbeziehungen

Viele Chilenen sind nach der langen Militärjuntazeit immer noch geprägt von Vorsicht und ausgeprägtem Hierarchiedenken. Andererseits gelten sie als fleißig und Korruption als auch Schlendrian halten sich in Grenzen. Einigend wirkt ein ausgeprägter Nationalstolz. Er scheint gepaart mit zwei Extremen, die den Kult um die wenigen chilenischen Stars in Literatur, Kunst oder Sport erklären: Sowohl ein Minderwertigkeitsgefühl, geboren aus der Armut, Abgeschiedenheit und traditionellen Bedeutungslosigkeit des „Landes am Ende der Welt" als auch Stolz auf die wirtschaftlichen Erfolge der letzten Jahre und das, was trotz der widrigen Bedingungen erreicht wurde. Kulturelle Probleme treten für Geschäftsleute bei großen Firmen kaum auf. Deren Vertreter sind weit gereist, beherrschen Englisch sowie manchmal auch Deutsch und kennen sich mit den internationalen Gepflogenheiten aus. Teilweise empfinden sie das Auftreten deutscher Geschäftsleute als zu starr und die deutsche Wirtschaft im Vergleich zur chilenischen als weniger offen.

Anders sieht es abseits der Chefetagen und in kleineren Firmen aus. Dort kann zunächst Misstrauen gegenüber Fremden vorhanden sein sowie Unsicherheit, die auch aus fehlenden Sprachkenntnissen resultiert. Die Firmenkultur ist streng hierarchisch, das letzte Wort hat immer der Chef oder Eigentümer. Dies gilt auch für die Übernahme von Verantwortung: Bei einem Fehler hält nur der Chef den Kopf hin. Es wird ungern delegiert. Ergebnisse müssen eingefordert werden, selbstständige Beiträge sind nicht unbedingt zu erwarten.

Die Vernetzung der Hierarchien fehlt, der gehobene Mittelbau ebenso. Qualitätsarbeit ist schwer zu finden. Besonders Wartung und Kundendienst leiden unter mangelnder Liebe zum Detail.

Stark ausgeprägt in Chile sind die Klassen: alter Geldadel, Latifundisten, konservative Familienclans, professionelle Eliten, hochangesehene Einwanderergruppen, liberale Akademiker, die aufstrebende Mittelschicht und das Militär. Es braucht Feingefühl, den Geschäftspartner einzuordnen;

Familienname und Wohnviertel können Hinweise geben. Die Elite reagiert empfindlich auf Arroganz von „Experten" aus Industrieländern. Technische Überlegenheit und bessere Kenntnis der Materie sollten nicht zur Schau gestellt werden.

In der Kommunikation wird Direktheit abgelehnt. „Vielleicht", „ich denke schon", „wieso nicht" und ein in unbestimmtem Ton geäußertes „Ja" ist meist ein schwaches Nein. Der ständige Aufschub von Terminen kann als Desinteresse gewertet werden. Chilenen wollen wie Asiaten auch nicht ihr Gesicht verlieren.

Vielversprechende Kontakte können nach anfänglicher Euphorie und viel Herzlichkeit im Nichts verlaufen. Sympathiebekundung bedeutet nicht unbedingt Geschäftsinteresse. Umgekehrt werden Ehrlichkeit und klare Aussagen oft verwechselt mit Kritiksucht, direktes Fragen bringt meist wenig. Chilenen geben auch ungern zu, dass sie etwas nicht verstanden haben. Europäer sollten hier diplomatisch reagieren. Bei Fehlern und Mängeln ist nicht unbedingt mit einer Entschuldigung oder Kulanz zu rechnen – vor allem, wenn es um eine finanzielle Entschädigung geht.

Lob, Wertschätzung und offene Freude über eine Leistung kommen sehr gut an. Wer viel jammert und alles negativ sieht, erntet Unwillen. Stellungnahmen zu Pinochet oder Allende sollten diplomatisch sein.

Vergleiche mit Peru und Bolivien sollten vermieden werden – beide Länder gelten als weniger erfolgreich. Jedoch sollten Chiles Erfolge gelobt werden. Vorsicht ist geboten bei den typisch chilenischen Understatements über das eigene Land und die eigene Kultur, dem sollte man lieber nicht zustimmen.

Es wird in der Geschäftswelt Wert auf ein gepflegtes Aussehen – oft konservativ – gelegt. Frauen sollten Bein- und Achselhaare entfernen.

Es wird schnell zum Duzen übergegangen, bei Höhergestellten oft mit dem Zusatz „Don" oder „Doña". Die Frage nach dem Gemütszustand lautet „hola, como estas (oder „hola, como te va oder que tal?"), die

Standardantwort ist meist „bien, gracias, y tu?", Standardantwort „bien, tambien".

Der Machismo ist in Chile noch vorhanden, aber weniger ausgeprägt als noch vor Jahren. Typisch in Chile ist das Nachpfeifen – vor allem von Bauarbeitern –, wenn hübsche Frauen in der Nähe vorbeilaufen. Viele Frauen nahmen als Symbolfigur die Ex-Präsidentin Michelle Bachelet und versuchen ihr karrierebewusst nachzueifern. Sie stammt aber aus einer einflussreichen Familie, ihr Vater war ein hochrangiger Luftwaffen-General der Allende-Zeit, welcher kurz nach dem Militärputsch verstarb. Andere Frauen haben es da schon schwerer, in die Phalanx der Männer einzudringen, auch die Gehälter der Frauen sind um einiges niedriger.

Männer werden in Chile mit einem kräftigen Händedruck begrüßt oder mit Daumen nach oben und Händedruck/-klatsch, zusammen mit einem Druck am Unterarm und einem Schulterklopfen, wenn man sich bereits gut kennt. Frauen erhalten einen – bei Fremden oft angedeuteten – Kuss auf die rechte Wange.

Die persönliche Assistentin des Firmenchefs hat oft die Hoheit über den Terminplan, sie kann Prioritäten setzen und aufdringliche Leute abblitzen lassen. Erst wenn ein intensiveres Geschäftsverhältnis besteht, können kleine Aufmerksamkeiten wie Schokolade oder Pralinen angebracht sein. Gesprächstermine sollten bei ihr einen Tag vorher rückbestätigt werden. Bei Gesprächsbeginn sollte anfangs eine lockere Atmosphäre mit allgemeinen Themen herrschen, man fragt nach dem Befinden der Familie, dem Verlauf der Reise oder der Unterkunft. Oft wird Ausländern die Frage gestellt, ob ihnen Chile gefalle. Schnell den Punkteplan abhaken, ist eher nicht üblich.

Bei Fristen oder Abgabeterminen entziehen sich Chilenen dem Drängen nach Planerfüllung gut. Am besten hilft stetiges und rechtzeitiges Nachfragen und sanftes, aber beharrliches Einfordern, nicht jedoch ultimatives und zu direktes Auftreten.

Die Verhandlungspartner sind oft gut informiert und kennen die Wettbewerbssituation. Informationen fließen in Chiles kleiner Wirtschaft schnell. Führungspersonen kennen sich oft persönlich gut von der Universität oder der Schule. Auch zwischen Konkurrenzfirmen verbreiten sich Neuigkeiten informell auf verschiedenen Ebenen.

Bei Geschäftsanbahnungen kann es Taktik sein, dem Besucher schon anfangs freundschaftlich auf die Schulter zu klopfen. Über die Personalisierung des Geschäfts, so das Kalkül, lassen sich später Zugeständnisse leichter erzielen oder gar Schulden verdecken. Der Leitgedanke des beidseitigen Nutzens ist in Chile wenig verbreitet. Üblich ist, dass jeder für sich das Maximum herauszuholen versucht. Für potenzielle Kunden und Vertreter ist es eine Art Sport, Preise aufs Äußerste zu drücken und Zahlungsziele zu strecken. Das schnelle Geschäft – der Spatz in der Hand – ist wichtiger als der langfristige Nutzen. Dies erklärt die Unbeliebtheit von Projekten, die sich erst in Jahren rentieren. Doppelglasfenster beispielsweise haben sich in Chile trotz kräftig gestiegener Strompreise immer noch nicht durchsetzen können. Im rechtlichen Bereich sind Chilenen sehr genau, manchmal zu sehr, ein pragmatischerer Stil würde hier nicht schaden. Die Chilenen gelten als „Preußen Südamerikas", da sie oft das Einhalten von Regeln fordern, gerade auch von Ausländern. Das beginnt schon bei der Einreise, wo gründlichst das Gepäck untersucht wird. Andererseits empfinden sie es als unangenehm, wenn westliche Ausländer dasselbe von ihnen verlangen.

Bei Geschäftsbesprechungen wird von Mitteleuropäern Pünktlichkeit erwartet, wohingegen bei chilenischen Geschäftspartner eine halbe Stunde Verspätung eingeplant werden kann. Eine Entschuldigung ist nicht zu erwarten. Im Arbeitsleben ist es generell so, dass man sich lieber verspätet, als dass man auf ein paar verdiente oder eingesparte Pesos oder auf das geliebte „almuerzo" (Mittagessen) verzichten würde. Bei privaten Einladungen (z. B. einem Asado-Grillabend) kann man auch eine halbe Stunde später kommen, ansonsten kann es sein, dass die Gastgeber noch nicht fertig sind mit der Vorbereitung.

Bei Geschäftsreisen ist zu beachten, dass sich jeweils im Januar und Februar wichtige Entscheidungsträger im Urlaub befinden.

Die Amtssprache ist Spanisch, jedoch wird im Geschäftsverkehr auch Englisch gesprochen. Grundkenntnisse der spanischen Sprache sind ein Muss, da die große Mehrheit der Bevölkerung kein fließendes Englisch spricht.

Im Allgemeinen sind „Gringos" (Amerikaner, Europäer und Australier etc.) gern gesehene Gäste, sie bringen ja auch viele Devisen ins Land. Gerne werden sie nach Anekdoten aus dem Leben gefragt und es wird dabei viel gelacht.

Das Gesellschaftsleben des Landes hat sich in den letzten Jahrzehnten stark verändert. Die (Kabel-)Fersehkultur hielt Einzug in die Wohn- und Schlafzimmer, bei manchen Familien läuft der Fernsehapparat fast den ganzen Tag. Viele gigantische Einkaufszentren (Malls) entstanden, wohin viele ihren Sonntagsausflug unternehmen. Die Handys sind aus dem Alltagsleben nicht mehr wegzudenken. Konsumentenkredite und Ratenzahlungen (cuotas) werden großzügig auch bei kleinen Beträgen angeboten.

Die Unterschiede zwischen den Chilenen sind teilweise groß, z. B. zwischen Stadt und Land. Während die Bewohner der Städte oftmals europäisch wirken und hier eine moderne Businesswelt vorherrscht, bleibt die Moderne in einigen ländlichen Regionen deutlich zurück. So unterschiedlich wie das ländliche und das städtische Leben in Chile, ist auch der Lebensstandard der Bevölkerung. Der Unterschied zwischen „arm" und „reich" ist sehr groß. Viele Leute der Mittelschicht versuchen in Nischen der Oberschicht Fuß zu fassen und nur nicht in die „Poblaciones"-Viertel der Unterschicht abzurutschen.

9.6 Bevölkerung

Der Große Norden und der Große Süden sind bis auf wenige Städte fast menschenleer. Die Urbanisierung, gerade in der Zentralregion, stieg in den letzten Jahren ständig an.

Besonders die Hauptstadtregion Santiago zog die Landbevölkerung mit ihrer Sogwirkung an, so dass die Einwohnerzahl der Metropole von 350.000 im Jahr 1900 auf 2,7 Mio. im Jahr 1970 und auf 6,2 Mio. im Jahr 2008 wuchs, etwa 40 % der Bevölkerung des Landes. Das zweitwichtigste Ballungszentrum ist der Großraum Viña del Mar-Valparaíso mit knapp einer Million Einwohner. Schon seit den 30er Jahren steht dem Zuzug in die Ballungszentren ein Wirtschaftswachstum gegenüber, das mit dieser Entwicklung nicht Schritt halten konnte. Heutzutage ist die Herausforderung, in den ärmeren Vierteln eine Verbesserung der Infrastruktur zu erreichen.

Der Verstädterungsprozess hatte folgende Konsequenzen:

- qualitativer und quantitativer Abfluss von Menschen, Mitteln und Gütern vom Land in die städtischen Ballungszentren;
- Probleme für Staat und Kommunen bei der Versorgung (Straßen, Schulen, Kliniken, Elektrizität) und Entsorgung (Müll, Abwässer) der neuen Stadtviertel;
- nicht mehr funktionsfähige, unkontrollierbare Verdichtungsräume mit zunehmend negativen Auswirkungen der Industriezivilisation (z. B. Wasser- und Luftverschmutzung).

Fortschritte wurden bei der Armutsbekämpfung erzielt. Die Statistik für 2006 wies 13,7 % der chilenischen Gesamtbevölkerung als arm und 3,2 % als extrem arm aus. 1990 galten noch 26 % als arm und 13 % der Haushalte als extrem arm. Die Schere zwischen dem Anteil am Volkseinkommen der 20 % reichsten Bürger und dem Anteil der 20 % ärmsten Chilenen hat sich also etwas geschlossen.

Die Zusammensetzung der Bevölkerung ist ethnisch und kulturell homogener als in vielen anderen lateinamerikanischen Ländern. Den Großteil machen Mestizen (Mischlinge zwischen Europäern und Indios) mit etwa 70 % aus. Der Anteil der Chilenen mit ausschließlich europäischen Vorfahren beträgt etwa 25 %. Die reinen Indios werden auf 3-4 % geschätzt. Es sind von Nord nach Süd die Atacameños, Diaguitas (Bauern), Changos (Fischer), auf der Osterinsel die Rapa Nui, die große Araukaner-Gruppe der Mapuches („Menschen der Erde“, Landwirte und Viehzüchter), Huilliches (Bauern), Pewenches (in den Anden), Pikunches (Bauern), Chonos (auf Chiloé) und Kawashkar (Jäger auf den Inseln Patagoniens).

Mapuche-Ureinwohner

Ein Teil der Mapuche lebt nach wie vor traditionell und pflegt überlieferte Sitten und Traditionen. Viele der Mapuche fordern den Besitz ihres ehemaligen Grund und Bodens zurück, teilweise auch in Demonstrationen und mit gewaltsamen Aktionen. Sie boten erfolgreich den Spaniern und auch bis tief ins 19. Jahrhundert hinein den Chilenen Widerstand. Traditionell leb(t)en die Mapuche in sogenannten Rukas, aus Lehm und Holz gebauten Häusern ohne Boden und Fenster und mit einem Eingang, der stets in Richtung Osten zeigt. Für Touristen besteht die Möglichkeit, in dieser Behausung zu übernachten u. a. am Lago Budi (www.lagobudi.cl). Zwar sind viele Mapuche heute katholisch, dennoch beeinflusst noch einige von ihnen das Schamanentum.

9.7 Sprache

Es ist zu beachten, dass die Chilenen ihren eigenen Slang haben, oft werden auch Endungen weggelassen, ähnlich wie in Andalusien.

Ein Beispiel hierfür ist: „Vamos nos no mas“ („gehen wir also“) – „vamo no no ma“. Wie überall in Lateinamerika wird das spanische „vosotros“ zu „Ustedes“, so wird also z. B. „vosotros comeis“ zu „ustedes comen“.

Ein typischer Chilenismus ist „cachai" (in Mapuchesprache Mapudungun cachar = verstehen): In der Du-Form müsste es folglich „cachas" heißen, aber man sagt „cachai". Bei Jugendlichen wird eher die i-Endung statt die s-Endung benutzt.

Kauderwelsch und Redewendungen auf Chilenisch

ahí/allá	dort
no estoy ni ahí	Das geht mich nichts an
al lote	unordentlich, schlampig
al tiro	sofort
amoroso/a	niedlich, süß, liebenswürdig
andar volado	zerstreut sein
apretado	geizig, Geizkragen
bajón (el)	Krise
... está bajoneado	... ist niedergeschlagen
bueno	(na) gut/OK
... es bueno para ...	... ist gut/tut gerne ...
... es buena onda	... ist sympathisch
cabro/a	Junge/Mädchen
cachai?	verstehst du ?
cacho (el)	Problem
cachureo (el)	Krimskrams, Zeugs
cagada (la)	Chaos/Krise/schlechte Qualität
dejar la cagada	ein Chaos hinterlassen
estar cagado/a	in Bedrängnis/in der Krise sein
cagar	etwas kaputt/jmd. fertig machen
la cagaste	das hast du verhaut
ni cagando	niemals
(andar con la) caña	(einen) Kater (haben)
capo (el)	Kluger, Experte, Gescheiter
carrete (la)	Zechtour, Saufgelage
coima (la)	Bestechung
colectivo (el)	Sammeltaxi
pegar un combo	einen Kinnhaken verpassen
compadre (el)	Kumpel
copete (el)	Schnaps
copucha (la)	Klatsch, Tratsch
copuchento/a	Klatscher/Klatschtante
cortar el queque	die Macht/das Sagen haben
córtala!	hör damit auf/schweig!
creerse la muerte/la raja	eingebildet sein

quedó la crema	es blieb ein Chaos übrig
cuca (la)	„Verhaftungswagen" der Polizei
estar curado/a	betrunken sein
chalas (las)	Sandalen
chancho (el)	Schwein
chapa (la)	Türschloss
estar chato/a	satt sein, es satt sein
chela (la)	Bier (Flasche)
chicha (la)	fermentiertes Getränk aus Äpfeln oder Weintrauben
chiste alemán (el)	schlechter Witz
estar choreado	verärgert sein, es satt sein
choro	toll, super
chueco	schief, unehrlich, falsch
chupar	saufen, stehlen (jmd. aussaugen)
chuta!	Mist!, Ach!, Oh!
ene	sehr viele
engrupir (a alguien)	umgarnen, hinterlistig überreden
dejar la escoba	einen Scherbenhaufen hinterlassen
estar en otra	mit den Gedanken woanders sein
no estoy ni ahí	es ist mir völlig egal
facha (la)	das Äußere/äußeres Aussehen
farra (la), farrear	Sauftour, saufen gehen
flaite (el/la)	ordinäre Person
fome	langweilig
fregado	schwierig
estar frito/a	erledigt/aufgeschmissen sein
gallo/a	Typ/Tussi
gamba (la)	100.000 Pesos (früher 100 Pesos)
poner el gorro	den Partner betrügen
gringo/a	(westliche/r) Ausländer/in
guagua (la)	Baby
guata (la)	Bauch
guatera (la)	Wärmflasche
guatón/guatona	Dicker/Dicke
un guatón	1 Million Pesos
hacer dedo	trampen
hacer tira	kaputtmachen, zerstören
hacer tuto	schlafen (von Babys/Kindern)
hacha (el)	Kater (wegen zu viel Alkohol)
harto	sehr viel, reichlich
estar harto	die Nase voll haben
hinchar	nerven
huaso/a	Landarbeiter/in, auch verächtlich für dumme Person
hueveo (el)	Blödsinn, Unfug, Generve
huevar	nerven, belästigen
huevón/a! (el/la)	Kumpel, Alter; wenn abfällig, auch Idiot/in

jodido	problematisch, schwierig
junior (el)	Firmenbote, Laufjunge
qué lata!	Wie schade!
el/ella me da lata	Er/Sie tut mir leid
me da lata de hacerlo	Ich habe keine Lust, es zu tun
lesera (la)	Dummheit, Quatsch
lolo/a	Junge/Mädchen
luca (la) luca	tausend (z. B. cinco luca = 5000 Pesos)
lumpen (el/los)	Assoziale(r)
macanudo	super, toll
meter la mano	stehlen
micro (la)	Bus (in den Städten)
mijito/a	mein lieber Sohn/meine liebe Tochter
milico/a	Militärangehörige(r)
mina (la)	Weib
movido	clever, agil
nana (la)	Kindermädchen, Haushälterin
once (el)	Vesper-Mahlzeit
onda (la)	Lebensauffasung/-einstellung, Art
(ser) buena onda	ein sympathischer/guter Mensch (sein)
que mala onda este tipo!	Welch ein unsympathischer Typ!
paco (el)	Bulle (Polizist)
un palo	1 Million Pesos
papa (la)	Kartoffel, Babyspeise
te pasaste!	das hast Du toll gemacht!
pasarse rollos	sich etwas einbilden, träumen
a pata	zu Fuß
a pata pelada	barfuß
meter la pata	ins Fettnäpchen treten, Mist bauen, Gas geben
patudo/a	frech
pega (la)	Arbeit, Job
pelar (a alguien)	(jmd.) veräppeln, (über jmd.) herziehen
penca	doof, öde
picada (la)	Kneipe (billig und gut)
picarse	sich ärgern
plata (la)	Geld
ponerse las pilas	sich anstrengen!
pilucho	(halb-)nackt
pillar (a alguien)	(jmd.) erwischen
pillo	clever, geschickt, frech.
tener buena pinta	gut aussehen
pito (el)	Joint
pituto (el)	Beziehungen, Vitamin B
quedar plop	sprachlos werden
po/pu (von Spanisch: pues)	ne (Anhängsel, wie Schweizerisch: oder)
ya po/pu/pue	auf geht's! hopp!

pololo/a	feste(r) Freund(in)
pololear	eine(n) feste(n) Freund/Freundin haben
porfa (por favor)	bitte
poto (el)	Hintern
pucha!, puta!	Mensch! Mann! wie doof!
pucho (el)	Zigarette
putear (a Alguien)	(jmd.) anschnauzen, beschimpfen
queque (el)	Hintern
quiltro (el)	Mischlingshund
la raja	toll, super
rayado	verrückt
rasca	schlecht, minderwertig, schlechter Geschmack
regio	super, toll
regalonear	verwöhnen, schmusen
rico	lecker, gut schmeckend
a rio revuelto	die Geld-Gelegenheit ausnutzen
roto/a	vulgäre Person, armer Mensch
sacarse la cresta	malochen, sich abrackern
me saqué la cresta	ich habe mich abgerackert/mich hat es voll erwischt
le sacaron la cresta	sie haben ihn fertiggemacht
eres un siete!	super Leistung von Dir!
sí po (si pues)!	aber klar!
suche (el)	„Hilfswilli"
taco (el)	Verkehrsstau
echar tallas	auf den Arm nehmen/Witze machen
me tinca ...	es scheint mir ..., es gefällt mir
tirar	werfen, ziehen/vögeln
tirar la lengua	jmd. über etwas ausfragen
(ser) tocadito	verrückt (sein)
tomar el pelo (a alguien)	sich lustig machen (über jmd.)
tuto (el)	Müdigkeit
hacer tuto	schlafen gehen (zu Kindern)
tener tuto	müde sein
ya	O.K., schon, jaja, sofort

Häufig benutzte, nicht druckreife Ausdrücke:
c.n..a de tu m..r.!, c.le.d., andate a la c.u..a!, pu.a m..r.

Buch-Tipp: „Spanisch für Chile"
www.reise-know-how.de/spanisch-fuer-chile-wort-fuer-wort-p-293.html

9.8 Nationalhymne (Canción Nacional)

Die Melodie wurde erstmals am 23.12.1828 öffentlich gespielt und am 17.09.1847 offiziell übernommen. Der Text wurde am 12.08.1909 verfasst und am 27.06.1941 offiziell angenommen. Von den sechs Strophen wird in der Regel nur die fünfte gesungen.

5. Strophe in Spanisch:

Puro, Chile, es tu cielo azulado,
Puras brisas te cruzan también,
Y tu campo de flores bordado
Es la copia feliz del Edén.
Majestuosa es la blanca montaña
Que te dio por baluarte el Señor,
Y ese mar que tranquilo te baña
Te promete futuro esplendor.

Chor:

Dulce Patria, recibe los votos
Con que Chile en tus aras juró
Que o la tumba serás de los libres
O el asilo contra la opresión :l (dreimal)

Im Staatswappen sind ein Huemul (Andenhirsch) und ein Kondor abgebildet, was auch ins Logo der Piñera-Regierung integriert wurde.

9.9 Gesundheitswesen

Chile ist hinsichtlich der hygienischen Verhältnisse ein relativ sicheres Land in Südamerika. Die allgemeine medizinische Versorgung ist gut. Krankheiten wie Malaria oder Gelbfieber gibt es nicht und nur vereinzelt traten in den letzten Jahrzehnten Fälle von Cholera auf. Viele Häuser und Wohnungen – vor allem auf dem Land – sind noch nicht an Trinkwasserversorgung und Kanalisation angeschlossen. Deshalb können sich auch

Infektionskrankheiten wie typhoides Fieber, Tuberkulose und Paratyphus, venerische Krankheiten und Erkältungskrankheiten viel einfacher ausbreiten. An HIV (Aids) sind in Chile etwa 20.000 Menschen infiziert.

Die Betreuung durch den staatlichen Gesundheitsdienst SNS vor allem für die mittellose, sozial schwache Bevölkerung kann noch verbessert werden, ohne diese Personengruppe finanziell zu belasten. Es sollen auch alle Arbeitnehmer mit einem bestimmten Mindestlohn kostenlosen ärztlichen Service erhalten. Beschäftigte mit höheren Einkommen sind meist privatversichert und können einen Teil der medizinischen Kosten selbst tragen.

Da die Seniorenaltersgruppe in den nächsten Jahren um einige Prozent zunimmt, wird generell die Bedeutung des Markts für Alterskrankheiten und der Altenpflege steigen.

Nicht wenige Medikamente sind in Chile rezeptfrei erhaltbar. Bei kleineren Erkrankungen konsultieren viele Chilenen, auch weil es billiger ist, eher die Apotheken-Angestellten statt einen Arzt. Der Anteil von Generika-Arzneimitteln beträgt etwa zwei Drittel. Homöopathische natürliche Produkte gibt es bei www.farmaciasknop.cl, www.heel.cl, www.hahnemann.cl oder www.weleda.cl.

Für Chile sind keine Impfungen vorgeschrieben, die Hygiene-Standards sind relativ hoch. Empfohlen wird aber Schutz gegen Tetanus, Diphtherie, Polio und Hepatitis A, bei Langzeitaufenthalt über drei Monate eventuell auch Hepatitis B. Auch eine Tollwutimpfung kann sinnvoll sein, vor allem bei Reisen durch ländliche Regionen.

Personen mit Herz-/Kreislaufproblemen und mit hohem Blutdruck sollten bei Reisen und Gebirgswanderungen über 4000 Meter vorher einen Arzt konsultieren. Der Sauerstoffmangel kann die „Höhenkrankheit" – „Soroche" oder „Puna" genannt – hervorrufen. Die Krankheitsbilder können verschiedenartig sein (Kopfschmerzen, Übelkeit, Herzklopfen, Blähungen, Durchfall, Fieber etc.) – helfen können eine Sauerstoffflasche, Kokablättertee oder Tabletten. Große Anstrengungen sollten die ersten

Tage in der Höhe vermieden werden; es sollten nur leichte Speisen verzehrt und kein Alkohol, stattdessen viel Mineralwasser getrunken werden. Wegen der hohen UV-Strahlung sollte die Haut mit Sonnencreme (ab Faktor 30) und Bedeckung geschützt werden.

In Chile übertragen vor allem Ratten den weltweit verbreiteten Hanta-Virus. Er hält sich in dunklen Räumen, vor allem in lange geschlossenen Ferienhütten. 581 Personen infizierten sich in Chile von 2001 bis 2008, 209 davon starben.

Von den Spinnen sind die „Araña del rincón" (lebt in Ecken und dunklen, wenig benutzten Räumen) und die „Araña del trigo" (lebt auf Feldern) giftig. Im Falle von Rötungen der Haut bzw. Bissen ist sofort ein Arzt aufzusuchen.

Alle paar Jahre wird Chile von giftigen Algen heimgesucht, im Volksmund Marea roja (rote Flut) genannt. Auch die Fische, Muscheln und Schnecken, die von den Algen fressen, sind dann giftig und für den Menschen gefährlich. Alle Muscheln und Fische, die im betroffenen Gebiet trotz behördlichen Verbotes noch gefischt werden, müssen dann vernichtet werden. Gegen die verantwortlichen Fischer werden empfindliche Strafen verhängt.

Den Namen Marea roja hat das Ereignis nach der Rotfärbung des Meerwassers, die durch die massenhafte Blüte der giftigen Alge zustande kommt. Weil Muscheln große Mengen Wasser filtern, um an Nahrung zu kommen, nehmen sie die giftigen Algenblüten stärker auf als andere Organismen und reichern sie an.

Krankenversicherung

Eine Auslandsreiseversicherung (z. B. bis 1 Jahr) sollte bereits vor Abflug abgeschlossen werden (z. B. ELVIA Reiseversicherung oder die Europäische Reiseversicherung).

Websites
www.care-concept.de (günstig, für ein Jahr nur etwas über 300 EUR)
www.reisepolice.com (mehrere Anbieter)
www.versicherungszentrum.de

Preis- und Leistungsvergleiche lohnen sich. Kreditkarten werden in chilenischen Privatkliniken als Garantie akzeptiert. Auch Unfall- und Haftpflichtversicherung sollten vorab abgeschlossen werden.

Isapres

Isapres sind private Krankenkassen, die für alle offen oder an eine bestimmte Gruppe von Beschäftigten gerichtet sind. Es wird ein Vertrag mit einem bestimmten beitragsabhängigen Gesundheitsplan abgeschlossen. Bei Spezialgebieten (z. B. Zahnarzt oder Psychiater) gibt es große Unterschiede im Leistungsangebot unter den einzelnen Isapres. Zu den 7 % festgesetzten Krankenbeiträgen hat man je nach Leistungsauswahl einen zusätzlichen Plan-Beitrag zu zahlen. Man sollte also individuell Leistungen und Kosten vergleichen. Über der Bemessungsgrenze kann man sich bei den Krankenversicherungen einen der besten Pläne aussuchen. Chronisch Kranke und alte Menschen allerdings werden kaum aufgenommen.

Will man später nach Europa reisen, bieten die Isapres auch eine zusätzliche Auslandsreiseversicherung an. Es gibt eine Superintendencia de Isapres – die Aufsichtsbehörde der Krankenkassen – wo man sich informieren kann (www.supersalud.cl).

Eine günstigere Alternative als die Isapres ist der Fondo Nacional de Salud FONASA (www.fonasa.cl), wo man aber nur eine Standardversorgung bekommt. Es sind einige „Bonos" für Arztsprechstunden und Examen zu bezahlen.

Die besten Kliniken von Santiago

Clínica Alemana
Av. Vitacura 5951, Vitacura (Parkhauszufahrt über Av. Manquehue)
Tel.: 2-2101111, Krankenwagen 2-2101010, Notdienst 2-2101334,
Clínica Alemana La Dehesa
Av. José Alcalde Délano 12205, Lo Barnechea, Tel.: 2-5861700
www.alemana.cl
Träger: Sociedad de Beneficencia Hospital Alemán
(Deutscher Krankenhausverein)
Av. Vitacura 5951, Casilla 3737, Santiago, Tel.: 2-2101111

Die Clínica Alemana mit ihrer über 100-jährigen Geschichte hat in Chile einen hervorragenden Ruf. Sie ist im Besitz der neuesten medizinischen Geräte und bezüglich Diagnostik und Behandlungsmethoden immer auf dem neuesten Stand. Seit 2001 gibt es eine Zusammenarbeit mit der Universidad del Desarrollo (UDD – Fachbereich Medizin) sowie dem Hospital Padre Hurtado für die Bewohner von San Ramón, La Granja und La Pintana.

Für Ausländer führte die Clinica Alemana 2009 den Service „Paciente Internacional" ein, welche den Zugang zu Arztpraxen, Untersuchungen und zu einem zweiten Vertrauensarzt erleichtert – Kontakt unter Tel. 2101301, E-mail: pacienteinternacional@alemana.cl.

Für Schüler der Deutschen Schule Santiago gibt es eine kostenlose Unfall-Notfallaufnahme. Es gibt an der Klinik auch eine Gruppe von Ärzten, die sich um Jugendliche und junge Erwachsene kümmert (www.adolescencia.alemana.cl).

Kontaktdaten weiterer Kliniken in Chile
Clínica Santa María, Av. Santa María 0500, Providencia, Tel.: 2-4612000, www.csm.cl
Clínica Las Condes, Lo Fontecilla 441, Las Condes, Tel.: 2-2104000, Servicio "Paciente Internacional", Tel.: 2-2105094 www.clinicalascondes.cl
Clinica Universidad Católica Lira 40, Centro, Tel.: 2-3846000, www.clinicauc.cl Clinica Universidad Católica - San Carlos de Apoquindo Camino El Alba 12351, Los Dominicos, Las Condes, Tel.: 7548700, www.clinicaucsancarlos.cl
Kontaktdaten weiterer deutscher Kliniken in Chile
Hospital Alemán – Sociedad de Beneficiencia Alemana Av. Brasil 1302, Casilla 300, Valparaíso, Tel.: 32-214391
Sociedad Sanatorio Alemán (Deutscher Krankenhausverein) Pedro de Valdivia 801, Casilla 103, Concepción, Tel.: 41-331321
Clinica Alemana (Deutsche Klinik) General Mackenna 548, Casilla 785, Temuco, Tel.: 45-210658
Sociedad Clinica Austral Alemana (Deutsche Klinik) Beaucheff 765, Casilla 38-A, Valdivia, Tel.: 63-213661
Corporación de Beneficencia Osorno (Deutsche Klinik) Av. Zenteno 1530, Casilla 163, Osorno, Tel.: 64-235041, Fax: 64-238003
Clinica Alemana Puerto Varas Fundación Hospital San José (Klinik der San José-Stiftung) Otto Bader 810, Casilla 77, Puerto Varas, Tel.: 65-232338

Liste deutschsprachiger Ärzte und Krankenhäuser

Santiago
Augenärzte Dr. Andrés Eggers Clínica Alemana, Tel.: 2101080, Manquehue Norte 2552, Vitacura Dr. med. Peter Oliver Denk, Clínica Alemana, Tel.: 2101080 Dr. Marcelo Ramirez Schmid, Huérfanos 1044, Tel.: 6989984
Chirurgen Prof. Dr. Manfred Jürgensen, (Videolaparoskopie, Brustkrebs) Cl. Alemana, 11. Stock, Tel.: 2101112 oder in Providencia: Hernando de Aguirre 194, Dep. 31, Tel.: 2314346 Dr. Rodolfo Loehnert Coster, Cl. Alemana, Tel.: 2101111, 2101211 Dr. Juan Schiller Klinenberg, Cl. Alemana, Tel.: 2101111, 2101211 Dr. Juan Hepp Kuschel, Cl. Alemana, Tel.: 2101111, 2101211 Dr. Claudio Mella Schmidt, (Unfallarzt) Cl. Alemana , Tel.: 2101111, 2101211
Dermatologen/Hautärzte Dra. Marisol Calcagni-Bühler Alonso de Cordoba 5710, of. 501, Tel.: 2295052 Hautärztin (Univ. Tübingen), Kosmetologie E-Mail: iduna@live.cl, www.iduna.cl
Gynäkologen/Frauenärzte Dr. med. Simon Bühler, Cl. Alemana, Tel.: 2101091 Dra. Andrea Schilling, Cl. Alemana, Tel.: 2101091 Dr. Alvaro Insunza, Cl. Alemana, Tel.: 2101092 Dr. Ricardo Saelzer, Cl. Alemana, Tel.: 2101092 Dr. Patricia Muñoz, Av. Holanda 292, Providencia, Tel.: 3341452

Internisten und Allgemeinärzte Dr. Thomas Weitzel (Tropen- und Reisemediziner, Infektiologe, Internist und Mikrobiologe) Fundación Arriarán, Santa Elvira 629, Handy: 82074823 Dr. Robert Hartog (Facharzt für Allgemeinmedizin) Fundación Médica San Cristóbal, Av. Luis Pasteur 5292, Vitacura, Tel.: 7549500, 7549533 Dr. Herbert Altschiller Gelb (Internist, Gastroenterologe) Cl. Alemana, Tel.: 2101111, 2101211 Dr. Arturo Ayala Binder (Internist, Nefrologe) Cl. Alemana, Tel.: 2101111, 2101211 Dr. Ling Vargas Tank (Internist, Gastroenterologe) Cl. Alemana, Tel.: 210 1111 oder 210 1211 Dr. Carlos Zehnder, Cl. Las Condes, Tel.: 2104260
Kardiologen Dr. Carlos Deck Román, Cl. Alemana, Tel.: 2101111
Kinderärzte Dr. Bettina von Dessauer, Cl. Alemana, Tel.: 2101015 od. Vitacura 5900, of. 210, Vitacura, Tel.: 2186527 Dr. Birte Christina Lindemann T., (Hausbesuche) Luis Carrera 1427, Vitacura, Handy: 93453388 Dr. Alberto Trautmann Muñoz, (Pediatra, Med. de Adolescentes) Torre Cl. Alemana, Tel.: 2101015, Privat Tel.: 2516415, Dr. Bernd Oberpaur W. Cerro Colorado 5030, of. 509, Tel. 3629012, Tel. privat: 2171890 Dr. Erich Schilling Fuchslocher, Cl. Alemana, Tel.: 2101015 Dr. Eric Saelzer, Cl. Alemana, Tel.: 2101015 Dr. Guillermo Uslar Goverts Pediatra - Torre Cl. Alemana, Tel.: 2101015 Consulta Av. Salvador 95 Of. 710, Providencia, Tel.: 2747717 Kinder-"Psychopädagogin": Karin Heerlein, 2297565 Astrid Becks, Psychologin, Bachblüten-Therapie und Iriologie, Kinder und Jugendliche, Mardoñal 8111, Las Condes, Tel.: 4586508

Kinesiologie
Andreas Sutter (Titel von Uni Basel und Universidad de Chile)
Rehabilitation zu Hause, Spezialgebiete in Sport, Orthopädie und Traumatologie. Behandlung von Wirbelsäulenproblemen, Neurologie, Tel./Fax: 2988360, Handy: 94378173

Logopäden
Nicole Baldwin Fuchslocher
Handy: 96388144, E-mail: nicole.baldwin@gmail.com

Psychiater/Psychologen/Neurologen
Sabine Köhler Achenbach, Psychologin (Kinder und Erwachsene)
Master Practitioner in NLP (Neuro-Linguistisches Programmieren),
Cerro Colorado 5030, of. 509, Tel.: 3629012
Karin Biedermann Calcagni,
General Holley 2381 B, of. 903, Tel.: 3740958
Dr. Niels Biedermann (Psychiater)
Apoquindo 4100, of. 405, Las Condes, Tel.: 2243436
Dr. Andrés Herlein (Psychiater), Cl. Alemana, Tel.: 7531114
Dr. Ingeborg Fuhrmann (Psychiaterin/Familientherapeutin)
Miguel Claro 262, Providencia, Tel. 2351794
Magdalena von Oepen Münnich,
Dipl. Psychologin U. de Chile, Psychotherapeutin,
Av. Manquehue Sur 520, of. 409, Tel.: 2469230, Handy: 98225550
Dr. med. Klaus Neumann Weber (Universität Würzburg) Neurologie, Psychosomatik, Alternativ- und Komplementärmedizin,
Av. Manquehue Norte 1707, of. 206, Tel.: 2180232 (Vitacura);
Ecuador 182, of. 703, Tel.: 32-2884465 (Viña)
Francisca Pérez Cortés
Psychologin U. de Chile, Psychotherapie und Diagnostik
Obispo Donoso 5, of. 53, Providencia, Handy: 98726519
Centro de Diagnostico y Tratamiento Psicologico-Hipnoterapia
A. Zeltzer,
Psychol. Probleme, Reha Zigaretten- und Alkoholabhängige.
Obispo Perez 0325, Providencia.
Cerro Colorado 5030, of. 507, Las Condes, Tel.: 2234785,

Traumatologen (Orthopäden) Dr. Andreas Kullack, Cl. Alemana, Tel.: 2101111, 210 1211 Dr. Robert Raimann (nur Behandlung von Kindern) Clinica Las Condes, Tel.: 4888220, www.clc.cl Dr Claudio Mella, Cl. Alemana, Tel.: 7531014
Urologen Dr. med. Alvaro Baeza, Facharzt für Urologie Barros Errázuriz 1954, of. 902, Providencia Tel.: 2747501 Tel.: Privat 3227509 Handy: 92384770 www.urologiamoderna.cl

Zahnärzte/ Kieferorthopäden
Dr. Andreas Hanke
Av. Manquehue Norte 1931,
Tel.: 2193198, 2193215, Handy: 94193706, Fax: 4269045
E-Mail: contacto@clinicahanke.com, www.clinicahanke.com
Dr. Christliebe Pasini Polster (Uni Tübingen)
Manquehue Norte 1931, Vitacura
Tel.: 2421599, 2193198, Handy: 93336785
E-Mail: drcpasini@mi.cl, www.clinicahanke.com
Dr. Hinrich Huber Haupt, (Kieferorthopädie)
Manquehue Norte 1931, Vitacura, Tel.: 2193215
Av. Vitacura 5900, of 114, Tel.: 9538045
Dra. Verena Stehr (Kinderzahnärztin),
Av. Vitacura 5900, of. 114, Tel.: 9538045
Dr. Joaquín Salomon Bongardt, Dra. Carmen Dümmer E.
Vitacura 6195, of. 71-73, Torre Pueblo del Inglés, Tel.: 2192019
Dr. Carmen Dümmer
Torre Pueblo del Inglés, Vitacura 6195, of. 71-73, Tel.: 2192019
Dr. Carlos Ullrich Dünner
Napoleón 3565, of. 1204, Las Condes, Tel.: 2037390, 2037391
Clínica Dental May – Dr. Sandra May
Av. Estoril 50, of. 917, Tel.: 2432732, www.clinicadentalmay.cl
Dr. Antonio Olivares, Estoril 50, of. 112, Las Condes, Tel.: 3701377
Dr. Ursula Tilly Ebensperger, Av. Kennedy 6690, of. 201, Vitacura
E-Mail: ursulate@manquehue.net
Dr. Fernando Riquelme
Av. Tabancura N° 1515, Edificio Chañaral, 4° Piso, of. 426-428, Vitacura, Tel.: 2173224
Dr. Fernando Ulloa Salazar
Ortopedia Dento-Maxilar, Ortodoncia – Adultos y Niños
Mardoqueo Fernández 128, of. 504, Providencia, Tel.: 3341040
Dr. Roberto Hevia Werkmeister (Kieferorthopädie – Ortodoncia)
Av. Las Condes 10373, of. 66, Tel: 2430649, 2430650
Dr. Janusz Wieczorek (Uni Regensburg, Revalidierung U. de Chile)
Av. Nueva Los Leones 0196, of. 402, Providencia
Tel.: 2327582, Handy: 74954085, E-mail: wiejan@web.de
D. Susanne Becht, Clinica Dental Santa Teresita

Pasaje Las Zinnias 5710, El Barrero Huechuraba, Tel.: 6251768
Veronica Nuesch Poupin, Av. Manquehue 520, Tel.: 2017219
Dr. Carlos von Mentlein, Guardia Vieja 181, Tel.: 3343628

Homöopathen/Heilpraktiker
Dr. Iris von Hörsten
Eliecer Parada 2030, Providencia,
Tel.: 4188469, E-Mail: homeaopatia@vtr.net
Dr. Ingrid Neumann, Dr. med. Klaus Neumann Weber
Pasaje Manquehue Norte 1218, Vitacura
Tel.: 4580624, www.neumann-medicina.cl
Dr. Quiangui Zhou,
Chinesische Medizin, La Concepción 81, of. 318, Providencia,
Tel.: 2649912, Handy: 86296524, E-Mail: wendx1@hotmail.com
Ingrid Boese-Knaack
Buenaventura 1767, Tel.: 4269191; 97847218
Homöopathie, Bipolare Magnettherapie, Bach-Blüten Essenzen, Fuß-Reflexologie, www.bioterapeuta.com
Iris Lutzke
Camino de la Tierra, Parcela 18, Peñalolén,
Tel.: 2783375, Handy: 95003961, E-Mail: iris.lutzke@yahoo.de
Homöopathie, Bachblüten, kalifornische Blütentherapie
Krankengymnastik /Homöopathie
Lilian Eggers (vor allem Herzerkrankungen, auch Hausbesuche, Bachblüten-Therapie), Guadalajara 5540, Vitacura, Tel.: 7274716

Tierärztin:
Dr. Gabriela Gronemann, Gilberto Fuenzalida 229, loc. 3,
Las Condes (neben EK-Zentrum Alto Las Condes), Tel.: 201895

Antofagasta:

Dr. Ricardo Epprecht Saelzer (HNO)
Clinica de Otonirolaringologia del Norte, Maipú 331
Tel.: 55-226473, Fax: 55-237229,
E-Mail: ricardoepprecht@yahoo.cl

La Serena:
Gustavo Roll Stiepovic (Internist-Rheumatologe) Huanhuali 330, Tel.: 51-216297 Klaus Heider, Chirurg, Las Rojas Poniente 1624, Tel: 51-218300 Carlos Saldías Novoa, Kardiologe Huanhuali 186, Tel.: 51-212033, 337400, Handy: 94411566 Soledad Pineda, Dermatologin, Juan Soldado 450, Tel.: 51-218572 Andrea Gantz, Physiotherapie, Balmaceda 1015, Tel.: 51-219310 **Zahnärzte:** Ricardo Starke, Los Carrera 335, Of. 301, Tel.: 51-217086 Federico Bahamondes, Balmaceda 1198, Tel.: 51-221320 Jorge Valck, Huanhuali 419, Tel.: 51-221617, Handy: 94589743
Viña del Mar:
María José Scheggia, Psychologin, Handy: 97317206
Concepción:
Dra. Dagmar Rahmm, Allgemeinärztin, Janequeo 187, of. 5, Tel.: 41-2226456, E-Mail: drahmm@vtr.net Dr. Günter Domke, Internist, Angol 322, Tel.: 41-2237594 Dr. Rolando Reinbach, Internist, Cochrane 751, Tel.: 41-2241666 Thomas Schmidt Pütz, HNO, San Martin 1350, Tel.: 41-2256026 Horst Müller, HNO, Anibal Pinto 50, Dept. 1-A, Tel.: 41-2229063
Temuco:
Dr. Richard Waetjen, Facharzt Augenheilkunde (Uni-Tübingen) Praxis: Varas 979, of. 406, Edificio Euroamerica, Tel.: 45-239285 Clínica Alemana Temuco: Tel.: 45-201136

Valdivia:
Dr. Jorge Grob, Orthopäde, Av. Francia 1655, Tel.: 63-229503
Dr. Eberhard Schultz, Internist/Chirurg Beauchef 765, Tel.: 63-213740
Dr. Fernando Herrmann, Kinderarzt, Beauchef 723, Tel.: 63-213530
Dr. Ronald Schild, Internist/Chirurg, Beauchef 723, Tel.: 63-225422
Dr. Tomás Baader, Psychiater, Beauchef 723, Tel.: 63-22522
Dr. Renato Varela, Internist/Unfallarzt Caupolicán 241,Tel.: 63-248100
Dr. Irene Neumann, Allgemein- u. Familienmedizin, Beauchef 825, Tel.: 63-225655
Dr. Carlos Schild, Zahnarzt (Clínica Dental Schild), Carlos Anwandter 679, Tel.: 63-212997, 230046

Ausländische Ärzte dürfen in Chile nur arbeiten, wenn sie ihre Titel anerkennen lassen. Mit einigen wenigen Ländern wie Mexiko oder Ecuador gibt es Abkommen, mit Deutschland nicht. Dasselbe gilt auch für andere Berufe, das sollte man bereits im Vorfeld klären.

Die Voraussetzungen sind auf der Homepage der Universidad de Chile unter „revalida" aufgeführt. Die Anerkennung ist etwas kompliziert und auch relativ teuer. Sämtliche Zeugnisse müssen übersetzt und beglaubigt sowie bei der Extranjeria in Santiago abgestempelt werden. Eine Einschreibegebühr von etwa 1000 US- Dollar ist zu bezahlen und an insgesamt drei schriftlichen und einer praktischen Prüfung teilzunehmen. Die Prüfungszeit dauert theoretisch etwa ein halbes Jahr, realistisch sind es jedoch bis zu eineinhalb Jahre. Es sind relativ schwierige multiple-choice-Prüfungen, zudem wird für jede falsche Antwort eine richtige abgezogen. Der praktische Teil dauert vier Wochen, es gibt jeden Tag ein mündliches Testat in einem anderen Fachgebiet.

In der Prüfungszeit darf nicht als Arzt gearbeitet werden. Die schweren Prüfungen sind als Hindernis gedacht und sollen ausländische Ärzte wohl abschrecken. Chile hat keinen Ärztemangel und keinen Bedarf an ausländischen Ärzten. Viele weniger gut ausgebildete Ärzte, z.B. aus Peru, Bolivien oder Ecuador, strömen nach Chile, da dort die Einkommen um ein Vielfaches höher sind.

Oft arbeiten ausländische Ärzte ohne Revalida, was gefährlich ist. Es drohen Gefängnisstrafen und Ausweisung. Wer die Revalida schafft, kann als Arzt in Chile gut leben und hat ein hohes Ansehen sowie dankbare Patienten.

Es gibt ein gut funktionierendes Gesundheitssystem, mit GKV und PKV ganz ähnlich wie in Deutschland. Auch die Armen genießen (kostenlose) medizinische Versorgung. Medizin und Gesundheitswesen sind fortschrittlich und modern. (CT, Kernspin, Organtransplantationen, moderne Stent-Eingriffe, Endoskopie etc.), vieles ist auf europäischem Niveau, teilweise auch für die Armen (kostenlos).

Infos
gibt es beim Ausländersekretariat der Universidad de Chile,
Elena Flores, E-Mail: eflores@med.uchile.cl
und bei der Universidad Catolica, Maria Teresa Lira
E-Mail: intercam@med.puc.cl

9.10 Rentenversicherung

Die chilenischen Rentenversicherungsbeiträge werden seit 1981 von privaten Aktiengesellschaften, den sogenannten AFP's (Administradoras de Fondos de Pensiones) verwaltet. Kontrolliert werden sie von der staatlichen **Superintendencia de Pensiones (Teatinos 313, Santiago, Tel. 2-753 0100,** www.safp.cl**).**

Es ist ein System ähnlich wie in den USA, in dem jede Person individuell durch ihre Beiträge auf ein eigenes Rentenkonto Beiträge anhäuft. Es stehen fünf verschiedene, sogenannte „Multifondos" für Anlagezwecke zur Verfügung. Diese haben unterschiedliche Risikograde und jeder

Anleger entscheidet selbst, in welchem Fonds er ansparen möchte. Die Rentabilität des Rentenkontos ist wiederum abhängig vom wirtschaftlichen Erfolg der Wertpapieranlagen.

Die Gelder werden in chilenische und internationale Aktien, inländische und ausländische Investmentsfonds, festverzinsliche Wertpapiere, Immobilienfonds sowie in sonstige Finanztitel investiert.

Selbstständige können freiwillige Beitragszahlungen leisten, ebenso können Angestellte über die APV (Ahorro Previsional Voluntario) freiwillig höhere Beiträge einzahlen und kommen dadurch in den Genuss steuerlicher Vorteile.

Man hat die Wahl zwischen fünf AFPs, die sich bezüglich Rentabilität und Risikograd unterscheiden (AFP Habitat, AFP Capital, AFP Planvital, AFP Provida und AFP Cuprum).

Innerhalb einer AFP besteht die Wahl zwischen fünf verschiedenen Anlagefonds (Multifondos), von A (risikofreudig) bis E (konservativ). Man kann jederzeit von einem Multifondo zu einem anderen wechseln. Bei der Superindendencia de Pensiones gibt es aussagekräftige Statistiken zum Thema Rentabilität. Ebenso werden die AFPs untereinander verglichen mit einem guten Überblick über die Qualität der Fondsmanager.

Neben der Altersrente bieten die AFPs Leistungen bei Invalidität, für Hinterbliebene und für die Beerdigung. Einmal im Jahr ist die AFP verpflichtet, ihren Fondmitgliedern einen Auszug ihres Rentenkontos zu senden.

Auf der Seite der Asociación de Administradoras de Fondos de Pensión (www.afp-ag.cl) stehen sehr viele zusätzliche und hilfreiche Informationen zur Verfügung.

Das Renteneintrittsalter beträgt bei Frauen 60 und bei Männern 65 Jahre.

Infos unter

PDF-Datei Rente_D-CHILE in: www.rentenversicherung.de

Die Beziehungen zwischen Deutschland und Chile werden durch das deutsch-chilenische Abkommen über Rentenversicherung vom 5. März 1993 geregelt. Das Abkommen ist zum 1. Januar 1994 in Kraft getreten und schuf damit erstmals eine Verbindung zu einem südamerikanischen Staat. Es bezieht sich nur auf die gesetzliche Rentenversicherung. Die Systeme der gesetzlichen Arbeitslosen-, Kranken- und Unfallversicherung werden somit nicht einbezogen.

Das Abkommen erfasst die deutschen Rechtsvorschriften der gesetzlichen Rentenversicherung und die chilenischen Rechtsvorschriften des Alten Rentensystems und des Neuen Gesetzlichen Rentensystems.

9.11 Sicherheit

Chile hat den Ruf, das **sicherste Reiseland in Südamerika zu sein**. Touristen können sich relativ frei bewegen, sollten aber die armen Randbezirke großer Städte meiden und in den Zentren Vorsicht walten lassen. Dort agieren wie fast überall auf der Welt geschickte Taschendiebe. Es ist ratsam, sich vor allem im Gedränge des Zentrums und in öffentlichen Verkehrsmitteln nicht ablenken zu lassen (häufiger Trick). In Cafés und Restaurants nie Taschen über den Stuhl hängen oder unbeaufsichtigt lassen! Es gibt im Vergleich zu anderen lateinamerikanischen Staaten relativ wenige Fälle von Raubüberfällen mit Gewaltanwendung. Trotzdem kann es passieren, in einen solchen verwickelt zu werden, daher sollte man stets wachsam sein (spanisch: „ojo“). Grundsätzlich haben Autos in Chile eine Alarmanlage, dennoch sollte man sein Auto an manchen Orten möglichst nicht unbewacht lassen. Das Einbruchrisiko ist generell höher als in Deutschland. Daher wird empfohlen, Wertgegenstände im Safe oder bei der Bank aufzubewahren. **Größere Geldbeträge, Flugtickets und Pässe sollten sicher verwahrt werden**. Oft sind Häuser mit Alarmanlagen ausgestattet, die mit einem Sicherheitsdienst verbunden sind. Viele Chilenen halten sich einen Hund zum Schutz des Eigenheims (nächtliches Bellen!).

Es gibt viele frei herumstreunende Hunde, die meist – auch in kleinen Rudeln – auf der Suche nach etwas Essbarem sind und häufig für die Müllabfuhr abgelegte Mülltüten zerlegen. Es gibt zwar Plastikmüllkübel, aber viele scheinen sich diese nicht leisten zu können oder zu wollen. Daran muss man sich gewöhnen, obwohl es nicht gerade ein ansehnliches Bild ist. Die meisten Hunde sind nicht agressiv, sondern eher apathisch, jedoch sollte man bei einer chronischen Hundeangst nicht gerade nach Chile gehen. Heftige Proteste von Tierschützern verhinderten, dass die herumstreunenden Hunde eingesammelt und kastriert oder getötet wurden.

9.12 Umweltschutz

Dem Umweltschutz wird weiter wachsende Bedeutung beigemessen. Umweltschutzgesetze basieren auf dem Prinzip: Wer verschmutzt, zahlt. Im Juni 2008 wurde das Gesetz zur Gründung eines Umweltministeriums von Präsidentin Bachelet unterzeichnet.

Große Fortschritte wurden in der kommunalen Abwasserklärung gemacht, wo mittlerweile die Abwässer fast vollständig in Kläranlagen gereinigt werden. Seit 2006 müssen sämtliche Industrieabwässer einer Klärung zugeführt werden. Die geordnete Entsorgung des Hausmülls und eine kontrollierte Müllbehandlung sind bisher allerdings noch ungenügend. Es gibt nur vereinzelt Recyclingfirmen, welche getrennten Hausmüll verarbeiten wie z. B. Ecobas (www.ecobas.cl).

Der Müll wird meist in Tüten außen platziert, selten benutzt man Mülltonnen oder höherstehende Metallgitter. Die Müllabfuhr ist gratis. Sie wird von der Gemeinde- oder Stadtverwaltung übernommen und u. a. finanziert durch einen Teil der Grundstückssteuer.

Einige Verwaltungen haben Recycling-Sammelstellen eingerichtet, ein Beispiel ist der „Punto Limpio" in Vitacura (Website: http://www.vitacura.cl/aseo_ornato_ma/reciclaje_punto.php). Sammel-Container gibt es auch bei Supermärkten. Nicht mehr benötigte Gebrauchsgegenstände können abgeholt werden von www.traperosemaus.cl.

Bei allen Investitionsprojekten, beispielsweise dem Bau von Wasserkraft- und Zellstoffwerken und bei der großflächigen Nutzung von Naturwäldern müssen Firmen der Conama-Behörde eine Umweltverträglichkeitsstudie vorlegen. Die Behörde kann ihre Zustimmung verweigern oder diese mit Auflagen versehen.

Für bereits bestehende Anlagen erlässt die Conama Grenzwerte für Emissionen, legt Normen fest und kontrolliert deren Einhaltung. Um die Luftqualität im Großraum Santiago zu verbessern, gibt es beispielsweise einen Dekontaminierungsplan: Bei kritischen Luftbedingungen können Betriebe teilweise stillgelegt und der Verkehr eingeschränkt werden. Aufgrund der schärferen Gesetze rechnen Experten mit einer verstärkten Nachfrage nach Umwelttechnik. Das gilt in erster Linie für Geräte und Instrumente zur Reinigung von Abgasen und Abwässern. Die Umweltschutzinvestitionen, die bei der Conama für die kommenden Jahre eingereicht wurden, belaufen sich auf fast 13 Mrd. US$. Die deutsche Auslandshandelskammer in Chile hat daher 2001 die Abteilung Umwelt eingerichtet, die deutschen Unternehmen, die sich in diesem Bereich engagieren möchten, qualifizierte Hilfestellung leistet. Chile beabsichtigt im gesamten Land die Nutzung erneuerbarer Energien auszubauen und darüber hinaus ein „Nationales Zentrum für erneuerbare Energien" zu gründen.

Kapitel 10

BILDUNG UND FORSCHUNG – KOOPERATION MIT DEUTSCHLAND

10.1 Bildungswesen

In der Pisa-Studie von 2003 der OECD schnitt Chile als eines der 43 teilnehmenden Länder mit Platz 38 schlecht ab. Seither haben sich die Mittel für den Bildungsetat verdreifacht und eine Bildungsreform wurde begonnen. Ein Ergebnis war die gesetzliche Festlegung der zwölfjährigen Schulpflicht – statt nur für die Primarstufe. Weitere Punkte, die im Rahmen der Bildungsreform angegangen wurden, waren u. a. 1. die Verbesserung der Lehrpläne, Qualifizierungs- und Fortbildungsangebote für Lehrer, Einführung von Ganztagsschulen, 2. Erhöhung der Lehrergehälter und 3. die Ausweitung von Stipendienprogrammen.

Im Bereich der Weiterbildung soll die Anzahl der Postgraduierten-Abschlüsse im Ausland, aber auch in Chile erhöht werden, vor allem bei Ingenieuren und Wissenschaftlern. Mehrere Förderprogramme und Fonds dazu wurden eingerichtet.

Schwachpunkt ist eine fehlende formale öffentliche Institution, die einen allgemeinen Rahmen setzt, die Programme koordiniert und das Forschungssystem evaluieren und überwachen würde. 2005 wurde nur ein Nationaler Innovationsrat für Wettbewerbsfähigkeit eingerichtet (Consejo Nacional de Innovación para la Competitividad).

Nach dem Kindergarten (jardin infantil, 2-4-Jährige) bereiten kommunale, vom Staat (oder Kommune) unterstützte oder private Vorschulen die Kinder in „Pre-Kinder-"Vorschulen (ab vier Jahren) und „Kinder-"Vorschulen (ab fünf Jahren) auf den Schulbesuch vor.

Der Schul-Pflichtbesuch beginnt im Kalenderjahr der Vollendung des sechsten Lebensjahres. Bis spätestens Ende Januar sollte die Einschreibung zur Aufnahme an einer Schule erfolgen (inscripción/matrícula), private Schulen verlangen dies oft schon bis zum 1. Oktober des Vorjahres. Bei

Neuanmeldungen sind alle Orginal-Schulzeugnisse, die Geburtsurkunde etc. vorzulegen.

In Chile gibt es Noten von 1 bis 7 (1 die schlechteste, 7 die beste Note). Viele Schulen haben ihre eigene Schuluniform, welche bei der Schule, in Spezialgeschäften oder in Kaufhäusern anzuschaffen sind.

Schulutensilien gibt es u. a. bei Kaufhäusern oder bei www.monamie.cl, www.lapizlopez.cl und für Linkshänder bei www.zurdoteca.cl.

Das Vorrücken in die nächsthöhere Jahrgangsstufe kann wegen schlechten Noten und häufigem Schulschwänzen verweigert werden.

Die Schulen gliedern sich in die Unterstufe (enseñanza básica, Klassen 1-6) und die „Liceo"-Oberstufe (enseñanza media, Klassen 7-12). Die Qualität der Vorbereitung auf das Abitur unterscheidet sich je nach Schule. Für Schüler, die studieren wollen, gibt es den Zweig „científico-humanista", daneben gibt es den Zweig „técnico-profesional" für Schüler, die eine praktische Ausbildung ohne Universitätsstudium wählen (Fachbereiche: Industrial, Comercial, Agrícola, Técnico-Feminina und Marítima).

Die Schüler werden nicht wie in Deutschland getrennt nach Leistung, sondern praktisch nach sozialer Herkunft wegen der relativ hohen Schulgebühren für die guten Privatschulen. Es gibt Colegios „Municipales" (gratis, staatlich/kommunal), „Subvencionados" (von Staat/Kommunen unterstützt, geringe Schulgebühr) und „Particulares" (private). Die privaten Schulen vermitteln die beste Ausbildung und bereiten am besten auf das Abitur vor, verlangen aber auch ihren Preis, so dass dies sich nur ein geringer Anteil der Eltern leisten kann.

Eine Ausnahme bildet das Instituto Nacional in Santiago (seit Anfang 2009 PASCH-Schule, ohne Schulgebühren, nur Jungen), dessen Schüler jährlich hervorragende Leistungen erzielen.

Die Fahrtkosten zur Schule sollten auch einkalkuliert werden. Es gibt zwar einen „pase escolar" (Schülerausweis), mit dem die Schüler günstig in öffentlichen Verkehrsmitteln fahren dürfen, jedoch lassen viele Eltern gerade jüngere Schüler privat mit einem Sammelminibus (transporte escolar) zur Schule fahren (Firmenlisten bei den Schulen).

Schulferien sind von ca. Mitte Dezember bis Anfang März, außerdem sind ein bis zwei Wochen im Juli und ein paar Tage zu den Fiestas Patria um den 18. September frei.

Es gibt 62 Hochschulen (42 privat, 20 staatlich), wobei für den Zugang das Bestehen einer akademischen Eignungsprüfung am Ende der 12. Klasse vorgeschrieben ist.

Als Alternative zur Universität gibt es im Fachhochschulbereich viele Berufsbildungszentren (Centros de Formación Técnica).

Die meisten privaten Berufsschulen werden von Industrieverbänden finanziert und sollen die Ausbildung vor allem berufsnah gestalten.

Die Erwachsenenfortbildung hat im Bildungssystem Chiles eine große Bedeutung. Es gibt Grundschulkurse, Kurse für mittlere und höhere Schulbildung und berufsbildende Kurse, besonders für Handel und Industrie.

Die Analphabetenrate konnte auf unter 5 % der Bevölkerung gesenkt werden und liegt damit schon in der Nähe europäischer Werte.

In Zukunft muss Chile aber noch erhebliche Anstrengungen im Bildungswesen unternehmen. Die bisherigen Investitionen scheinen langfristig nicht auszureichen, da die Qualität und die Quantität des Bildungssektors nicht mit der schnellen (außen-)wirtschaftlichen Entwicklung schritthalten kann. Gerade bei den Technikern auf der mittleren Ausbildungsebene klafft noch eine erhebliche Lücke.

Neu in Chile ankommende Schüler benötigen zur Anmeldung u. a. ihre Geburtsurkunde und ihre Auslands-Zeugnisse (übersetzt und legalisiert). Bei guten Privatschulen werden meist Monate vor der Aufnahme eine Bewerbung und ein Test verlangt. Die weniger anspruchsvollen kommunalen Schulen gewähren nach einem Test in Mathematik und Spanisch eine längere Eingewöhnungszeit.

Das Niveau im Fremdsprachenunterricht ist in Chile trotz frühem Alters-Beginn weitaus niedriger als in Mitteleuropa, in anderen Fächern wie Spanisch und Sozialkunde (Geschichte und Geographie) besteht für ausländische Schüler eher Nachholbedarf.

Die Ergebnisse, die die Schüler der einzelnen Schulen in den staatlichen Vergleichsprüfungen in den Fächern Spanisch und Mathematik (SIMCE) in den Klassen 4 und 8 sowie der Universitätszulassungsprüfung PSU erreichen, werden regelmäßig in den Zeitungen in der Form von Ranklisten veröffentlicht. Viele Eltern – besonders diejenigen, die eine gute private Schule bezahlen können – richten sich bei der Einschulung ihrer Kinder nach diesen Rankinglisten. Nur ein guter Schulabschluss bzw. eine hohe Punktzahl in der PSU gibt den Kindern die Möglichkeit, sich für das Studium und die Universität ihrer Wahl entscheiden zu können. Im Lebenslauf ist in Chile aufgrund der besuchten Schule(n) der soziale Status erkennbar und mehr oder weniger manifestiert.

Bildungs-Gesetze

Ministerio de Educación: Proyecto Ley General de Educación.
www.mineduc.cl/index3.php?id_portal=1&id_seccion=2312&id_contenido=7586
Comisión Normativa Transitoria, Universidad de Chile: LEY 18.962,
LOCE (Ley Orgánica Constitucional de Enseñanza):
www.cnormativa.uchile.cl/ley18962.html

Homeschooling oder der Besuch einer offiziell nicht anerkannten Bildungseinrichtung ist in Chile möglich. Um der Schulpflicht Genüge zu tun und um sich die Schulzeiten in Chile anerkennen zu lassen, sind „Examenes libres" zu absolvieren – Infos dazu gibt es unter www.chileclic.gob.cl/1481/article-46943.html.

Schülerwebsites

www.ojopiojo.cl, www.chileparaninos.cl, www.icarito.cl

10.2 Hochschulen

Knapp 20 % der Chilenen haben einen Universitätsabschluss. Rund ein Drittel der 18-24-Jährigen besuchen in Chile heute im Anschluss an die zwölfjährige allgemeine Schulbildung eine Hochschule. Trotz Dezentralisationsbemühungen besucht fast die Hälfte der Studierenden eine Hochschule in Santiago.

Es gibt 25 eigenständige und autonome Universitäten und Institutionen. Unabhängig von der Trägerschaft – staatlich oder kirchlich – sichert der Staat die Grundfinanzierung. Die 25 traditionellen Universitäten sind in der chilenischen Rektorenkonferenz CRUCH organisiert. Die größte Universität in Chile ist die Universidad de Chile, gefolgt von der Pontificia Universidad Católica de Chile (PUC), beide in Santiago und zugleich die renommiertesten. 16 der traditionellen Universitäten sind staatliche und neun sind nicht-staatliche Universitäten (universidades particulares). Ein Gesetz von 1981 erweiterte auch die Gründung privater Universitäten, die ihre Autonomie erst nach einem mehrjährigen Akkreditierungsprozess erlangen können. Mit der Ausweitung der Möglichkeit der privaten Universitätsgründung konnte die Regierung auf die gestiegene Studiennachfrage antworten. Diese privaten Universitäten sind in Trägerschaft von Stiftungen, Körperschaften oder Unternehmen entstanden. Der durch das Gesetz von 1981 geschaffene neue rechtliche Rahmen erkannte nun formell auch zwei neue Typen von Hochschulinstitutionen an: die berufsbildenden Institute der höheren Bildung (Institutos Profesionales de Educación Superior, IP), vergleichbar mit deutschen Fachhochschulen, die auch vom Bildungsrat (Consejo Superior de Educación, CSE) akkreditiert werden, und die technischen Ausbildungszentren (Centros de Formación Técnica, CFT), die vom Bildungsministerium akkreditiert werden.

1998 wurden weitere Institute der höheren Bildung anerkannt wie z. B. Bildungsorganisationen der Streit-, Ordnungs- und Sicherheitskräfte sowie der Polizei.

Im Jahr 2007 existierten 61 Universitäten, 44 berufsbildende Institute und 116 technische Ausbildungszentren. Die Qualität der Hochschulen ist unterschiedlich. Sogenannte traditionelle Universitäten verfügen über einen besseren Forschungsstandard und über langjährige Erfahrung in diesem Bereich.

Die „Enseñanza Superior" (Höhere Ausbildung) folgt nach dem erfolgreichen Abschluss der „Enseñanza Media". Je nach Noten kann eine Universität, ein Instituto Profesional oder ein Centro de Formación Técnica besucht werden.

Wie auch bei den Schulen gibt es private „subventionierte" und private Universitäten. Zur Bewerbung sind eine ausreichende Punktzahl bei der Abiturprüfung „Prueba de Aptitud Académica" und das Bestehen spezifischer Tests erforderlich.

Das Universitätssystem in Chile offeriert Stipendien für ausländische Studenten und geeignete Chilenen, die im Ausland studieren wollen. Generell gibt es in Chile „créditos universitarios" bei jeder Bank und auch staatliche Stipendien (becas). Bei den Stipendien gibt es ein Kreditsystem der Universitäten namens „Fondo solidario", wobei die Vergabe abhängig ist von den sozioökonomischen Verhältnissen jeder studierenden Person. Die Bewerbung ist an den „Asistente Social" der jeweiligen Fakultät zu richten. Die Rückzahlung hat in 10 bis 12 Jahren zu erfolgen.

Für begabte Schüler aus einkommensschwachen Haushalten gibt es bei der enseñanza media und der enseñanza superior das Stipendium „Beca Presidente de la República". Für Studenten, die in der Zukunft Probleme haben könnten, den Kredit zurückzuzahlen, gibt es das Stipendium „Beca MINEDUC" vom Bildungsministerium (www.mineduc.cl).

Das Studienangebot wird von den Universitäten flexibel gehandhabt. Ist eine ausreichende Nachfrage vorhanden, so wird ein neues Studienangebot eingerichtet. Die traditionellen Unis und ihre Ausgründungen weisen eine besondere Stärke in technischen, natur-, geistes- und erziehungswissenschaftlichen sowie medizinischen Studiengängen auf. Sie sind auch im Besitz der wichtigsten Universitätskrankenhäuser. Die neuen privaten Universitäten bilden vor allem in Sozialwissenschaften, Verwaltung, Betriebswissenschaft und Jura aus, aber auch in Gesundheitswissenschaften.

Das akademische Personal hat seit der großen Reform des Hochschulsektors durch die Militärregierung keinen Beamtenstatus mehr. An den staatlich grundfinanzierten Universitäten gibt es heute sowohl Hochschullehrer mit Dauerstellen als auch Hochschullehrer mit befristeten Verträgen. Die Karrierestufen für Hochschullehrer auf Dauerstellen sind „Instructor", „Profesor Asistente", „Profesor Asociado" und, als höchste Stufe, der „Profesor Titular". Im Durchschnitt verfügt rund ein Drittel der Hochschullehrer über einen Magisterabschluss oder ist promoviert.

Da die Universitäten ihre Forschungsaktivitäten ausbauen wollen, stellt die Weiterqualifikation ihres Personals gegenwärtig eine wichtige Zukunftsaufgabe dar.

Die akademischen Abschlüsse

Bachelor (Bachiller, 2 Jahre) bzw. Lizenziat (Licenciado, 4-7 Jahre):

Die Licenciatura-Studiengänge bieten Bildung in allen wesentlichen Aspekten eines Wissensgebietes oder Disziplin. Das Lizenziat ist Voraussetzung, um einen Postgrado zu erhalten und zum Teil auch, um einen Berufstitel zu erlangen.

Master (Magíster, 2 Jahre):

Ein 2-jähriger Magisterstudiengang setzt einen Lizenziatabschluss oder einen gleichwertigen Berufsabschluss voraus. Das Studium sieht eine Vertiefung in einer oder zwei Disziplinen vor.

Doktortitel (Doctorado, 3-5 Jahre):

Das Promotionsstudium schließt mit dem Doktorgrad als dem höchsten in Chile zu erlangenden Grad ab.

Ausbildungsnachweis für geschützte Berufe (Título Profesional), die einen Lizenziatsabschluss voraussetzen:

Die exklusiv universitären Titel sind Rechtsanwalt, Architekt, Biochemiker, Zahnchirurg, Agraringenieur, Bauingenieur, Kaufmann, Forstwirt, Chirurg, Tierarzt, Psychologe und Pharmazeut sowie das Lehramt, Journalist, Sozialarbeiter und Erzieher. Die Mindeststudiendauer ist vier Jahre.

Beruflich orientierte Hochschulen (Institutos Profesionales de Educación Superior, IP):

Die IPs können Berufstitel (Título profesional) vergeben, die teilweise einen Lizenziatabschluss voraussetzen sowie einen Ausbildungsnachweis als Techniker. Oft sind diese Studiengänge mit einem Berufspraktikum verbunden.

Technische Ausbildungszentren (Centros de Formación Técnica, CFT):

Die CFTs können nur den Titel des „Techniker höheren Grades" (Técnicos de nivel superior)" vergeben. Er setzt ein 2-3-jähriges Studium an technischen Ausbildungszentren voraus.

Hochschulfinanzierung – universitäre und studentische Seite:

Der staatliche Beitrag zu den Kosten der Hochschulen beträgt ca. 1/4 bis 1/3 der gesamten Kosten. Der chilenische Staat zahlt einen direkten Fiskalbeitrag an die traditionellen staatlichen und privaten Universitäten. Die Zuteilungskriterien sind zu 95 % historisch bedingt und 5 % gemäß jährlicher Effizienzindikatoren. Die staatliche finanzielle Unterstützung für Studenten, die auf der Basis von Stipendien oder Studiumskrediten vergeben werden, ist eine weitere Einnahmequelle für die Universitäten. Damit sind die Studiengebühren die Haupteinnahmequellen. Die Höhe der Studiengebühren wird von den einzelnen Einrichtungen jeweils individuell für die unterschiedlichen Studiengänge festgelegt. An privaten Universitäten sind die Studiengebühren etwas höher als an den staatlichen grundfinanzierten Universitäten.

Auf studentischer Seite gibt es verschiedene Formen der Finanzierung eines Hochschulstudiums. Da sich die demokratischen Regierungen zum Ziel gesetzt haben, allen ausreichend qualifizierten jungen Erwachsenen den Zugang zur Hochschulbildung zu ermöglichen, ist das Finanzvolumen der staatlichen Stipendienprogramme stark erhöht worden.

Folgende Finanzhilfen gibt es für Studierende:

„Rotationsfonds", die von den einzelnen Universitäten organisiert und von der Regierung finanziell unterstützt werden, bieten bedürftigen Studierenden die Möglichkeit, zur Finanzierung der Studiengebühren einen Kredit aufzunehmen, der teilweise aus den Rückzahlungen der Absolventen dieser Universität gespeist wird (Fondo Solidario de Crédito Universitario).

Rund zwei Drittel der Studierenden an den 25 staatlich finanzierten Universitäten erhalten eine Studienförderung, die in der Praxis allerdings von weniger als der Hälfte der Stipendiennehmer zurückgezahlt werden kann.

Das Bildungsministerium gewährt überdurchschnittlich guten Studierenden aus bedürftigen Familien sowohl für grundständige als auch für weiterführende Studiengänge Stipendien zur Deckung der Studiengebühren. Ein mit diesem System verbundenes Problem ist die Tatsache, dass es für die Universitäten einen Anreiz bietet, ihre Studiengebühren zu erhöhen, da sich die Stipendien an der Höhe dieser Gebühren orientieren.

Desweiteren können Studierende in weiterführenden Studiengängen mit hoher Einkommenserwartung (vor allem MBAs, Medizin, Wirtschaft) und Studierende in grundständigen Studiengängen, deren Familien wohlhabend genug sind, um die notwendigen Bankbürgschaften aufzubringen, auf eine durch die Regierung garantierte Kreditlinie bei einer Bank zugreifen (Crédito CORFO). Dieser Kredit war bis vor wenigen Jahren nur Studierenden an ausgewählten staatlich und privat finanzierten Universitäten zugänglich. Ab 2006 können Studierende aller Typen von akkreditierten Hochschulen von staatlichen Bankbürgschaften für Studienkredite profitieren – also auch Studierende an den beruflich orientierten Hochschulen und den technischen Ausbildungszentren. Die Bürgschaften werden hochqualifizierten Studierenden aus bedürftigen Familien zur Verfügung gestellt. Die verzinsten Studienkredite müssen 18 Monate nach Studienabschluss über 20 Jahre in Raten zurückgezahlt werden. Gleichzeitig werden die Familien motiviert, Sparpläne für das Studium ihrer Kinder anzulegen, indem der Staat eine Extra-Verzinsung auf diese Sparpläne gewährt.

Doktoranden in akkreditierten Promotionsstudiengängen können ein Stipendium des nationalen Forschungs- und Technologierats CONICYT erhalten.

Die Agentur für internationale Zusammenarbeit (Agencia de Cooperación Internacional, AGCI) stellt für ausländische Studenten spezielle Stipendien zur Verfügung:

AGCI, Santiago María Eugenia Gómez (Beauftragte für Deutschland) Tel.: 2-8275755, E-mail: mgomez@agci.cl, www.agci.cl
Sonstige Links: www.universia.cl www.reuna.cl www.europosgrados.cl
Datenbank mit allen Universitäten und Studiengängen: www.cse.cl/CSE/Asp/WebCSEBuscCompa.asp

Universitäten

- Pontificia Universidad Católica de Chile, Santiago, www.puc.cl
- Universidad de Chile, Santiago, www.uchile.cl
- Pontificia Universidad Católica de Valparaíso, www.ucv.cl
- Universidad Austral de Chile, Valdivia, www.uach.cl
- Universidad Católica del Norte, Santiago / Antofagasta / San Pedro de Atacama / Coquimbo, www.ucn.cl

- Universidad de Concepción, www.udec.cl
- Universidad de Santiago de Chile
- Universidad Técnica Federico Santa María, Valparaíso
- Universidad Adolfo Ibañez, Santiago
- Universidad de las Américas, Santiago / Viña / Concepción
- Universidad de Artes, Ciencias y Comunicación, Santiago
- Universidad Arturo Prat, Santiago / Arica / Antofagasta / Calama / Victoria
- Universidad de Atacama, Copiapó
- Universidad del Bío-Bío, Concepción / Chillan
- Universidad Central, Santiago / La Serena / Antofagasta
- Universidad de Ciencias de Informática, Santiago
- Universidad del Desarrollo, Santiago / Concepción
- Universidad Diego Portales, Santiago
- Universidad Gabriela Mistral, Santiago
- Universidad de La Frontera, Temuco
- Universidad de los Lagos, Puerto Montt
- Universidad de Magallanes, Punta Arenas
- Universidad del Mar, Viña del Mar
- Universidad Mayor, Santiago / Temuco
- Universidad Metropolitana de Ciencias de la Educación, Santiago
- Universidad Nacional Andrés Bello, Santiago / Viña / Concepción
- Universidad del Pacífico, Santiago
- Universidad de Playa Ancha, Valparaíso
- Universidad de la República, Santiago
- Universidad San Sebastián, Concepción
- Universidad de La Serena
- Universidad de Talca
- Universidad de Tarapacá, Arica
- Universidad Tecnológica Metropolitana, Santiago
- Universidad de Valparaíso

IEDE Chile (European Business School)
General del Canto 185, Santiago
Tel.: 2-4960167, Fax: 4960110
E-mail: admisión@iede.cl, www.iede.cl
u. a. MBA, Doktortitel.

Im Ausland erworbene Titel müssen generell legalisiert werden. Notwendig sind der Stempel der ausstellenden ausländischen Schule oder Hochschule, der entsprechenden staatlichen Behörde sowie des chilenischen Konsulats. Eine legalisierte Übersetzung durch einen vereidigten Übersetzer ist ebenfalls nötig. Eine Übersetzung der Studienfächer und Arbeitszeugnisse ist ratsam, eine Legalisierung ist hierbei nicht nötig.

10.3 Deutsch-Chilenische Kooperation im Ausbildungsbereich

Schwerpunkt der intensiven kulturellen Beziehungen mit Deutschland ist nach wie vor das Schulwesen:

Deutschland fördert verschiedene Deutsche Schulen, das Lehrerbildungsinstitut Wilhelm von Humboldt, sowie staatliche und private Schulen in Chile, an denen die deutsche Sprache gelehrt wird. In Chile gibt es ein Goethe-Institut in Santiago, in den Provinzen führen verschiedene deutsch-chilenische Kulturinstitute Sprachkurse und Kulturprogramme durch. Der Deutsche Akademische Austauschdienst (DAAD) hat in Santiago ein Informationszentrum und mehrere Langzeitdozenturen und Lektorate in einigen Städten des Landes. Ein Kulturabkommen zwischen Deutschland und Chile besteht seit 1956.

Es gibt in Chile eine Minderheit Deutschsprachiger und Deutschstämmiger, die einen nicht geringen Einfluss in Wirtschaft, Politik und Universitäten haben. Viele studierten während der Militärdiktatur in Deutschland oder waren dort im Exil. Darüber hinaus gibt es zahlreiche deutsche Schulen in Chile, die von der deutschen Bundesregierung unterstützt werden.

Die deutsch-chilenische Zusammenarbeit bietet ein vielfältiges Angebot: Neben interinstitutionellen Einzelvereinbarungen zwischen deutschen und chilenischen Universitäten unterstützen deutsche Mittler- und Fördererinstitutionen die Zusammenarbeit durch komplementäre Programme und Aktivitäten.

10.4 Deutsche Schulen

Die von privaten Vereinen und der BRD finanzierten 22 Deutschen Schulen besuchten 2009 etwa 15.000 Schüler, davon ca. 98 % mit chilenischer Nationalität. Einige der Schulen unterhalten auch einen Kindergarten.

Übersicht: www.dschile.cl
Sociedad Teuto-Chilena de Educación
(Schulträgerverband der Deutschen Schulen in Chile)
Bayacá 2119, Casilla 16351, Correo 9, Santiago
Tel.: 2-2185931

Seit 2008 arbeiten das Goethe-Institut, die Zentralstelle für das Auslandsschulwesen (ZfA), der Deutsche Akademische Austauschdienst (DAAD) und der Pädagogische Austauschdienst an dem vom Auswärtigen Amt koordinierten Projekt „Schulen: Partner der Zukunft" (PASCH, www.pasch-net.de), um den Ausbau des Partnerschulnetzes bis 2010 abzuschließen. Während die bereits bestehenden deutschen Auslandsschulen und Schulen, die das „Deutsche Sprachdiplom" anbieten, das Fundament des Partnerschulnetzes bilden, ist das Goethe-Institut damit betraut, weltweit 500 neue Partnerschulen zu gewinnen, an denen Deutsch als Unterrichtsfach ausgebaut oder neu eingeführt wird.

Zentralstelle für das Auslandsschulwesen (ZfA): Bundesverwaltungsamt Barbarastraße 1, 50735 Köln Tel.: 0228-99358-0 oder 0221-758-0 Fax: 0228-99358-2854 oder 0221-758-2854 E-Mail-Adresse: zfa@bva.bund.de www.auslandsschulwesen.de
ZfA-Fachberater in Santiago: Borchard Meyer-Renschhausen Nuestra Señora del Rosario 1120, Vitacura, Santiago Tel.: 2-2022864, Fax: 2-2022864 E-Mail: zfa-santiago@dasan.de www.zfa-santiago.dasan.de/de/1331/index.html
Sociedad Chileno-Alemana de Profesores de Habla Alemana (VdLiCh Verein deutschsprachiger Lehrer in Chile) Avenida Kennedy Nr. 6150, Casilla 125-30, Santiago Tel.: 2-2204657, Fax: 2-2204657
Asociación Gremial de Profesores de Alemán (AGPA) Deutschlehrerverband, c/o Goethe-Institut Instituto Chileno-Alemán de Cultura Casilla 1050, Calle Esmeralda 650, Santiago Tel.: 2-6383185, Fax: 2-6334385 Im Gegensatz zum Verein deutschsprachiger Lehrer in Chile vereint der Deutschlehrerverband alle, vor allem chilenische Lehrer, die Deutsch unterrichten.

Deutscher Spanischlehrerverband e.V. (DSV)
Prof. Dr. Walther L. Bernecker, Vorsitzender
Findelgasse 7, 90402 Nürnberg
Tel.: 0911-5302655 Büro, Fax: 0911-5302658
E-Mail: bernecker@hispanorama.de
www.hispanorama.de, www.spanischlehrer.info
Vereinigung all derer, die sich auf der Grundlage der spanischen Sprache mit der Iberischen Halbinsel und mit Lateinamerika verbunden fühlen und einen vertieften Kulturaustausch anstreben; Kontaktpflege zu Deutschlehrern in Spanien; 15 Landesverbände; Referate für alle Länder Lateinamerikas spanischer Sprache; Herausgabe der Fachzeitschrift „Hispanorama".

Schulen mit Schulbeihilfe

Nachfolgend sind Schulen aufgelistet, die aus Deutschland finanziell und personell unterstützt werden und in den nächsten Jahren (nach Aufbau) entweder das gemischtsprachige IB (International Baccalaureate) oder die Deutsche Internationale Abiturprüfung anbieten.

Deutsche Schule Santiago
Nuestra Señora del Rosario 850, Las Condes, Santiago
Tel.: 2-4246100, 4246113, Fax: 2-4246174
E-Mail: colegio@dsstgo.cl, www.dsstgo.cl
Eine der renommiertesten Schulen Chiles, ca. 1800 Schüler.
7.-12. Klasse unter obiger Adresse in Las Condes,
1.-6. Klasse in Av. Presidente Kennedy 6150, Vitacura, Santiago
Kindergarten in Las Hualtatas 5754, Vitacura, Santiago
Elternbeirat: www.padresds.cl, Tel.: 2-4246160

Deutsche Schule Sankt Thomas Morus
Av. Pedro de Valdivia 320, Providencia, Santiago
Tel.: 2-67291600, Fax: 2-3343206
E-Mail: tmorus@dsmorus.cl, www.dsmorus.cl

Deutsche Schule Valparaíso Alvarez 2950, El Salto, Viña del Mar Tel.: 32-2515000, 2515014, 2515031, Fax: 32-2515032 E-Mail: s.rectoria@dsvalpo.cl, www.dsvalparaiso.cl
Deutsche Schule Concepción El Venado 1075, San Pedro de la Paz, Concepción Tel.: 41-2140000, Fax: 41-2140001 E-Mail: dsc@dsc.cl, www.dsc.cl
Deutsche Schule Carl Anwandter Los Laureles 050, Isla Teja, Valdivia Tel.: 63-213318, Fax: 63-218654 E-Mail: schule@dsv.cl, www.dsv.cl

Sprachbeihilfeschulen

In diesen Schulen wird Deutsch als erste Fremdsprache unterrichtet. (Ausnahmen: Deutsche Marienschule und Liceo Alemán del Verbo Divino; dort wird Deutsch als zweite Fremdsprache ab Klasse 5 unterrichtet). Die Schüler nehmen in der Regel am Deutschen Sprachdiplom teil. Diese Schulen erhalten aus Deutschland einen Zuschuss zum Deutschunterricht.

Deutsche Schule La Serena Av. Cuatro Esquinas s/n, Sector El Milagro, La Serena Tel.: 51-294703, 294704, Fax: 51-294703 E-Mail: secretaria@dsls.cl, www.dsls.cl
Deutsche Schule San Felipe Ruta 60, CH–501, Panquehue, San Felipe Tel.: 34-591171, Fax: 34-591222 E-Mail: secretaria@dssanfelipe.cl, www.dssanfelipe.cl

Deutsche Ursulinenschule (Vitacura und Maipú) Nueva Costanera 4190, Vitacura, Santiago Tel.: 2-4959600, Fax: 2-4959644 E-Mail: colegio@csuv.cl, www.csuv.cl Avenida Esquina Blanca 575, Maipú Tel.: 2-5310734, Fax: 2-5310069 E-Mail: colegiomaipu@santaursula.cl, www.santaursula.cl
Deutsche Schule Liceo Alemán del Verbo Divino Avenida Chicureo 12.500, Piedra Roja, Chicureo Tel.: 2-9472200, Tel./Fax: 2-9472214 E-Mail: admision@ladvd.cl, www.ladvd.cl
Deutsche Schule Chillán Alcalde Flores Millán 1007, Chillán Tel.: 42-430046, 430047, Fax: 42-430046, 430047 E-Mail: directora@dschillan.cl, www.dschillan.cl
Deutsche Schule Los Angeles Gabriela Mistral 1751, Los Angeles Tel.: 43-533699, Fax: 43-533695 E-Mail: contacto@dslosangeles.cl, www.dsla.cl
Deutsche Schule Temuco Av. Holandesa 0855, Temuco Tel.: 45-963000, Fax: 45-963055 E-Mail: dschule@dstemuco.cl, www.dstemuco.cl
Deutsche Schule Villarrica Anfión Muñoz 51, Villarrica Tel.: 45-411699, 419280, Fax: 45-411699 E-Mail: colegio@dsvillarrica.cl, www.dsvillarrica.cl
Deutsche Schule „R.A.Philippi" La Unión Cayetano Letelier 174, La Unión Tel.: 64-322677, 322676, Fax: 64-323140 E-Mail: calu@telsur.cl, aleman@telsur.cl, www.dslu.cl

Deutsche Schule Osorno Los Carrera 818, Osorno Tel.: 64-331800, 331805, Fax: 64-331830 E-Mail: iao@ctcinternet.cl, www.dso.cl
Deutsche Schule Puerto Montt Bernardo Philippi 350, Puerto Montt Tel.: 65-252560, 255148, Fax: 65-263422 E-Mail: nrlocker@ialeman.cl, www.ialeman.cl
Deutsche Schule Punta Arenas Avenida El Bosque 0398, Punta Arenas Tel.: 61-215016, 212866, Fax: 61-212866, 215016 E-Mail: director@dspuntaarenas.cl , consultas@dspuntaarenas.cl www.dspuntaarenas.cl

Schulen mit Lehrmittelzuwendung

Deutsche Schulen mit Deutsch als Fremdsprache, die von Deutschland mit Lehrmaterial unterstützt werden.

Deutsche „Marienschule" Av. Holanda 2323, Providencia, Santiago Tel.: 2-2096969, Fax: 2-2742636 E-Mail: direccion@colegiomariano.cl, www.colegiomariano.cl
Deutsche Schule Frutillar Av. Philippi 231, Frutillar Tel.: 65-421224, Fax: 65-421224 E-Mail: alefru@telsur.cl, www.dsfrutillar.cl
Deutsche Schule Puerto Varas Ruta 225, km 1.4, Puerto Varas Tel.: 65-230450, 230455, Fax: 65-230450 E-Mail: colegioaleman@dspuertovaras.cl , info@dspuertovaras.cl www.dspuertovaras.cl

PASCH-Schulen

Schulen, die im Rahmen der PASCH-Initiative durch das Goethe-Institut gefördert werden (Lehrer-Fortbildung, Stipendien für Deutschland, didaktisches Material usw.). Mittelfristiges Ziel ist es, an einigen dieser Schulen das deutsche Sprachdiplom einzuführen. Koordinator ist Gerhard Salbeck (Tel.: 2-5711965, E-Mail: Gerhard.Salbeck@santiago.goethe.org). Es besteht eine Kooperation der Initiative mit dem chilenischen Erziehungsministerium (www.aleman.mineduc.cl).

Instituto Nacional Arturo Prat 33, Santiago, Tel. 2-6987055, E-Mail: rectoria@institutonacional.cl, www.institutonacional.cl (beste nicht-private Schule im Schulranking; Jungenschule)
Colegio Jugendland Schule Talagante Francisco Chacón 1235, Talagante (40 km südwestlich von Santiago) Tel.: 2-8151031, E-Mail: berna.henri@gmail.com www.jugendland.k12.cl
Colegio Alemán Rudolf Deckwerth José Luis Coo 937, Provincia Cordillera, Santiago-Puente Alto Tel.: 2-8511733, E-Mail: angiroddeck@hotmail.com http://rudolfdeckwerth.galeon.com (Franz Beckenbauer war Gast bei der Vertragsunterzeichnung.)
Deutsche Schule Arica Av. Humberto Plaza 3727, Arica Tel./Fax: 58-585621, E-Mail: info@dsarica.cl, www.dsarica.cl
Liceo Polivalente San Nicolás Balmaceda 462, San Nicolás (bei Chillán) Tel. 42-561456, E-Mail: utp.sannicolas@gmail.com

Schulen ohne derzeitige Unterstützung aus Deutschland

Colegio Internado Alemán Villa Alemana
Arrieta 460, Casilla 40, Villa Alemana
Tel.: 32-2950076, Fax: 32-2530794,
E-Mail: cialeman@ctcinternet.cl
www.colegioalemanvillaalemana.cl

Weitere Bildungsinstitute

Schweizer Schule Santiago
Av. José Domingo Cañas, 2206, Ñuñoa
Tel.: 2-379 2727, E-Mail: info@css.cl, www.css.cl
Die Schweizer Schule Santiago wurde 1939 gegründet und unterrichtet fast 600 Schüler. Sie genießt seit Jahren einen guten Ruf als pädagogisch fortschrittliche Institution. Unterrichtet wird in deutscher Sprache (außer Spanisch und Sozialkunde).

Liceo Agricola y Forestal Suizo „La Providencia"
Director: Señor Armando Dufey, Casilla 77, Traiguén
Tel.: 45-861728, E-mail: armandodufey@vtr.net
Im Jahr 1893 wurde in Traiguén im kleinen Süden Chiles die Schweizer Land- und Forstwirtschaftsschule La Providencia gegründet. Die ersten Schweizer Einwanderer kamen 1885 in diese Gegend. Da ein großes Bedürfnis nach einem Seelsorger bestand und es wegen der harten Lebensumstände viele Waisen gab, wurde Pastor Arnold Leutwyler aus dem aargauischen Reinach angefragt, nach Chile auszuwandern. Die Schule diente lange Zeit zur Betreuung der Waisenkinder und wurde später in eine Landwirtschaftsschule umgewandelt, wo das praktische Können im Vordergrund steht. Sie wird von Armando Dufey geleitet und ist dank der staatlichen Subventionen Schülern aus ärmeren Verhältnissen zugänglich.

INSALCO (Instituto Superior Alemán de Comercio) Casilla 129, Correo 30, Santiago Tel: 2-2017982, Fax: 2-2017982 www.insalco.cl Kaufmännische zweisprachige Berufsausbildung im dualen System mit Ausbildungsvergütung. Teilweise übernehmen die ausbildenden Firmen auch die Studiengebühen. INSALCO entstand 1979 aus einer Gemeinschaftsinitiative zwischen der Deutschen Schule Santiago und der Deutsch-Chilenischen Industrie- und Handelskammer. Im Jahr 2000 wurde die Ausbildung auch in Deutschland als „deutsche berufliche Schule (Berufsschule) im Ausland" anerkannt. 2003 erfolgte die deutsche Genehmigung zur Abnahme der Fachhochschulreifeprüfung (Fachabitur). Angebotene Berufsausbildungen: – Kaufmann/-frau für Bürokommunikation – Groß- und Außenhandelskaufmann/-frau – Schifffahrtskaufmann/-frau – Speditionskaufmann/-frau – Industriekaufmann/-frau
Liceo Industrial Chileno-Alemán Dr. Johow 357, Nuñoa, Santiago Tel.: 2-2746887, Fax: 2-2096513 Instituto Profesional Agrario Adolfo Matthei (Deutsche Landwirtschaftliche Hochschule „Adolfo Matthei") Av. René Soriano Bórquez 2615, Casilla 58-A, Osorno Tel.: 64-211672, Fax: 64-211671, www.amatthei.com
Instituto Profesional Alemán Wilhelm von Humboldt (Deutsches Lehrerbildungsinstitut Wilhelm von Humboldt) Nuestra Señora del Rosario 1120, Vitacura, Santiago Tel.: 2-2203167, Fax: 2-2016984 E-mail: instituto@lbi.cl, www.lbi.cl Ausbildung u. a. von Erzieherinnen und Grundschullehrkräften (zweisprachig). Vermittlung von privaten Spanischlehrern (Nachhilfe).

Das renommierteste und älteste chilenische Instituto Profesional ist das Instituto Nacional de Capacitación (INACAP), welches u. a. die Fachbereiche Hotellerie, Mechanik, Elektrotechnik, EDV, Agrarverwaltung anbietet.

Aufnahmebedingungen sind die Prueba de Aptitud Académica (Abitur) und/oder spezielle Prüfungen sowie ein persönliches Gespräch.

Unterstützt wird die duale technische Ausbildung im Bereich KfZ u.a. von der Firma Emasa-Bosch, in Chile wird diese Ausbildung Formación Técnica Coordinada (FORTECO) genannt. 2009 wurden 21 Seminare angeboten. Informationen bei kmuller@emasa.cl, miguel.gonzalez@emasa.cl, Tel.: 2-5203100.

10.5 Kooperationen im Hochschulbereich

Es gibt über 100 vertragliche Kooperationsprogramme zwischen deutschen und chilenischen Universitäten, unter anderem ein Abkommen für die Unterstützung von bilateralen Doktorarbeiten.

Deutscher Akademischer Austauschdienst
DAAD IC Santiago de Chile
Servicio Alemán de Intercambio Académico
Leiterin: Dr. Hanna Knapp
La Concepción 81, of. 703, Providencia, Santiago
Tel./Fax: 2-9462636, E-mail: ic@daad.cl, www.daad.cl
Di., Do.: 10:30-12:00 h, 15-18 h (Termin zu vereinbaren)
Der DAAD hat Gastlektoren an folgenden Universitäten:
- Universidad de Chile Santiago
- Universidad de La Serena
- Universidad de Talca
- Pontificia Universidad de Valparaíso
- Universidad de Concepción

Der DAAD unterstützt durch Stipendien die Modernisierung der Ingenieurausbildung in Chile und die langfristige deutsch-chilenische wissenschaftliche Kooperation.

Folgende Universitäten nehmen am Austauschprogramm teil:

Universidad Católica del Norte, Universidad Tarapacá, Universidad La Serena, PUC Valparaíso, Universidad Diego Portales, Universidad Santiago de Chile, Universidad Talca, UCM, UCSC, Universidad Frontera, Universidad Austral de Chile – TU Dresden, Universität Göttingen, RWTH Aachen, Universität Bochum, TU Karlsruhe, TU Berlin, Universität Siegen.

Deutsche Studenten erhalten finanzielle Unterstützung für den Flug und den Aufenthalt in Chile.

Der DAAD unterstützt desweiteren zwei Doppelstudiengänge: „Master in International Agrobusiness" der Universität Göttingen und der Universidad de Talca und sowie den internationalen Master-Studiengang „Regional Development, Planning and Management" der Universität Dortmund, der in Kooperation mit der Universidad Austral de Chile (Valdivia) und der Universidad de Concepción durchgeführt wird.

Die Universität Heidelberg richtete 2001 in Santiago das erste Graduierten- und Weiterbildungszentrum einer deutschen Universität in Chile mit finanzieller Beteiligung des DAAD ein: das „Heidelberg Center para América Latina".

Seine Aufgabe ist es, Kooperationen und gemeinsame Studiengänge mit chilenischen Partnern durchzuführen und Programme für andere lateinamerikanische Länder zu entwickeln. Erste Kooperationspartner vor Ort in Santiago sind die Universidad Catolica de Chile und die Universidad de Chile. Es wurden bisher vor allem gebührenpflichtige Aufbaustudiengänge und Weiterbildungsseminare im Bereich Rechtswissenschaften und Medizin aufgelegt. Von deutscher Seite sind über die Universität Heidelberg auch Max-Planck-Institute an der inhaltlichen Gestaltung des Angebots beteiligt. Finanziell beteiligen sich neben dem DAAD auch das baden-württembergische Wissenschaftsministerium und die Universität Heidelberg.

In Deutschland ist das Bundesministerium für Bildung und Forschung (BMBF) das federführende Ressort für die Kooperation im Bereich WTZ. Die Administration liegt beim Internationalen Büro des BMBF, das bei dem BMBF-Projektträger DLR angesiedelt ist. Die Finanzierung der WTZ-Projekte erfolgt anteilig, d.h. jedes Land deckt die Kosten ab, die im eigenen Land entstehen. Deutschland übernimmt Flüge für deutsche Projektwissenschaftler und Aufenthaltskosten für chilenische Gäste und umgekehrt.

Alexander von Humboldt-Stiftung (AvH)

Die Alexander von Humboldt-Stiftung (www.humboldt-foundation.de) blickt auf eine langjährige Tradition in Chile zurück. Von 1953 bis 1998 wurden 171 Chilenen gefördert. Ehemalige Stipendiaten haben sich in einem Humboldt-Club organisiert. Weiterhin werden von der Humboldt-Stiftung in verschiedenen Förderprogrammen Stipendien für Ausländer und Stipendien für Deutsche vergeben und in einer Kooperation mit CONICYT werden Auszeichnungen an Wissenschaftler verliehen.

Deutsche Forschungsgemeinschaft (DFG)

Die DFG schloss ihr erstes Abkommen 1979 mit dem CONICYT ab. Dieses Abkommen bezieht sich auf die Finanzierung von Kooperationskosten zwischen deutschen und chilenischen Forschern in anderweitig grundfinanzierten Forschungsvorhaben und die finanzielle Unterstützung gemeinsamer Workshops.

Vertreterin in Chile: Dr. Gudrun Kausel
Instituto de Bioquímica, Facultad de Ciencias, Universidad Austral Casilla 567, Valdivia, Tel.: 63-221798, Fax: 212614
E-Mail: gkausel@uach.cl, www.gkausel.cl/dfg

Deutsche Hochschulrektorenkonferenz

1998 fand ein erstes Treffen deutscher und chilenischer Rektoren statt, auf dem die HRK (www.hrk.de) mit der chilenischen Rektorenkonferenz CRUCH (www.cruch.cl) eine bilaterale Vereinbarung über

Hochschulzusammenarbeit unterzeichnete. In der Vereinbarung wird die Förderung des Austausches von Studierenden und wissenschaftlichem Nachwuchs sowie Hochschullehrern und Wissenschaftlern thematisiert. Sie ist nur für die staatlich finanzierten Universitäten Chiles gültig, die in CRUCH organisiert sind. 2008 wurden im Hochschulkompass 107 Hochschulkooperationen zwischen deutschen Hochschulen und staatlich grundfinanzierten öffentlichen und privaten Universitäten in Chile angegeben. Gegenstand der Kooperationen sind häufig technische, medizin- und naturwissenschaftliche Fächer.

Exzellenzzentrum der Uni Heidelberg in Chile

Heidelberg Center für Lateinamerika
Geschäftsführender Direktor: Dr. Walter Eckel
Las Hortensias 2340, Providencia, Santiago
Tel.: 2-2343466, Fax: 2-2343781
E-Mail: heidelberg-center@heidelbergcenter.cl
www.heidelberg-center.uni-hd.de

Die Universität Heidelberg baut zusammen mit Partnern in Chile eines von weltweit vier „Exzellenzzentren in Forschung und Lehre" auf, die mit Mitteln des Auswärtigen Amtes im Rahmen der „Initiative Außenwissenschaft" finanziert werden.

Die Uni gewann einen Wettbewerb des Deutschen Akademischen Austauschdienstes (DAAD), der den Heidelberger Antrag mit rund 2,1 Millionen Euro fördert. Damit soll das Heidelberg Center Lateinamerika, ein Postgraduierten- und Weiterbildungszentrum in Santiago, bis 2014 weiter ausgebaut werden.

Das Heidelberg Center Lateinamerika ist bereits seit 2002 in Zusammenarbeit mit der Pontificia Universidad Católica und der Universidad de Chile in der Entwicklung und Durchführung von Studien- und Weiterbildungsprogrammen tätig.

Nach dem Masterstudiengang International Law (Jura) und einem binationalen Promotionskolleg zur Depressionsforschung (Psychotherapie) wird die Arbeit auf Astronomie, Geowissenschaften, Medizinische Informatik und Medizinische Physik ausgeweitet. Master- und Promotionsstudiengänge, Weiterbildungsangebote und der Aufbau von Forschungsgruppen sind in Arbeit.

Internationale Universität (IU)

Es treffen sich in den Sommerferien in Chile Freiwillige aus Europa und Lateinamerika in Santiago. Die 2004 gegründete deutsch-chilenische Institution mit Hauptsitz in Berlin bietet Kurse zu Kommunikations- und Umweltthemen an. Sie finden abwechselnd in Deutschland und Chile statt (www.uinternacional.org).

Studenten-Burschenschaften

Burschenschaften in Chile
Bund Chilenischer Burschenschaften: www.bcb.cl Freundeskreis chilenischer Burschenschaften in Deutschland: E-mail: info@penschke.eu, www.fcdb.de
Deutschstämmige Burschenschaften
Andinia Bustos 2044, Providencia, Santiago Tel.: 2-7168917, Fax: 2-7168926 E-Mail: andiniachile@gmail.com, www.bandinia.cl
Araucania La Serena 478, Casilla 35, Las Condes, Santiago Tel.: 2-2280310, 2-2-79140, Fax: 2-2079140 E-Mail: ba@baraucania.cl, www.baraucania.cl

Ripuaria Quito 272, Viña del Mar Tel.: 32-662091, E-Mail: info@ripuaria.cl, www.ripuaria.cl
Montania Los Aguilera 210, Concepción Tel.: 41-2951892, Fax: 41-2981073 E-Mail: montania@vtr.net, www.bmontania.cl
Vulkania **Los Manzanos 040 (Isla Teja Sur), Casilla 1178, Valdivia** Tel.: 63-213569, Fax: 63-296706 E-Mail Aktive: aktiven@bvulkania.cl E-Mail Alteherrenschaft: alteherrenschaft@bvulkania.cl

Mädchenschaften

Erika Michaelsen Koch **Centro Estudiantil Universitario Femenino** Dr. Alejandro del Rio 2340, Santiago, Tel.: 2-2746308 E-Mail: mem1969@gmail.com, www.memsantiago.cl
Viktoria Chorrillos 1300-A, Concepción Tel.: 41-931456, E-Mail: info@mviktoria.cl, www.mviktoria.cl/
Amankay Carampangue 355, Valdivia, Tel.: 63-249555 E-Mail: m_amankay@hotmail.com, www.amankayvaldivia.cl

WUS

Reintegrationsvorbereitende Seminare für ausländische Studierende, Hochschulabsolventen und Fachkräfte werden vom World University Service (WUS) veranstaltet. Sie finden im Rahmen des Programms Rückkehrende Fachkräfte statt, das vom Centrum für internationale

Migration und Entwicklung (CIM) im Auftrag des Bundesministeriums für wirtschaftliche Zusammenarbeit und Entwicklung (BMZ) durchgeführt wird. Unter www.zav-reintegration.de findet man u. a.:

- ausgewählte Stellenangebote
- in „Ihre Registrierung" eine Online-Bewerbung für eine Vermittlung und Förderung durch das Programm „Rückkehrende Fachkräfte".

World University Service (WUS), Deutsches Komitee e.V.
Goebenstr. 35, 65195 Wiesbaden
Tel.: 0611-9446051, Fax: 0611-446489
E-mail: info@wusgermany.de, www.wusgermany.de

WUS ist eine internationale, politisch und konfessionell nicht gebundene Organisation, bestehend in über 50 Ländern der Erde. WUS versteht sich als eine internationale Gemeinschaft von Studierenden, Lehrenden und Mitarbeitenden im Bildungssektor.

10.6 Service-Firmen für Studenten, Touristen und Auswanderer

Diese Firmen bieten Job- und Unterkunftsvermittlung, Unterstützung bei Amtswegen, Interkulturelle Themen, Sprachkurse, Praktika und Freiwilligenarbeit etc.

Es ist ratsam, für Neulinge in Südamerika diesen Service in Anspruch zu nehmen. Lieber ein paar Euros investieren, als an der falschen Stelle sparen. Die unten genannten Firmen verstehen sich nebst interkulturellen Vermittlern auch als Kontroll- und Garantieinstanzen. Sie kennen alle Unterkünfte persönlich, arbeiten mit vielen Anbietern seit Jahren zusammen, lassen Zimmer ständig von Mietern bewerten und sorgen auch dafür, dass eine Reservierung respektiert wird.

Bei Praktika, Freiwilligenarbeit, Sprachkursen oder ähnlichen Auslandsprogrammen gewährleisten die Agenturen, dass die Programme professionell und reibungslos abgewickelt werden. Sie stehen mit Rat und Tat zur Seite, wenn etwas nicht so rund läuft.

Chile Inside Ltda. Inhaberin Marion Ruhland, Geschäftsführerin Ulrike Dabsch Román Díaz 205, Oficina 405, Providencia, Santiago Tel. Chile: 2-2357170; Tel. Deutschland: 07735-425339 E-Mail: info@chileinside.cl www.chileinside.cl, www.unterkunft-in-chile.de
Contact Chile, Gestiones Interculturales Inhaber Malte Sieber, Huelén 219, piso 2, Providencia, Santiago Tel./Fax: 2-2641719, E-Mail: info@contactchile.cl, www.contactchile.cl (website mit Chile-Forum)
Hello Chile, Inhaber Gerhard Bacher, O´Higgins 914, piso 2, Concepción Tel.: 41-2235763, Fax: 41-291021056, Handy: 84330101, E-Mail: info@hello-chile.com, www.hello-chile.com
Chileconnection Ltda., Inhaberin Hanna Welna Chacabuco 155, Dpto. 602, Concepción, Tel.: 41-2130847 E-Mail: info@chileconnection.cl, www.chileconnection.cl
Europäisch-Lateinamerikanische Gesellschaft Alstertor 1, Thaliahof, 20095 Hamburg (Binnenalster) Tel.: 040-325097-0, Fax: 040-325097-10 E-Mail: info@elg-online.de www.elg-online.de/HTML/deutsch/wir_uns.htm
außerdem: www.praktikumsvermittlung.de

10.7 Sprachschulen

In Santiago
www.tandemsantiago.cl www.latinimmersion.com www.natalislang.com www.villa-latina.de www.speakfun.de www.escuelabellavista.cl www.exploralanguage.com www.ichil.cl www.interactive-spanish.com www.efronteras.com www.bridgelinguatec.com www.berlitz.cl www.polyglot-mitford.com
www.languagepucon.com, Pucón www.chile-spanish.cl, Puerto Varas www.languages.cl, Iquique
www.veintemundos.com/de (Spanisch-Sprachmagazin)

10.8 Wehrdienst

Junge Männer mit chilenischer und deutscher Nationalität könnten theoretisch in beiden Ländern zum Wehrdienst herangezogen werden. Bei Ab-, An- und wieder Abmeldung in den jeweiligen Ländern kann man dies jedoch vermeiden.

In Chile müssen sich die jungen Männer von Januar bis September im Jahr der Volljährigkeit in Listen einschreiben. Die Musterung findet dann im Februar des Folgejahres statt, bei der ersten Runde die Freiwilligen, bei der zweiten Runde alle anderen. Jedoch wird nur ein Teil (meist Freiwillige) zum Militärdienst herangezogen. Der Militäretat ist der dritthöchste in Lateinamerika. Die Militärs sind mit 10 % an den Kupfererlösen der Staatsfirmen beteiligt und haben viel Landbesitz.

Wehrersatzdienst:
www.auslandsdienst.at, www.fsj-adia.de/jobs.html

10.9 Technische Zusammenarbeit mit Deutschland

Seit den 1990er Jahren steigt die Bedeutung von Wissenschaft, Forschung und Entwicklung sowie der Bildung insgesamt in der chilenischen Politik. Durch die Orientierung an strategisch wichtigen Wirtschaftssektoren soll die Wettbewerbsfähigkeit des südamerikanischen Landes angehoben werden. Darüber hinaus gibt es erfolgreiche internationale Kooperationen. Grundlage der wissenschaftlich-technischen Zusammenarbeit (WTZ) zwischen der BRD und Chile ist ein Abkommen von 1970. Wegen der politischen Verhältnisse von 1973-1989 wurde jedoch erst wieder seit 1999 ein gemeinsames Aktionsprogramm zur Wiederbelebung der WTZ festgelegt. Die Kooperation zwischen Deutschland und Chile ist seither intensiv und hat sich mit jährlich stattfindenden gemeinsamen Ausschreibungen kontinuierlich entwickelt. Die aktuellen Schwerpunkte innerhalb der WTZ sind Biotechnologie (insbesondere auch Ernährungsforschung), grundlagenorientierte Forschung zu erneuerbaren Energien, nachhaltige Nutzung natürlicher Ressourcen, Umweltwissenschaften sowie Meeres- und Polarforschung.

Auf EU-Ebene baut Chile ebenfalls seine WTZ aus, 2002 wurde ein Abkommen zur wissenschaftlich-technologischen Zusammenarbeit unterzeichnet. Schwerpunkte der bisherigen Zusammenarbeit waren Genomforschung, Biotechnologie und Gesundheit, Informationstechnologien, Lebensmittelsicherheit, nachhaltiges Wachstum und Klimawandel.

Ein Beispiel für neue Kooperationsabkommen zwischen deutschen Forschungsorganisationen und Partnern in Chile ist die Kooperation der Fraunhofer Gesellschaft und der Max-Planck-Gesellschaft mit chilenischen

Einrichtungen. Mit dem Aufbau eines Exzellenz-Zentrums – dem zweiten auf dem amerikanischen Kontinent – wird dabei die Forschung in Chile unterstützt. Das neue Zentrum soll dazu beitragen, Produkte aus den Bereichen Fischzucht, Lebensmittelproduktion, Forstwirtschaft, Energie und Bergbau zu veredeln. Einige Abkommen wurden in Themen wie Geothermie und Solarenergie unterzeichnet. Auch bei der Entwicklung in den Bereichen Human- und Tiermedizin erhofft man sich Anwendungsmöglichkeiten. Federführende Partner sind das Fraunhofer IME (Aachen), verschiedene chilenische Universitäten, Fundación Chile und die nationale Forschungskommission CONICYT.

Fraunhofer-Gesellschaft (FhG)

Bis 2008 gab es Kooperationen und gemeinsame Projekte mit Instituten der Fraunhofergesellschaft, bei Biowissenschaften und Biotechnologie, Informations- und Kommunikationstechnologie (Fraunhofer First), Produktionstechnologien sowie Umweltforschung und -technik (Fraunhofer UMSICHT). 2008 wurde ein Abkommen zwischen der chilenischen Regierung und der FhG über die Zusammenarbeit in fünf Forschungslinien und mit mehreren chilenischen Partnern unterzeichnet, das in erster Linie biotechnologische und molekularbiologische Themen beinhaltet (IME Aachen).

Weitere Projekte

- Helmholtz-Gesellschaft mit dem Projekt Megacity (Santiago), Kontakt: Dr. Helmut Lehn, E-Mail: Helmut.Lehn@itas.fzk.de
- TIGO-Projekt des BKG (Bundesamt für Kartographie und Geodäsie), in Concepción, Dr. Hayo Hase; E-Mail: hayo.hase@bkg.bund.de

Deutsche Gesellschaft für Technische Zusammenarbeit (GTZ) GmbH

GTZ-Büro in Santiago,
Leiter: Edgar von Knebel
Tel.: 2-7193900, E-Mail: gtz-chile@cl.gtz.de, www.gtz.de/chile

1990 wurde die bilaterale Zusammenarbeit zwischen der BRD und Chile, unter der demokratisch gewählten Regierung Aylwin, wieder aufgenommen. Während der Militärdiktatur Pinochets (1973-1989) hatte sich die Bundesregierung aus der Entwicklungszusammenarbeit zurückgezogen. Zu Beginn der 1990er Jahre konzentrierte sich die Zusammenarbeit vor allem auf Bereiche der sozialen Entwicklung wie Bildung, Gesundheit und Wohnungsbau.

Chile war seitdem sehr erfolgreich bei der Stärkung und Konsolidierung der Demokratie, der Modernisierung der öffentlichen Verwaltung und der wirtschaftlichen Entwicklung. Durch verbesserte soziale Infrastruktur konnte die Armutsrate beachtlich reduziert werden. Zudem hat sich Chile die Modernisierung des Staates und die nachhaltige Bewirtschaftung seiner natürlichen Ressourcen und den Schutz der Umwelt vorgenommen.

In den letzten zwei Jahrzehnten war die GTZ in Chile vor allem tätig in den Bereichen duale technische Berufsausbildung, saubere industrielle Produktion, nachhaltige Bewirtschaftung des Naturwalds, Stärkung des Verbraucherschutzes, Stadtplanung, Regionalentwicklung und Dezentralisierung sowie bei der Strafprozessreform. Heute unterstützt die GTZ Chile im Schwerpunkt erneuerbare Energien und Energieeffizienz.

Die GTZ hat in Chile folgende Beiträge geleistet (laufende und abgeschlossene Projekte):

- Staatsmodernisierung: Stärkung staatlicher Institutionen und stärkere Partizipation der Zivilgesellschaft.
- Programm Aktive Region (Dezentralisierung, Regionalentwicklung).
- Fonds zur Förderung der Dreieckskooperation: Deutschland und Chile kooperieren gemeinsam mit einem dritten Land in Lateinamerika. Beispiele hierfür sind der Aufbau einer Verbraucherschutzinstitution (bis 2007) sowie ein Projekt für soziale Wohnungspolitik (2006-2008) in El Salvador. Auf diese Weise werden die Erfahrungen aus erfolgreichen Projekten in Chile in andere Länder der Region transferiert.
- Fonds zur Unterstützung eigenfinanzierter Reformen: Der deutsch-chilenische Reformfonds, innovative Form internationaler

Entwicklungszusammenarbeit. Die deutsche Bundesregierung unterstützt Chile auf seinem Weg zu einem modernen Rechtsstaat. Chile benötigt aufgrund seines starken wirtschaftlichen Wachstums und seiner gefestigten Institutionenlandschaft eine neue und flexiblere Form von bilateraler Kooperation. Aus diesem Grund wurde 2007 der Reformfonds ins Leben gerufen, der es sowohl dem Geber- als auch dem Empfängerland ermöglicht, schnell und gezielt auf spezielle und gemeinsam definierte Bedürfnisse des Schwellenlandes einzugehen. Die geförderten Maßnahmen sind zahlreich und in ihrer Thematik sehr vielseitig, aber alle verfolgen das Ziel, den Reformprozess der chilenischen Institutionen effizient zu gestalten. Im Zentrum des Reformfonds steht die Idee, die Eigenverantwortung des Kooperationspartners zu stärken. Das Prinzip des Ownerships ist somit ein bedeutendes Merkmal des Reformfonds: die chilenischen Kooperationspartner übernehmen die Leitung ihrer Projekte und werden dabei durch gezielte Kurzzeitexperteneinsätze von Politikern oder hochrangigen Experten aus deutschen oder europäischen Fachinstitutionen punktuell unterstützt. Der Reformfonds ist ein speziell für Chile entwickeltes Instrument und hat somit in der internationalen Entwicklungszusammenarbeit Pilotcharakter.
- Integrierte Stadtteilsanierung.
- Umwelt- und Ressourcenschutz: Erneuerbare Energien (seit Februar 2010 in Kooperation mit dem neugegründeten Energieministerium. Davor – seit 2004 – mit der Comisión Nacional de Energía (CNE, www.cne.cl) im Projekt ERNC (Energías Renovables No Convencionales, wie z.B. Windenergie, kleine Wasserkraftwerke, Solarenergie, Biomasse und Biogas, Geothermik und Meeresenergie).
- Untersuchung staatlicher Liegenschaften für Projekte zur Stromerzeugung aus erneuerbaren Energien.
- Förderung von Energieeffizienz; Management von Sonderfällen;
- Entsendung von integrierten Fachexperten zur Unterstützung chilenischer öffentlicher Institutionen, Firmen und akademischen Einrichtungen bei der nachhaltigen Entwicklung.
- Integration von Zurückkehrenden in Zusammenarbeit mit CIM.

- Förderschwerpunkte: Chile – neue Wege für die Entwicklungszusammenarbeit. Energie, Umweltschutz und Staatsmodernisierung waren die Themen in der Entwicklungszusammenarbeit (EZ) mit dem südamerikanischen Land seit 1990. Nachdem Chile einen bereits sehr fortgeschrittenen Entwicklungsstand erreicht hat, befindet sich die klassische bilaterale EZ nun auf der Zielgeraden. Zusammen mit den chilenischen Partnern wird die KfW Entwicklungsbank in den kommenden Jahren die bereits vereinbarten Vorhaben in den Bereichen erneuerbare Energien, Energieeffizienz und Abfallwirtschaft realisieren. Gleichzeitig gehen Chile und die deutsche EZ gemeinsam neue Wege im Rahmen der regionalen Entwicklungszusammenarbeit.
- Projekte und Programme: Chile – mit erneuerbaren Energien und Energieeffizienz. Der Energiehunger ist groß in Chile. Und er wächst weiter. Bisher wurde dieser Bedarf vor allem durch konventionelle Energieträger gedeckt. Inzwischen aber steuert die chilenische Regierung mit Unterstützung der deutschen Entwicklungszusammenarbeit (EZ) um. Die KfW Entwicklungsbank fördert durch die Finanzielle Zusammenarbeit (FZ) gezielt Investitionen in erneuerbare Energien und Energieeffizienz – über vergünstigte Refinanzierungslinien – und ein Geothermie-Erkundungsprogramm. So sollen zum Beispiel fünf Erdwärme-Standorte in Chile bis zur Konzessionsreife gebracht werden. Beiträge zur Zukunftssicherung des Landes – und zum globalen Klimaschutz (z. B. Geothermikfirma: Herrenknecht/Dürrnhaar).

www.kfw-entwicklungsbank.de
E-Mail: info@kfw-entwicklungsbank.de, Tel.: 069-7431-4260
KfW Office La Paz, Bolivien (Mitzuständigkeit für Chile)
Tel.: 591-2-2117708, E-Mail: kfw.lapaz@kfw.de

Mitglied der KFW-Gruppe:
DEG GmbH División Latinoamerica
Belvederstr. 40, 50933 Köln
Tel.: 0221-4986-0, Fax: 0221-4986-1290
E-Mail: info@deginvest.de, www.deginvest.de

Unternehmerkredite der KfW-Mittelstandsbank: www.kfw-mittelstandsbank.de/ DE_Home/Kredite/Die_Foerderprogramme_im_Einzelnen/KfW-Unternehmer-kredit/index.jsp.
develoPPP.de: Public Private Partnerships mit dem Bundesministerium für wirtschaftliche Zusammenarbeit und Entwicklung (BMZ) Ansprechpartner sind die GTZ, die DEG und die sequa gGmbH (www.sequa.de).
Weitere Informationen: E-Mail-Newsletter der Deutschen Botschaft in Chile: www.santiago.diplo.de/ Vertretung/santiago/es/Newsletter,variant=issue,issueId=1924064.html
Links zu Projekten und Investitionen: www.fraunhofer.de, www.mpg.de, www.conicyt.cl, www.cinver.cl, www.fundacionchile.cl, www.todochile.cl, www.expoalemania.cl, www.lateinamerika-konferenz.de www.kooperation-international.de/chile/themes/info/detail/data/43432/

Weitere Projektbeispiele

Ein Geothermiezentrum in Chile entsteht nach Bochumer Vorbild: Die Technische Universität Santa Maria (USM) in Valparaíso gründete 2009 ein Exzellenzzentrum für Geothermie durch eine Kooperation mit der Hochschule Bochum. Hierbei macht man sich die Erfahrungen des Bochumer Geothermiezentrums bei der Vernetzung von Wissenschaft und Wirtschaft in der Anwendungsforschung in einem gemeinsamen Forschungsinstitut zunutze.

Das Institut hat als Aufgabe die Forschung, Ausbildung und Projektarbeit zur Gewinnung und Nutzung von Erdwärme in Chile zu bündeln. Dabei möchte die chilenische Seite insbesondere von der langen Technologieerfahrung der nordrhein-westfälischen Bergbau-, Bohr- und Kraftwerksbranche profitieren. Im Gegenzug erhalten die deutschen Wissenschaftler und Unternehmen einen Zugang zu einer der interessantesten Erdwärmeregion weltweit.

Pro Semester gehen je zwei Studierende von Chile nach Bochum und umgekehrt. Wissenschaftler aus NRW arbeiten seit Ende 2009 gemeinsam mit den chilenischen Kollegen an einem Pilotprojekt zur geothermischen Energieversorgung von mehreren Krankenhauskomplexen im Bundesstaat Valparaiso.

Ein weiterer Schwerpunkt wird die Forschung zu geothermischen Kraftwerken in Chile sein. Wie in anderen Ländern entlang des "zirkumpazifischen Feuergürtels" finden sich im Andenstaat besonders günstige geologische Verhältnisse. Einige Andenvulkane Chiles sollen zur geothermischen Stromerzeugung genutzt werden. Daneben plant das Land zwecks Heizen und Kühlen den Ausbau der Wärmepumpentechnologie.

Vier Hochschulen und über 20 Unternehmen tragen das geothermische Verbundforschungszentrum. Firmen aus NRW sind bei wärmepumpenbasierten Systemen marktführend.

Ein Kölner Mikrowellenradiometer misst Daten in chilenischer Wüste: Auf dem Cerro Toco, einem Berg in der chilenischen Atacama-Wüste, untersuchen internationale Wissenschaftler im Rahmen der Radiative Heating in Underexplored Bands Campaign (RHUBC) die Klimagase der Erdatmosphäre.

Kontakt: Prof. Dr. Susanne Crewell
Institut für Geophysik und Meteorologie der Universität zu Köln
Tel.: 0221-470-5286, E-Mail: crewell@meteo.uni-koeln.de

Andere länderübergreifende Projekte

- Projekt Metalogo;
- Indigene interkulturelle Universität;
- Ausbildung von Fach- und Führungskräften in interkultureller zweisprachiger Erziehung für die Andenländer;

- Umwelt- und Sicherheitsmanagement in Häfen Südamerikas;
- Cities Alliance: finanziert durch Weltbank, dem chilenischen Ministerio de Vivienda und dem BMZ (Bundesministerium für wirtschaftliche Zusammenarbeit). Dank dieser Hilfe konnten 200 Armenviertel und 1000 Stadtteil-Sozialarbeiter unterstützt werden.

BGR: Instituto de Geociencias y Recursos Naturales: Institut zur deutsch-chilenischen Zusammenarbeit in Bergbau, Umwelt, Geothermie, Vulkanologie, Grundwassermanagement etc. Av.Santa María 0104, Providencia, Santiago Tel./Fax: 2-7375050, www.pam.cl, www.bgr.de
GIGA Institute of Latin American Studies (Institut für Ibero-Amerika-Kunde) Neuer Jungfernstieg 21, 20354 Hamburg Tel.: 040-42825-561, Fax: 040-42825-562 E-Mail: ilas@giga-hamburg.de, www.giga-hamburg.de/english/ilas

Weitere Deutsche Organisationen mit Kooperationen in Chile

- InWEnt, www.inwent.org
- www.deutsch-chilenischer-freundeskreis.de, Bonn
- Das Institut Alfred Wegener (www.awi-bremerhaven.de) und das chilenische Instituto Antártica Chilena kooperieren in der Antarktis-Forschung sowie in einem Pilotstudium „Risk Habitat Megacity" in Santiago über Strategien für die nachhaltige Stadtentwicklung von lateinamerikanischen Großstädten.

10.10 Internationale Zusammenarbeit

Projekte Chiles mit der Economic Commission for Latin America and the Caribbean (ECLAC/CEPAL, Hauptsitz in Santiago):

Genderorientierte Arbeitsmarktpolitik, Stärkung der Rolle regionaler und nationaler Finanzinstitutionen für eine nachhaltige soziale Entwicklung, Staatsmodernisierung, wirtschaftliche Entwicklung, nachhaltige und effiziente Nutzung natürlicher Ressourcen.

EUROCHILE
Hernando de Aguirre 1549, Providencia,
Tel.: 2-7878400, Fax: 2741511, www.eurochile.cl

EuroChile ist eine private Organisation ohne Gewinnabsicht, 1992 gegründet durch Chile und die Europäische Union. Aufgabe ist das Schaffen, Fördern und Manifestieren von wirtschaftlichen, kommerziellen und technologischen Verbindungen zwischen Unternehmen der EU und Unternehmen sowie privaten und öffentlichen Institutionen aus Chile. Schwerpunkte sind innovative Spezialgebiete in der Lebensmittelindustrie und im Tourismus.

Diplomatische Vertretung der EU in Chile
Av. Ricardo Lyon 222, Torre Paris, p.3, Providencia
Tel.: 2-3352450, Fax: 2-3351779
E-Mail: delegation-chile@ec.europa.eu, www.delchl.ec.europa.eu

Weltbankprojekte:

- The World Bank: Projects & Operations: http://web.worldbank.org

Förderung des Bildungswesen durch Weltbankprojekte:

- Projekt zur Entwicklung der Hochschulbildung
- „Science for the Knowledge Economy", u. a. Förderung der
- Zusammenarbeit von öffentlichen und privaten Forschungsträgern.
- Unterstützung von Angeboten des lebenslangen Lernens
- (Erwachsenenbildung, Fernunterricht).

Internationale Zusammenarbeit im Forschungsbereich:

Für die Förderung der internationalen Beziehungen im Bereich der Wissenschaft und Technologie ist innerhalb von CONICYT (Comisión Nacional de Investigación Científica y Technológica) die Abteilung für internationale Beziehungen (DRI) zuständig. Ziel ist es, chilenische Wissenschaftler in die internationale Wissenschaftsgemeinschaft zu integrieren und die Arbeit von CONICYT in Wissenschaft und Technologie mit nationalen und internationalen Institutionen zu verbinden. Außerdem unterstützt DRI andere Abteilungen oder Programme von CONICYT bei internationalen Verhandlungen.

10.11 Programme und Institutionen im Forschungsbereich

- Innovationsfonds für Wettbewerbsfähigkeit (Fondo de Innovación para la Competitividad, FIC): Dieser Fond wurde 2005 eingerichtet. Innovationsinitiativen, Technologietransfer, Exzellenzforschung sowie Bildung und Ausbildung werden finanziert.
- Programm Grundfinanzierung für wissenschaftliche und Technologische Exzellenzzentren (Programa de Financiamiento Basal para Centros Científicos y Tecnológicos de Excelencia, PFB).
- Nationaler Fonds für wissenschaftliche und technologische Entwicklung (Fondo Nacional de Desarrollo Científico y Tecnológico, FONDECYT): Förderung der nationalen, wissenschaftlichen und technologischen Entwicklung. Mittel für angewandte Forschung, insbesondere für Grundlagenforschung. Projektfinanzierung, Forschungsaufenthalte von Wissenschaftlern im Ausland, Stipendien für Postdoktoranten (Biologie, Medizin, Physik, Mathematik, Ingenieurwissenschaften, Chemie usw.).
- Forschungsfond in prioritären Gebieten (Fondo de Financiamiento de Centros de Excelencia en Investigación, FONDAP): Förderung der Arbeit von Wissenschaftler-Gruppen verschiedener Institutionen in ausgewählten Bereichen, in denen die nationale Wissenschaft ein hohes Niveau erreicht und eine signifikante Anzahl von Wissenschaftlern mit Erfahrung arbeitet. Die Forschung soll einen bedeutenden Beitrag zu den existierenden Problemen der Entwicklung des Landes beitragen.

Finanzierung von Exzellenz-Zentren, die innerhalb einer Institution (Universitäten, Forschungsinstitute) angesiedelt sind, u. a. in 2007:
  - Zentrum für interdisziplinäre Exzellenzforschung in Materialwissenschaften (CIMAT)
  - Zentrum für zellulare Regulation und Pathologie (CRCP)
  - Zentrum für mathematische Modellierung (CMM)
  - Zentrum für Exzellenzstudien in Ökologie und Biodiversität (CASEB)
  - Zentrum für Astrophysik
  - Zentrum für ozeanische Forschung im süd-östlichen Pazifik (COPAS)
  - Zentrum für molekulare Zellenstudien (CMCMED)
- Programm zur Verbreitung und Bewertung von Wissenschaft und Technologie (Programa de Divulgación y Valoración de la Ciencia y la Tecnología, EXPLORA): Forum der Begegnung zwischen hochrangigen chilenischen Wissenschaftlern und Schülern bzw. der allgemeinen Öffentlichkeit.
- Programm zur Regionalen Entwicklung in Wissenschaft und Technologie (Programa de Unidades Regionales de Desarrollo Científica y Tecnológico): Unterstützung regionaler dezentralisierter Forschungszentren zur wissenschaftlichen und technologischen Entwicklung der Regionen.
- Fonds für Fischereiforschung (Fondo de Investigación Pesquera, FIP): Forschungsprojekte in Fischerei und Aquakultur. Wissenschaftliche Grundlagen und Informationen für Staat und Wirtschaft.
- Astronomieprogramm (Programa de Astronomía): Das Astronomieprogramm bietet verschiedene Möglichkeiten der Finanzierung zur Entwicklung und Stärkung der nationalen Astronomiewissenschaft. Es bietet u. a. Doktorandenstipendien und Stipendien für Postdoc-Studien sowie die Unterstützungen für wissenschaftliche Forschungsprojekte.
- Chilenische Genom-Initiative (Iniciativa Genoma Chile): Genomforschung, Proteonik und Bioinformatik in für die nationale Wirtschaft relevanten Bereichen.
- Milleniums-Wissenschaftsinitiative (Iniciativa Científica Milenio, ICM): Von der Weltbank initiiert. Institute und Zentren wissenschaftlicher Exzellenz werden gefördert, an denen Spitzenforschung betrieben wird, junge Forscher ausgebildet, Netzwerkarbeit, im Austausch mit

Exzellenzzentren der Welt. Offen für alle Wissenschaftsdisziplinen und thematischen Bereiche. Finanzierung durch Innovationsfonds für Wettbewerbsfähigkeit (Fondo de Innovación para la competitividad, FIC) und durch Mittel des Jahrzehntprogramms für Wissenschaft und Technologie (Programa Bicentenario de Ciencia y Tecnología, MIDEPLAN).
- Stiftung für landwirtschaftliche Innovatio (Fundación para la Innovación Agraria, FIA):
- Bicentenario-Programm für Wissenschaft und Technologie (Programa Bicentenario de Ciencia y Tecnología, PBCT): Erhöhung der Anzahl von exzellenten Wissenschaftlern und Forschern. Förderung der Verbindung Wissenschaft-Wirtschaft.
- Fonds zur Förderung der wissenschaftlichen und technologischen Entwicklung (Fondo de Fomento al Desarrollo Científico y Tecnológico, FONDEF): Förderung der wissenschaftlichen und technologischen Aktivität in Bezug auf eine effektive Verbesserung des wirtschaftlichen Wettbewerbs. Forschungsinstitutionen sind in diesem Programm verpflichtet, mit Unternehmen zusammenzuarbeiten. Unternehmen müssen einen Beitrag zur Projektfinanzierung leisten.

Initiativen und Programme im Bildungsbereich

Programme, die Stipendien für Studenten, Doktoranden und postgraduierte Studien finanzieren. Seit 2008 gibt es die Initiative Becas Chile. Von einer dem Erziehungsministerium (Mineduc) unterstellten Geschäftsstelle wird die Stipendienvergabe und -verwaltung zentral gesteuert. CONICYT ist in dieser Initiative für die Durchführung aller postgradualen Stipendienprogramme zuständig.

Programme und Finanzierungsquellen sind: Programm Informations- und Kommunikationstechnologie für die Bildung (Programa Tecnologías de Información y Comunicación para la Educación, TICEDU). Die Entwicklung von Informations- und Kommunikations-Technologien (IKT) für die Bildung ist für Chile von hoher Priorität und stellt eine Chance dar, eine neue wirtschaftliche Aktivität mit Exportpotenzial zu schaffen.

Durch das E-learning wird den Menschen lebenslang Bildungsqualität, Bildungsgleichheit und der Zugang zur Bildung ermöglicht.

Fondo Bicentenario de Capital Humano: Programm zur Förderung und Intensivierung der Weiterbildung hochmotivierter Hochschulabsolventen im Ausland. Finanzierung des Aufenthalts für ein Master- oder Promotionsstudium im Ausland. Wichtigste Themenbereiche sind Wirtschaft (Bergbau, Fischwirtschaft, Lebensmittel, Tourismus, Global Services), Transversale Plattformen (Energie, Umwelt, IT, Biotechnlogie) und Soziales (Erziehung, Wohnungsbau, Öffentliche Sicherheit, Öffentliche Politik).

Eine entscheidende Rolle spielt der Nutzen für die (wirtschaftliche) Entwicklung Chiles. Somit gilt es auch als wichtiges Kriterium, dass die Absolventen nach der Beendigung ihrer Auslands-Programme nach Chile zurückkehren und im jeweiligen Sektor tätig werden. Mit den Zielländern bestehen bereits Abkommen für akademischen und wissenschaftlichen Austausch. Gefördert werden hauptsächlich postgraduale Studienaufhalte, Promotionen und Postdocs sowie Vertiefungsstudiengänge. Übersicht über die einzelnen Zentren und die Wissenschaftsinitiative unter: www.mideplan.cl/milenio/.

Außerdem sollen Programme zur Finanzierung von Intensivsprachkursen im Ausland geschaffen werden, damit das für den Hochschulzugang im jeweiligen Zielland vorausgesetzte Sprachniveau erreicht werden kann.

Im Zuge des Fondo Bicentenario wurde auch eine Intensivierung der akademischen Kooperation mit Deutschland angestrebt. Der DAAD und Chile unterzeichneten eine diesbezügliche Absichtserklärung. Deutschland soll zwischen 2009 und 2014 jährlich 500 chilenische Stipendiaten empfangen.

Staatliche Forschungsorganisationen

In Chile gibt es einige staatliche technologische Institute, die verschiedenen Ministerien angeschlossen sind. Ihre Bereiche sind Grundlagenforschung und technologische Entwicklung, Technologietransfer,

Bereitstellung von „technologischen Diensten", wie z. B. Entwicklung von Normen sowie Informationsbeschaffung über die natürlichen Ressourcen Chiles. Zusätzlich gibt es andere dem öffentlichen Sektor angehörende Forschungsinstitute wie Astronomische Observatorien (z. B. European Southern Observatory in Paranal, Cerro Tololo Interamerican Observatory). Beim Observatoriumsprojekt „ALMA" kooperieren Europa, Nordamerika und Japan mit Chile. Die deutsche Firma MT Mechatronics produziert Teile für die Antennen und erhielt einen Auftrag für etwa 30 Stück. Mit der Universidad de Concepción besteht die Möglichkeit des akademischen Austausches.

Zu den staatlichen Instituten zählen z. B.:

- Landwirtschaftliches Forschungsinstitut (INIA), www.inia.cl
- Forstwirtschaftliches Institut (INFOR), www.infor.cl
- Forschungszentrum für natürliche Ressourcen (CIREN), www.ciren.cl – Wasser, Bergbau, Geologie und Geomorphologie
- Meteorologische Direktion, www.meteochile.cl
- Institut zur Förderung der Fischerei (IFOP), www.ifop.cl
- Regulierung der Fischgründe und Aquakultur und Erhalt der hydrobiologischen Ressourcen und ihrer Ökosysteme.
- Chilenische Kommission für Kernenergie (CCHEN), www.cchen.cl
- Zum Bergbauministerium gehörende Organisation zur Forschung, Entwicklung und friedlichen Nutzung der Nuklearenergie sowie deren Kontrolle und Regulierung.
- Geographisches Militärinstitut (IGM), www.igm.cl
- Geographie und Kartographie des chilenischen Territoriums.
- Antarktisches Institut (INACH)
- Geologisches Forschungsinstitut (SERNAGEOMíN), www.sernageomin.cl
- Beratungsstelle und Dienstleister für das Bergbau-Ministerium.
- Zentrum für Bildungsforschung und -entwicklung (CIDE), www.cide.cl, in der Fakultät für Bildung der Uni Alberto Hurtado.

Nicht-staatliche Forschungsorganisationen

- Selbständige akademische Zentren (Centros Academicos Independientes, CAI) und andere Forschungsinstitute, private Einrichtungen und wissenschaftliche Gesellschaften. Innovation und Entwicklung vorwiegend in der Landwirtschaftsindustrie, dem Bergbau, dem Wohnungsbau und der Fischerei.
- Zentrum für Studien, Vermessung und Qualitätszertifizierung (Centro de Estudios, Medición y Certificación de Calidad, CESMEC), www.cesmec.cl
- Stiftung Chile (Fundación Chile), www.fundacionchile.cl
- Industrieverband (Sociedad de Fomento Fabril, SOFOFA), www.sofofa.cl
- Forschungszentrum für Bergbau und Metallindustrie (Centro de
- Investigación Minera y Metalúrgica, CIMM), www.cimm.cl
- Kupferverband (Corporación del Cobre, CODELCO), www.codelco.cl
- Chilenische Mikrobiologische Gesellschaft (Sociedad de Microbiología de Chile, SOMICH), http://somich.biologiachile.cl
- Biochemische und molekularbiologische Gesellschaft (Sociedad de Bioquímica y Biología Molecular de Chile, SBBM), www.sbbmch.cl/home-en.php
- Zellbiologische Gesellschaft (Sociedad de Biología Celular), www.sbcch.cl
- Chilenische Gesellschaft für Meereskunde (Sociedad Chilena de Ciencias del Mar), www.schcm.cl
- Chemische und bergbauliche Gesellschaft (Sociedad Química y Minera de Chile, SQM), www.sqm.com
- Sonstiger Link: www.consejodeinnovacion.cl

Förderorganisationen

Die wichtigsten Förderorganisationen sind die Nationale Kommission für Forschung und Technologie CONICYT und der Verband zur Produktionsförderung CORFO.

Der private Anteil an der Forschungsförderung stieg in den letzten Jahren. Die Anzahl der Firmen jedoch, die sich systematisch der Forschung widmen, ist nur sehr gering.

Dies liegt u.a. daran, dass die Firmen Aspekte der technologischen Innovation nicht in die Firmenstrategie integriert haben.

Kapitel 11

DEUTSCHSPRACHIGE EINWANDERER UND INSTITUTIONEN

11.1 Einwanderung aus dem deutschen Sprachraum

Der erste Deutsche in Chile war der Nürnberger Bartholomäus Blümlein (spätere Namensänderung in Bartolomé Flores). Er war Zimmermann und Artillerieoffizier und bereits mit Pedro de Valdivia 1541 bei der Stadtgründung Santiagos dabei. Im 17. und 18. Jahrhundert zog es dann Missionare nach Chile, die dort erste Schulen errichteten.

Nach der Unabhängigkeit Chiles gründeten Hamburger Kaufleute 1822 in Valparaíso das erste deutsche Handelshaus Schütte, Post u. Co. Ab 1838 gab es dort den ersten deutschen Verein Chiles.

Wahrscheinlich hätte es ohne den vieltalentierten und impulsiven Bernhard Eunom Philippi nie eine deutsche Auswanderungswelle im größeren Stil nach Chile gegeben. Philippi wurde 1811 in Berlin geboren und entwickelte schon früh einen Abenteuer- und Unabhängigkeitsdrang. Bereits als 20-jähriger kam er als Seemann das erste Mal nach Chile und sechs Jahre später erkundete er das Land geographisch. 1841 war er bereits zum dritten Mal in Chile und knüpfte Kontakte mit den chilenischen Behörden, später dann auch mit deutschen Handelshäusern in Valparaíso. Mit seinem Werk „Über die Vortheile welche das südliche Chile für deutsche Auswanderer bietet" stellte er dann ab 1846 in Deutschland sein Auswanderungs-Projekt vor. Im selben Jahr legen bereits 34 Deutsche aus Rothenburg in Hessen am Hafen von Corral/Valdivia an und siedelten sich später im Gebiet von Osorno auf von Indios erworbenem Land an. Die ersten deutschen Auswanderer wollten eher unter sich bleiben und suchten im Zentralsüden ein „kleines Europa". 1848 wurde Philippi dann offiziell von der chilenischen Regierung beauftragt, 150-200 deutsche katholische Familien für die Besiedlung der Provinz Valdivia anzuwerben. Die katholische Kirche in Deutschland war dagegen und so warb Philippi Protestanten an, was den Chilenen missfiel. Er wurde daraufhin 1852 als Gouverneur in den äußersten Süden nach Magallanes versetzt – die Region, welche er 1843 mit Kapitän Juan Williams für Chile in Besitz nahm. Zwei Monate nach Amtsantritt wurde er von Einheimischen ermordet. Zu seinem Nachfolger als Kolonisationsagent wurde Vicente Perez Rosales (heute Name des Nationalparks östlich des Llanquihue Sees). Er warb Bauern und Handwerker, aber auch Industrielle, Akademiker und Wissenschaftler an, welche nach der misslungenen deutschen Revolution von 1848 eine neue Heimat suchten.

Die deutschsprachigen Einwanderer waren mit ihrer neuen Heimat verbunden und die meisten dachten nicht an eine Rückkehr nach Europa. Aber dennoch hielten sie die emotionalen und familiären Bindungen zu ihrem Geburtsland aufrecht und gründeten Vereine, Schulen und Kirchen. Die Beherrschung der deutschen Sprache war ein bedeutendes Element für ihre Zugehörigkeit. Der Lehrer Jakob Junginger aus Frutillar am Llanquihue-See meinte damals: „Mit unserer Muttersprache steht und fällt unser Deutschtum".

Die Einwanderung war anfangs ab 1852 im Gebiet von Puerto Montt und dem Llanquihue-See mit vielen Schwierigkeiten verbunden. Etwa 15 Jahre vorher verließen Indios das Land am Seeufer wegen Erdbeben. Da Urwald und Sumpf vorherrschten, musste das Land erst von den Schwaben, Hessen, Schlesiern und Westfalen gerodet werden, einige ließen dabei ihr Leben. Das Auswanderer-Sprichwort „Der erste hat den Tod, der zweite die Not, der dritte das Brot." traf also auch zum Teil für die deutschen Einwanderer in Chile zu.

Ein anderer bedeutender deutscher Einwanderungswerber war der 1801 in Brandenburg geborene Apothekersohn Carl Anwandter. Seinen Militärdienst verbrachte er bei den preußischen Garde-Pionieren und lernte dort vieles im technischen Bereich, was ihm später in Chile beim Haus-, Brücken- und Wegebau oder bei Baumfällarbeiten von Vorteil war. 1825 heiratete er und siedelte sich als Apotheker in Guben an. 1826 wurde sein erster Sohn geboren, sieben weitere Kinder folgten. 1829 verkaufte er die Apotheke (es wird vermutet, dass die Konzession der Apotheke nicht in Ordnung war und er Opfer eines Betrugs wurde). 1829 ließ er sich als Apotheker in Calau nieder, die Apotheke gibt es heute noch. 1847 wurde er in den Preußischen Vereinigten Landtag gewählt. Aufgrund der 1846er Missernte verteuerten sich 1847 die Lebensmittel, was unter anderem die 1848er Revolution und Unruhen auslöste, welche er befürwortete. Er war ein gewissenhafter und effizienter Charakter und hatte eine linksdemokratische, rationalistische und aufklärerische Grundhaltung, bejahte die Volkssouveränität, lehnte die Adelsprivilegien bzw. den Adel ab und betonte die innere Ordnung, welche für ihn wichtiger war als der Staat.

Nach seiner Wahl zum Bürgermeister von Calau durch Stadtverordnete gab es anonyme Beschwerden und darauffolgend seine Amtsenthebung bzw. seinen erzwungenen Rücktritt durch den Landrat und Innenminister (ein politischer Gegner). Anwandter war Anhänger der sogenannten Lichtfreunde, einer Bewegung von rationalistischen Protestanten, die oft das Wort Licht benutzten. Einige gründeten freie Gemeinden, was Konflikte mit der evangelischen Staatskirche Preußens hervorruf und sogar Verfolgung. Anwandter befürchtete wohl, dass ihm auch das Apotheken-Privileg entzogen werden könnte. Die Lichtfreunde waren für gerechte Steuern, möglichst wenige Soldaten, Volksbewaffnung und kostenlosen Schulunterricht. Sie lehnten den dogmatischen Katholizismus, den orthodoxen Protestantismus und die evangelischen Amtskirchen ab.

1849 entschied sich der wohlhabende Anwandter zur Auswanderung. Nach der gescheiterten Revolution wanderten ab 1849 etwa 250.000 Deutsche jährlich aus. Er schickte seinen ältesten Sohn in die USA, man entschied sich dann aber für Valdivia in Chile, wo er später zu den einflussreichsten Personen gehörte. Erst 1898 kam es kurz vor seinem Tod 1899 zur Gründung von Kirchengemeinden in Valdivia, es gab keinen Religionsunterricht in den ersten Jahrzehnten der Einwanderung, stattdessen Sittenlehre.

In Valdivia entstand 1940 das Instituto Alemán Carlos Anwandter. 1958 widmete ihm die chilenische Post eine Sondermarke. Viele Straßen in Chile sind nach ihm benannt, aber auch in Deutschland (1935 in Calau).

Er wurde als begeisterter Kämpfer für das Deutsche Reich gerühmt und in der DDR wurde eine Jugendbrigade nach ihm benannt. Seit 1996 trägt das Calauer Gymnasium den Namen Anwandters.

Im früheren Wohnhaus Anwandters in Valdivia ist heute das Museo Histórico y Antropológico untergebracht (Los Laureles, Isla Teja).

Die Einwanderer, welche nach dem Immigrationsgesetz von 1852 in Chile ankamen, hatten laut Gesetz verschiedene Ansprüche. Seit 1858 war dies fest geregelt und jede Familie erhielt einen Kredit für: Gepäck ausladen und Transport, Nahrungsmittel, Hilfe zum Lebensunterhalt, 500 Holzschindel, Saatgut, 50 kg Nägel, zwei Ochsen, eine Kuh mit Kalb und Landkauf-Finanzierung.

Seit ca. 1865 war es sehr schwierig, aus den deutschen Ländern auszuwandern. Die Auswanderer durften z. B. keine kostenlosen Schiffspassagen erhalten, sie mussten danach auf jegliche Rechte als Deutsche verzichten (Fahrt ins Ungewisse) und sie wurden auch als Landesverräter bezeichnet.

Es gab in den ersten Jahren der Kolonisation nur wenige, die Hochdeutsch beherrschten – die große Mehrheit sprach verschiedene Dialekte wie Schwäbisch, Hessisch, Schlesisch, Westfälisch und Tirolerisch. Um sich verstehen zu können, mussten sie aber auf Hochdeutsch zurückgreifen.

Erst in den 80er Jahren des 19. Jahrhunderts kam es zu einer vereinzelten Einwanderung von Deutschen in der Mapuche-Region rund um Temuco sowie in Südpatagonien und Feuerland.

Ab 1888 importierte Chile deutsche Waffen und preußische Generäle reformierten das chilenische Heer. Chilenische Offiziere wurden in Deutschland ausgebildet. Noch heute gelten preußische Tugenden und werden dementsprechende Uniformen getragen.

1890 gab es einige tausend Deutsche in Chile, um 1900 ca. 15.000 bis 20.000, einige kehrten aber auch zurück. Ziele waren eine bessere Zukunft und alle Institutionen zu schaffen, die sie aus ihrer Tradition heraus gewöhnt waren und die ihnen für ein erfülltes Leben notwendig erschienen. Grundlegendes Bedürfnis war das Errichten von Kirchen und Schulen. Nach der Jahrhundertwende gab es mehr als 1000 Deutschsprachige in Valparaíso und etwa 2000 in Santiago, die Gesamtzahl in Chile betrug von 1850 bis 1950 um die 20.000 bis 30.000.

Eine weitere deutsche Einwanderungswelle gab es in den 30er Jahren des 20. Jahrhunderts in die Gegend von Concepción sowie nach Peñaflor bei Santiago.

Durch den Zweiten Weltkrieg kamen auch ca. 13.000 deutsch-jüdische Immigranten nach Chile, mittellos und meist ihres Besitzes beraubt. Sie siedelten sich verstreut an und integrierten sich relativ schnell in die chilenische Gesellschaft.

Eine weitere Einwanderung gab es ab 1989 durch deutsche Ehepartner von Exil-Chilenen sowie durch ehemalige DDR-Bürger, darunter auch die Honeckers.

Aber auch nach der touristischen Öffnung des Landes Anfang der 90er Jahre blieben einige Reisende in dem Land hängen durch Heirat, langfristige Beziehungen und/oder aus Liebe zum Land.

Tourismus in der deutschsprachigen Einwanderergegend

Der touristische Hauptort der Seenregion ist heute der von Deutschen 1853 gegründete Ort Puerto Varas. Von dem kleinen Hafen Puerto Chico aus bewegte man sich damals nur mit dem Schiff rund um den See. Nach 11 Jahren war die Schotterstraße nach Puerto Montt fertiggestellt – unter der Leitung von den Pionieren Guillermo Hoffmann und Joseph Decher. Mit viel Mühe und Ausdauer wurden schnell Fortschritte beim Aufbau einer Infrastruktur erreicht. 1872 wurde die katholische Kirche fertig (1890 abgebrannt) und 1885 wurde der Club Alemán von den Herren Vyhmeister, Binder, Heim, Raddatz, Wulf und Hollstein gegründet.

Das heutige Wahrzeichen von Puerto Varas ist die im Schwarzwaldstil erbaute Kirche des Heiligsten Herzens Jesu, 1912-1915 unter der Leitung von Edmundo Niklitschek erbaut. Später wurde hangabwärts ein Park mit Lourdesgrotte angelegt.

Ab den 1930er Jahren wurde der Tourismus mit einem Gran Hotel angekurbelt. Das große Erdbeben von 1960 im Süden Chiles zerstörte dann viele der Häuser des Ortes. 1970 entstand mit dem Casino eine große Einnahmequelle und 1982 entstand das SOS-Kinderdorf auf einem Hügel etwa zwei Kilometer südlich des Zentrums. Der österreichisch-chilenische Steyler-Pater Josef Neudorfer (geb. 1922 in Neukirchen a.d. Vöckla) war dabei sehr aktiv und so konnten auf 30 Hektar viele bedürftige Kinder eine Ersatzfamilie finden, vor allem mit Spenden aus Deutschland (u. a. Emsland). Weitere Initiativen des Paters waren 2009 eine Renovierung des Kalvarienbergs und etwas außerhalb der Stadt der Parque de las Rosas (Rosenpark).

Heute treffen in Puerto Varas Extreme aufeinander. Auf der einen Seite der internationale Tourismus mit mehreren 4- bis 5-Sterne-Hotels – auf der anderen Seite ein Stadtviertel, wo man nachts nicht unbedingt spazieren gehen sollte.

Es gibt in Puerto Varas auch ein Oktoberfest, wo es gutes Bier von kleinen Brauereien Süd-Chiles gibt.

Colonia Dignidad

Ein schwieriges Kapitel von Deutschen in Chile war der Disput um die Colonia Dignidad, einer vom Deutschen Paul Schäfer (Jahrgang 1921) 1961 gegründeten sektenartigen Baptisten-Gemeinschaft (später lutheranisch) östlich von Parral. Es verschwanden dort Menschen und es gab Menschenrechtsverletzungen, darunter Folterungen. 2005 wurde der 1997 untergetauchte Pinochet-Freund Schäfer von Argentinien nach Chile abgeschoben und dort wegen Vergewaltigung von Minderjährigen und sexuellen Missbrauchs zu einer 20-jährigen Haftstrafe verurteilt. Dieselben Taten waren auch 1961 der Grund für die Flucht vor der deutschen Justiz nach Chile. Er verstarb im April 2010 in Haft. Die von ihm gegründete

Gemeinschaft nennt sich heute Villa Baviera. Die Bewohner und deren Vorfahren stammen aber größtenteils nicht aus Bayern (außer einem der Leiter, Hermann Schmidt), sondern hauptsächlich aus Nordrhein-Westfalen sowie aus Russland (deutschstämmige Flüchtlinge vor dem Stalinismus). In Villa Baviera leben nun Schäfers Opfer, aber auch ehemalige Mitkumpanen weiter gemeinschaftlich zusammen mit einem geänderten Konzept (u.a. Tourismus). Die Website für ihre Produkte ist www.prodal.cl. Etwa 200 Bewohner blieben und etwa 100 wagten den Weg in die chilenische oder deutsche Gesellschaft. Zwei von ihnen, das Ehepaar Anette Rahl und Reinhard Zeitner, betreiben in Santiago selbständig mit einem chilenischen Partner einen Laden im „Pueblo del Inglés" gegenüber der Clinica Alemana. Es werden dort Produkte der Villa verkauft, aber auch von anderen deutschstämmigen Herstellern (z.B. Wurstwaren, Marmelade und Spekulatius): Tel. 2-2182390.

Die Zahl der deutschstämmigen Chilenen beträgt heute um die 150.000 bis 200.000. Die deutsche Sprache wird hauptsächlich über die Deutschen Schulen und über das Goethe-Institut verbreitet. Informationen zur Ahnenforschung erhält man unter www.genealog.cl/Alemanes.

11.2 Deutsche und deutschstämmige Institutionen und Vereine

Deutsch-Chilenischer Bund (DCB)
Geschäftsleitung: Maria Alicia Hess
Av. Vitacura 5875, Vitacura
Casilla 245 Correo 30, Santiago
Tel.: 2-2186583, Fax: 2-2126474
E-Mail: dcbliga@dcbliga.cl, www.dcbliga.cl

Der Deutsch-Chilenische Bund ist das Bindeglied der deutsch-chilenischen Vereine. Im DCB-Haus ist das Emil-Held-Archiv untergebracht, um

Voranmeldung wird gebeten. Viele Chilenen mit deutschen Vorfahren finden dort u. a. Informationen über ihre Ahnen.

Organisation des DCB-Schüleraustauschs
Ingrid von Francheville Tel. 2-2191069, E-Mail: intercambio@dcbliga.cl , oder: www.vda-jugendaustausch.de, Danuta Zeisig, Tel. 02241-21735, Sankt Augustin, E-Mail: jugendaustausch@vda-globus.de

2009 waren es über 200 chilenische und über 100 deutsche Schüler, welche am Austauschprogramm teilnahmen. Ferner gibt es eine Zusammenarbeit mit kulturellen Einrichtungen, Fachhochschulen (auch in Deutschland) und anderen Institutionen.

Deutsche Zeitung CONDOR
José Manuel Infante 239, Providencia, Santiago
Tel: 2-2351568, Fax: 2-2359291
E-Mail: red@condor.cl, www.condor.cl

Der Condor wurde 1938 gegründet, Herausgeber ist der DCB bzw. Ralph Delaval. Verlag: Ediciones Chileno-Alemanas Ltda., ein vom DCB und der Sociedad Teuto-Chilena de Educación gebildetes Unternehmen.

Der Condor ist die Informationsquelle Nr 1. für Deutsche und Deutschsprachige in Chile und enthält 16 Seiten. Er erscheint jeden Freitag mit Reportagen und Informationen aus Chile und den deutschsprachigen Ländern Europas, insbesondere aus den Bereichen Politik, Wirtschaft, Kultur und Sport, dazu Nachrichten aus der deutsch-chilenischen Gemeinschaft, Interviews, Porträts und Beiträge über die Geschichte der Deutschen in Chile. Er erreicht bis 20.000 Leser wöchentlich. Ein Jahresabonnement kostet 31.500 Pesos.

Goethe-Institut Santiago
Holanda 100, Providencia, Santiago
Tel.: 2-5711950, Fax: 2-5711999,
E-Mail: info@santiago.goethe.org, www.goethe.de/santiago

Die Aufgaben des Goethe-Instituts sind:

Durchführung von Programmen zur Förderung der kulturellen Zusammenarbeit zwischen Deutschland und dem Ausland; Förderung der deutschen Sprache; Informationsarbeit zum kulturellen, politischen und gesellschaftlichen Leben in der BRD.

Im Institut kann deutschsprachige Literatur ausgeliehen werden. Die Jahresgebühr beträgt 14.000 Pesos (Studenten 7.000 Pesos). Öffnungszeiten: Mo. und Di.: 11-20 h, Mi. geschlossen, Do. und Fr.: 11-18 h, Sa. 10:30–13:30 h, E-Mail: bibl@santiago.goethe.org

Eine Kooperation mit der Libreria Psiquis (Merced 303, Zentrum, Tel. 2-6339040, E-Mail: librosaleman@gmail.com) macht es möglich, Bücher direkt aus Deutschland zu bestellen.

Die Sprachpartnervermittlung des Instituts ist kostenlos für Kursteilnehmer, ansonsten kostet sie 15.000 Pesos, Anmeldung und Infos bei E-Mail: tandem@santiago.goethe.org.

Goethe-Zentrum Concepción Chacabuco 765, Casilla 71-C, Concepción Tel.: 41-2229287, E-Mail: gzconcepción@gmail.com www.goethe.de/ins/cl/coc/deindex.htm
Goethe-Zentrum Valparaíso (vorher in Viña del Mar) Instituto Chileno-Alemán de Cultura de Valparaíso Goethe Haus Salvador Donoso 1337, Valparaíso, Tel.: 32-2545100, E-Mail: goethezentrum@entelchile.net, www.goethe.de/valparaiso

Sonstige deutschstämmige Einrichtungen

Confederación de Cías Chileno-Alemanas de Bomberos (Verband der Deutsch-Chilenischen Feuerwehrkompanien) Av. Apoquindo 8115, Las Condes, Santiago Tel./Fax: 2-2011092, E-Mail: secretario@ccchab.cl, www.ccchab.cl
Coro Alemán „Frohsinn“ (Deutscher Gesangsverein), Casilla 152, Correo 12, Apoquindo 8115, Santiago, Tel.: 2-2731429
Hogar Alemán (Deutsches Altersheim, Dt. Evang. Kirche) Av. Lyon 2546, Nuñoa, Santiago, Tel.: 2-2052067
Obra Social Alemana de Nuñoa (Deutsches Frauenwerk Nuñoa) Coventry 75, Casilla 190, Correo 11, Santiago, Tel.: 2-2740949 Grupo de Integración/Integrationsgruppe für Neuankömmlinge Andrea Ratibor, Tel. 2-2160781 oder Jutta Weick, Tel.: 2-4182093 siehe auch Deutsche Schule www.dsstgo.cl (Grupo Integration)
Obra Social y Hogar de Señoras Chileno-Alemanas (Deutsch-Chilenisches Frauenwerk und Wohnheim) Av. Manquehue Norte 1370, Vitacura, Santiago, Tel.: 2-2128278
Sociedad Alemana de Beneficencia Deutsches Sozialwerk Claus von Plate-Heim Los Rododendros 9641, Casilla 3312 Correo Central, Santiago Tel.: 2-2129753
Club de Señoras Alemanas de Quilpué (Deutscher Frauenverein) Los Carrera 640, Casilla 198, Quilpué, Tel.: 32-905323
Club Alemán Valparaíso (erster deutscher Verein in Chile) Salvador Donoso 1337, Casilla 155, Valparaíso Tel.: 32-233350, 255251, Fax: 32-237762 www.clubalemanvalparaiso.cl
Club Alemán de Excursionismo (Deutscher Ausflugsverein) Salvador Donoso 1337, Casilla 1587, Valparaíso Tel.: 32-255251, 233350, Fax: 32-237762

Séptima Compañía de Bomberos de Concepción (Siebte Feuerwehrkompanie) Av. Veteranos del 79 s/n Concepción - Casilla 1497 Tel.: 41-2230748, Fax: 41-2229734, www.septima.com
Fundación Roberto y Elsa Krautmacher (Stiftung) Victoria 1230, Concepción, Tel.: 41-237171
Circulo de Damas Alemanas (Deutscher Frauenkreis) Cochrane 980 Depto. 202, Cas. 494, Concepción, Tel.: 41-231340
Radiosender: www.lahoraalemana.cl/index.htm (gegründet 1983, Internet seit 2005) aus Concepción Sendung Sonntags 8-13 h unter www.radioinesdesuarez.cl
Quinta Compañía de Bomberos "Bomba Chile" de Talcahuano Av. Río Maule 5383 Villa Independencia, Sector Denavi Sur, Talcahuano, Tel.-Fax: 41-2538000 E-Mail: correo@bombachile.cl, www.bombachile.cl
Coro Alemán Gustavo Wyneken Gabriela Mistral 1751 (Deutsche Schule), Casilla 186, Los Angeles Tel.: 43-316364 www.dsla.cl/index.php?option=com_content&task=view&id=366,
Club Alemán, Senador Estébanez 772, Temuco, Tel.: 45-240034
Corporación de Beneficencia Alemana (Deutsches Altersheim Carlos Schleyer) Antonio Varas 415, Casilla 1038, Temuco, Tel.: 45-212201
Sociedad de Señoras „Frauenverein" General Lagos 1234, Casilla 3-D, Valdivia, Tel.: 63-212791
Club Alemán – Hotel Unión Letelier 497, La Unión, Tel.: 64-322695, Fax: 64-322537

1ª. Cía de Bomberos Voluntarios (Freiw. Feuerwehrkompanie) Letelier 287, La Unión, Tel.: 64-322310, E-Mail: primeralaunion@gmail.com, www.primeralaunion.cl
Club Alemán, Lib. B. O'Higgins 563, Osorno, Tel.: 64-232784
Hogar Alemán (Deutsches Altersheim) Buenos Aires 814, Casilla 370, Osorno, Tel.: 64-232517
Sociedad de Señoras (Deutscher Frauenverein) Lib. B. O'Higgins 580, Depto. 183, Osorno, Tel.: 64-235526
Club Alemán Frutillar, San Martín 22, Frutillar, Tel.: 65-421249
Hogar para Personas Mayores prop. Iglesia Alemana Av. Pdte. Jorge Alessandri s/n, Casilla 129, Llanquihue Tel.: 65-242133, 242723 (Deutsches Altersheim)
Centro de Señoras Jóvenes (Deutscher Frauenverein) Casilla 130, Llanquihue, Tel.: 65-38217
Club Alemán, San José 415, Puerto Varas, Tel.: 65-232246
Club de Señoras Alemanas (Deutscher Frauenverein) San Pedro 416, Casilla 7, Puerto Varas, Tel.: 65-232312
Club de Señoras Alemanas Seminario 375, Casilla 10-D, Puerto Montt, Tel.: 65-258579
Club Alemán, Antonio Varas 264, Puerto Montt, Tel.: 65-252551
Club Alemán, Av. El Bosque 0398, Punta Arenas, Tel.: 61-212866

Vereinzelt gibt es im Umfeld von Deutschen Schulen in den Regionen (z. B. Temuco) auch deutsch-chilenische Kulturvereine. Nähere Informationen diesbezüglich gibt es bei den Schulen.

11.3 Kirchliche Einrichtungen und Religiöses

Religionen in Chile
Katholiken 67 %, Protestanten 17 %, Andere Christen 1 %, Zeugen Jehovas 1 %, Sonstige 5 %, Atheisten 9 %.

Anglikanische Sekten sind in den letzten Jahrzehnten in Chile vermehrt aktiv geworden. In Chile gibt es keine Kirchensteuer, es wird aber appelliert, wenigstens 1 % des Lohns/Gehalts zu spenden, was aber nur wenige Gläubige tun.

In der chilenischen Politik, Wirtschaft und Gesellschaft spielt Religion traditionell eine nicht zu unterschätzende Rolle. Der neue Präsident Piñera dankte Gott und wünschte sich den Segen für das Land. Religionsvertreter waren auch unter den ersten Gratulanten eingeladen. Einige Unternehmer aus der Oberschicht sind in tiefreligiösen Zirkeln vertreten. Das Volk ist religiöser als in der westlichen Welt. Die Deutschen und Deutschstämmigen in Chile sind mehrheitlich evangelisch.

Deutsche/deutschsprachige Evangelische Einrichtungen

Santiago:
RAT DER LUTHERISCHEN KIRCHEN IN CHILE Consejo de las Iglesias Luteranas en Chile (CILCH) Präsident: Pastor Esteban Schaller Av. Pedro de Valdivia 3420 H Dpto. 33, Casilla 167–11, Ñuñoa-Santiago, Chile Tel.: 2-2233195, Fax: 2-2052193

Lutherische Kirche in Chile, Erlösergemeinde Bischof Rolando Holtz, Lota 2330, Tel.: 2-2317222, www.iglesialuterana.cl, Gottesdienste So. 10:30 h (Deutsch) und 12:00 h (Spanisch). Pauluskirche Pastor Alfaro, Las Hualtatas 6060, Ecke Av. Manquehue Tel.: 2-7272726, Gottesdienste So. 12 (Spanisch) und 19 h (Spanisch oder Deutsch).
Ev. Lutherische Kirche „La Reconciliación", Versöhnungsgemeinde Pastor Bauschert, Alonso de Camargo 8040, Las Condes, Tel.: 2-4925317, www.lareconciliacion.cl, Gottesdienst So. 11 h
La Trinidad, Christuskirche, Pastorin Neli Maske, Dublé Almeida 3396, Ñuñoa, Tel.: 2-20949856 Gottesdienst So. 11 h
Sociedad Evangélica de Chile (Deutscher Missionsbund für Chile) Av. Irarrázaval 5738, Casilla 202, Correo 12, Santiago Tel.: 2-2773094, www.encuentroconcristo.cl
Valparaíso:
Iglesia Luterana, Pastor Rodolfo Olivera Obermöller Abato 689, Secretaría: Calle 3 ½ Poniente 169, Casilla 9046, e-mail: lasantacruz@iglesialuterana.cl, Gottesdienst/Culto So. 11 h
Concepción:
Congregación Martin Luther, Pastor Eduardo Rojo, Colo Colo 54, Tel.: 41-2241760, Gottesdienst So. 11:30 h
Los Ángeles:
Iglesia Luterana, Pastor Andreas Handstein (Temuco), Präsidentin Rosemarie Junge, Gabriela Mistral 1751, Casilla 275 Handy: 84488633, Tel.: 43-321976, Gottesdienst/Culto So. 11 h

Temuco:
Iglesia Luterana, Pastor Andreas Handstein, Av. Alemania 0720, Casilla 593, Tel.: 45-247333 oder Sekretariat 45-248774, Gottesdienste So. 11 und 18 h
Sociedad Evangelica de Chile (Dt. Missionsbund für Chile) Av. Alemania 0228, Casilla 826, Temuco, Tel.: 45-210953
Valdivia:
Iglesia Evangélica Luterana, Pfarrer Eldor Hamann, Arauco 389, Casilla 598, Gottesdienste Do. 19 h und So. 11:30 h, auf Deutsch jede 2. Woche des Monats um 10:30 h
La Unión:
Sociedad Evangélica Alemana, Casilla 1, La Unión, Tel.: 64-323365
Osorno:
Evangelisch-Lutherische Kirche Pastor Alexis Salgado, Matta 539, Casilla 1078, Tel./Fax: 64-233627, Gottesdienste So. 11 und 19 h
Lago Llanquihue:
Iglesia Evangélica Luterana del Lago Llanquihue: Manuel Rodríguez 20, Casilla 155, Frutillar, Tel./Fax: 65-421254 Gottesdienste: So. 11:30 h in Llanquihue (Av. Pdte. Jorge Alessandri s/n) und Frutillar, So. 15:30 h in Braunau und Los Bajos
Sociedad Luterana de Señoras Manuel Rodríguez 20, Casilla 147, Frutillar, Tel.: 65-421254

Puerto Montt:
Lutherische Kirche Puerto Montt, Pastor Siegfried Sander, Baquedano 451, Casilla 637, Puerto Montt, Tel.: 65-252596, Fax: 65-252596
Punta Arenas:
Deutsche Evangelische Gemeinde Magallanes Iglesia Evangélica Luterana en Magallanes, Casilla 1197, Punta Arenas, Tel.: 61-213150, www.ielma.cl

Deutsche/deutschstämmige kath. Einrichtungen

Santiago:
Deutsche Katholische Pfarrei St. Michael, Av. Salvador 1181, Providencia, Casilla 242–Correo 22 Bruno Romahn SVD (Steyler-Pater, www.verbodivino.cl) Tel.: 2-2251053, Fax: 2-3414230, E-mail: st.michael@mi.cl
Osorno:
Pater Peter Kliegel Casilla 2-O, Virgen del Socorro No. 76, Osorno Tel.+ Fax: 64-231815, E-mail: pkliegel@gmail.com
Puerto Varas:
Josef Neudorfer SVD (oberösterreichischer Steyler-Pater) Pater Armando SVD (Schweizer Steyler Pater aus dem Wallis) Colegio Germania del Verbo Divino (bei kath. Kirche) Casilla 9-D, San Ignacio 1049 Tel.: 65-232517, Fax: 65-233179, E-mail: neudorf33@hotmail.com

Die deutschen/deutschsprachigen Missionare in Chile

1686 kamen die ersten Jesuiten, ein von Ignacio von Loyola gegründeter Orden für die Festigung des katholischen Glaubens über Predigt, Beichte und Lehre. Religiöse und akademische Ausbildung (in Schulen) der Führungsschicht, Bildung der Ärmsten und Verteidigung der legitimen Rechte der Indianer betrachten sie als ihre Aufgaben. Der Hochaltar in der Kathedrale von Santiago wurde 1912 von bayerischen und Tiroler Jesuiten gefertigt (2006 umgestaltet). Auch die Kanzel in der Kirche La Merced in Santiago wurde von ihnen erbaut.

Der Franziskanerorden wurde 1847 von der Regierung gebeten, eine Mission in Araucania aufzubauen. Bayerische franziskanische Kapuziner kamen dann in das Mapuche-Gebiet und halfen auch den Indios bei der Verteidigung ihrer Landbesitzrechte. Den Bischof von Villarrica in Araukanien stellen seit Jahrzehnten bayerische Kapuziner. Bis 2009 übte das Amt Sixtus Parzinger aus, sein Nachfolger ist der deutschstämmige Franz X. Stegmeier. In Pucón gibt es außerdem einen Orden der Kapuzinerinnen.

1874 trafen die ersten Schwestern der Kongregation der Unbefleckten Empfängnis von Paulina von Mallinckrodt ein. Sie leiten heute das Colegio Maria Inmaculada, Mallinckrodt 17, in Bellavista-Providencia, Santiago (www.inmaculada.cl). 1900 kamen dann Missionare des Steyler-Ordens nach Chile. Steyl ist ein Ort in Holland an der Grenze zu Deutschland. 1938 kamen die Ursulinen, welche heute zwei deutsche Schulen in Santiago leiten.

Schweizer Schwestern des Heiligen Kreuzes (Hermanas de la Santa Cruz bei Cunco, Tel.: 45-573029): Die Kongregation, mit Mutterhaus in Menzingen-Schwyz, wurde 1844 gegründet. Die ersten Schwestern kamen 1901 nach Rio Bueno, wo sie unter prekären Bedingungen leben mussten. Viele waren physisch und psychisch überfordert und starben jung. Trotzdem breitete sich ihre missionarische Tätigkeit in Chile, vor allem in der Region Araucanía, rasch aus. Sie gründeten Kinderheime, Schulen, Internate und Spitäler. Bis heute sind die Schwestern im Erziehungs-, Gesundheits- und Sozialbereich tätig, vor allem in Osorno, Valdivia, Temuco, Talca und Santiago.

Marianische Schönstatt-Bewegung: Zwei Jahre, nachdem er dem KZ Dachau entkam, führte den Schönstatt-Pater Joseph Kentenich 1947 seine erste Reise nach Südamerika und Chile. Kardinal Francisco Javier Errázuriz (Santiago) verbrachte viele Jahre in Schönstatt bei Koblenz in einer leitenden Funktion. In Chile gibt es zahlreiche katholisch-marianische Schönstatt-Zentren mit Kapellen, die alles Nachbauten des sogenannten Palottiner-Urheiligtums von Schoenstatt bei Koblenz sind. Kentenich († 1968) war sehr aktiv in Lateinamerika, vor allem in Chile, Argentinien und Brasilien – Infos unter www.schoenstatt.cl.

Katholizismus in Chile

Padre Alberto Hurtado: Er wurde in Viña del Mar 1901 geboren und starb 1952 in Santiago. Er studierte in Belgien und Deutschland und war Gründer des größten chilenischen Hilfswerks Hogar de Cristo. In Supermärkten wird man bei Barzahlung meist gefragt, ob man für dieses Hilfswerk ein paar Pesos Rückgeld spenden will. Der Jesuitenpater Hurtado ist der Patron der (Sozial-)Arbeiter und wurde von Papst Benedikt XVI. 2005 heiliggesprochen. In Santiago gibt es ein Wallfahrtszentrum (santuario) zu Ehren des Padre.

Teresa de los Andes (Juana Fernández Solar): Sie ist die erste Heiliggesprochene Chiles (1993) und lebte von 1900 bis 1920. Sie war aus der gehobenen Gesellschaftsschicht und hatte mystische Erfahrungen. Sie wusste von ihrem frühen Tod durch Flecktyphus und verbrachte kontemplativ ihre letzten Lebensmonate als Karmelitin in Los Andes. Etwa eine Million Pilger besuchen jährlich ihren Wallfahrtsort Auco bei Los Andes.

Virgen del Carmen: Die heilige Jungfrau Maria vom Berg Karmel (bei Haifa) ist die Schutzpatronin Chiles und anderer spanischsprachiger Länder. In Chile ist sie auch Schutzpatronin der Marine und der Polizei. Während des Unabhängigkeitskampfes von Chile und Argentinien stellte man sich unter ihren Schutz. Ihr zu Ehren gibt es einen Feiertag am 16. Juli.

Templo Maipú: Das sogenannte Nationalheiligtum Maipu befindet sich am Stadtrand von Santiago (www.santuarionacional.cl). Es fand dort die Unabhängigkeitsschlacht von 1818 statt.

Lo Vásquez: Direkt an der Autobahn von Santiago nach Valparaíso liegt der Marienwallfahrtsort Lo Vásquez. Um den 8. Dezember pilgern fast eine Million Wallfahrer dorthin.

11.4 Selbstständige Deutschsprachige

Architekten
Hildebrandt & Asociados Ltda. Heriberto Hildebrandt Klapp, Arch. U. de Chile Ivan Hildebrandt Hraste, Arch. UTFSM Bucarest 17, of. 81, Providencia, Santiago Tel.: 2-3218582, 3339490, Fax: 2-3341114 E-mails: planconsult@hildebrandt.cl, bauconsult@hildebrandt.cl
Proyecto Integral Traeger, Nachhaltige, energiesparende Architektur Tel.: 9-8252891, E-mail: info@proyectointegral.cl
Arquiambiente Ltda. Gabriele Stange Jonas, Arch. U. de Chile Marcelo Huenchuñir, Arch. U. de Chile, Dr.-Ing. TU Hannover Energiesparendes und ökologisches Bauen Tel.:2-2077545, Handy: 81365348 E-Mail: mh@arquiambiente.cl, www.arquiambiente.cl

Floristik
Elsbeth König Hochzeitsdekorationen, Unternehmensveranstaltungen, Kurse. Handy: 98478347, E-Mail: elsbeth.konig@gmail.com www.elsbethkonig.blogspot.com
Jünemann & Sivelli Nueva Costanera 3122, Vitacura Tel.: 2631393, E-Mail: plantasdeinterior@gmail.com
Gartengestaltung
Jardines Kristin Görke, Gartenbau und Service, Tel.: 2-2185977, E-Mail: kristingorke@hotmail.com
Kosmetik
COSMO2 Kosmetik Elisabeth Westendarp, Daniela & Denise Krebs Av. Vitacura 5250, of. 802, Tel.: 9538128 E-Mail: info@cosmo2.cl, www.cosmo2.cl
Kunstmaler
Taller de Pintura Karl Müller S. Carlos Sabat 6412, Vitacura, Santiago Tel.: 4537753, Handy: 84152415 E-Mail: karlmullerst@gmail.com, www.karlmuller.cl
Malerarbeiten
Wolfgang Schöngut, Tel.: 2-3434774, Handy: 92238734 „Berlin", Madlén Grothe, Buenaventura 1888, Vitacura-Santiago, Tel.: 2193970
Deutsche Buchhandlung
Librería Eduardo Albers, Av. Vitacura 5648, Vitacura-Santiago, Tel.: 2421839, Fax: 2421840, www.albers.cl Viele deutschsprachige Bücher und Zeitschriften sind dort erhältlich (voraussichtlich auch dieses Buch).

Werbeagentur/Grafikdesign
Jutta Weick, Luis Carrera 1741, Tel. 2-4182093, E-Mail: jutta@chass.cl, www.chass.cl, gibt auch Musikunterricht (Gitarre)
Klavierunterricht
Erika Hirsch-Rheinshagen, Jorge Bordes 6480, Tel.: 2772430
Masseurin
Ulli Sandner, Coronel 2317, Dept. 801, Providencia, Tel.: 4742081
Übersetzungen
– Ana Karola Rihm, Llewellyn Johns 1356, Providencia, Santiago, E-Mail: anrihm@entelchile.net – Ana Maria Schmidt, Recife 1931, Vitacura, Santiago, E-Mail: amschmidt@mi.cl
Kinderbetreuung
Carmen Rathje, Tel.: 2-2020546, Mail: carmen.rathje@gmail.com
Vorkindergärten
– "Altona", Marion Werner, Las Hualtatas 6531, Vitacura, Tel.: 2-2018827, E-Mail: hymweber@surnet.cl – „Astrid Lindgren", Sabine Vollrath, Nuestra Sra. Del Rosario 1250, Vitacura, Tel.: 2-2294383, E-Mail:sabinevollrath@hotmail.com – "Gummibärchen", Petra Vitorino, Las Hualtatas 5476, Vitacura, Tel.: 2-2181358, E-Mail: petra_vitorino@yahoo.com – „Kinderland" (auch Spielgruppe), Annelie Kortemeier, Walter Scott 1305, Vit., Tel.: 2291797, Mail: a_kortemeier@hotmail.com – „Miniwelt", Uschi Piecha, Charles Dickens 1451, Vitacura, Tel.: 2192864, E-Mail: uschipiecha@mi.cl – „Sonnenschein", Marion Wrege, Soto il Monte 1819, Vitacura, Tel.: 2190469, E-Mail: g_wrege@hotmail.com

Sonstige Kindergärten und Schulen in Santiago
Montessori-Kindergarten Ñuñoa, www.centromontessori.cl Waldorf Kindergarten/Schule, www.colegiorudolfsteiner.cl
Rolf Schubert, Holztechniker und Webmaster von www.chile-web.de, Curanilahue, E-Mail: info@chile-web.de

11.5 Diplomatischer Dienst und politische Institutionen (Deutschland, Österreich und Schweiz)

Deutschland – Chile

Auswärtiges Amt
Telefonzentrale (24-Stunden-Service) 030-1817-0 Bürgerservice: Mo. bis Do. von 8.30-16.30 h, Fr. bis 15 h Tel.: 030-18-17-2000, Fax: 03018-17-340 www.auswaertiges-amt.de
Botschaft der Bundesrepublik Deutschland
Las Hualtatas 5677, Vitacura, Casilla 220, Correo 30, Santiago Tel.: 2-463 2500, Fax: 2-463 2525, www.santiago.diplo.de Öffnungszeiten: Mo. bis Do.: 7.45 bis 17.00 h, Fr.: 7.45 bis 13.45 h
Öffnungszeiten des Konsulats:
Di., Do. und Fr. 9.00 bis 12.00 h, Mi. 9.00 bis 12.00 h und 14.00 bis 16.00 h, sowie nach besonderer Vereinbarung. In Chile lebende deutsche Staatsangehörige können in eine Krisenvorsorgeliste (Deutschenliste) aufgenommen werden, Link: www.santiago.diplo.de/Vertretung/santiago/de/04/Deutschenliste_20Elefand.html

Honorarkonsuln der Bundesrepublik Deutschland
Antofagasta: Hans Schäfer, Honorarkonsul Av. Edmundo Pérez Zujovic 4940, Antofagasta Tel.: 55-5563 87, Fax: 55-556388 Postadresse: Cónsul Honorario de la República Federal de Alemania, Casilla 454, Antofagasta. Amtsbezirk: Regionen Antofagasta und Atacama. E-Mails: hans.schaefer@reptal.cl, yamile.gonazalez@reptal.cl
Arica: Ulrich Pribnow, Honorarkonsul Arturo Prat 391, piso 10, oficina 101, Arica. Tel.: 58-583740, 583741, 583742 (Büro), Fax: 58-583743 Postadresse: Cónsul Honorario de la República Federal de Alemania, Casilla 16, Arica Amtsbezirk: Regionen Arica y Parinacota und Tarapacá. E-Mail: upribnow@gership.cl
Concepción: Christian Alfred Schmitz, Honorarkonsul Diagonal Pedro Aguirre Cerda 1151, Piso 2, Concepción. Tel.: 41-3189532, Fax: 41-2730744 Postadresse: Cónsul Honorario de la República Federal de Alemania, Diagonal Pedro Aguirre Cerda 1151, Piso 2, Concepción Amtsbezirk: Region Bio-Bio. E-Mails: cs.alemania@gmail.com, mccartes@hotmail.com
La Serena: Juan Alberto Samacoits, Honorarkonsul Matta 665, La Serena/IV Región. Tel.: 51-211005, Fax: 51-211005 Postadresse: Cónsul Honorario de la República Federal de Alemania, Matta 665, La Serena Amtsbezirk: Region Coquimbo E-Mail: juansamacoits@hotmail.com

Puerto Montt:
René Schmidt, Honorarkonsul
Antonio Varas 525, of. 306, Puerto Montt
Tel. und Fax: 65-252828, 255172.
Postadresse: Cónsul Honorario de la República Federal de Alemania, Casilla 2, Puerto Montt
Amtsbezirk: Regionen Los Lagos und Aysén del General Carlos Ilbañez del Campo. E-Mail: c.aleman_ptomontt@surnet.cl

Temuco:
Carl Fingerhuth, Honorarkonsul
Andrés Bello 824, of. 204, Temuco.
Tel.: 45-272666, 294300, Fax: 45-214167
Postadresse: Cónsul Honorario de la República Federal de Alemania, Matta 314, Temuco
Amtsbezirk: Region La Araucania.
E-Mails: cfingerh@entelchile.net, consulado@laolleta.cl

Valdivia:
Eduardo Schild, Honorarkonsul
Arauco 159, of. 201, Valdivia.
Tel.: 63-218821, Fax: 63-203791 (Büro) und 63-213046
Postadresse: Cónsul Honorario de la República Federal de Alemania, Arauco 159, Of. 201, Valdivia
Amtsbezirk: Region Los Ríos.
E-Mails: eschildcia@telsur.cl, eduardoschild@schild.cl

Viña del Mar:
Helga Behrend, Honorarkonsulin
1 Norte 525, of. 208 (entre 1 y 2 Poniente), Viña del Mar.
Tel.: 32-2695095, Fax: 32-2695095
Postadresse: Cónsul Honorario de la República Federal de Alemania, 1 Norte 525, of. 208 (entre 1 y 2 Poniente), Viña del Mar
Amtsbezirk: Region Valparaíso.
E-Mails: helga.behrend@terra.cl, emma.barends@terra.cl

Botschaft und Konsulate Chiles in Deutschland
www.embajadaconsuladoschile.de, www.echile.de
Botschaft von Chile in Deutschland
Mohrenstr. 42, 10117 Berlin Tel.: 030-726203-5, Fax: 030-726203-603 Mo.-Fr. 8.00–17.00 h E-Mail: embachile@echile.de allgemeine Angelegenheiten: comunicaciones@echile.de Wirtschaftsattaché: Dr. Hugo Calderón, E-Mail: info@prochile.de Wissenschafstattaché: Dr. Alejandro Ormeño, E-Mail: aormeno@echile.de Verteidigungsattaché: Oberst Juan Carlos Vega, E-Mail: agremilalemania@yahoo.com
Berlin: (Berlin, Brandenburg, Sachsen-Anhalt, Sachsen) Konsulin: Karen Zacur Mohrenstrasse 42, 10117 Berlin Tel.: 030-726203-901 und 030-726203-902, Fax: 030-2044312 E-Mail: consulado@echilealemania.de Mo.-Fr. 9.00-13.00 h

Hamburg:
(Hamburg, Bremen, Mecklenburg-Vorpommern, Niedersachsen, Schleswig-Holstein)
Generalkonsulat der Republik Chile
Harvestehuder Weg 7-11, 20148 Hamburg
Generalkonsul Luis Roberto Plaza
Tel.: 040-457585, Fax: 040-454605
E-Mail: congechile_hamburgo@t-online.de
Mo.-Fr. 8.30-13.00 h
Handels- und Wirtschaftsabteilung von Chile:
Kleine Reichenstraße 1, 20457 Hamburg
Direktor: Eduardo Busquets, Assistentin: Birgit Uthmann
Tel.: 040-335813, 335835, Fax: 040-326957
E-Mail: info@prochile-hamburg.de, www.chileinfo.com
Mo.-Fr. 9.00-18.00 h

München:
(Bayern, Baden-Württemberg)
Generalkonsul Ramiro Riobo Piñonez
Innere Wiener Str. 11a /III, 81667 München
Tel.: 089-1894460-0, Fax: 089-1894460-10
E-mail: cgmunich@mnet-online.de
Mo.-Fr. 9.00–13.00 h

Frankfurt:
(Hessen, Rheinland-Pfalz, Saarland, NRW, Thüringen)
Generalkonsul José Luis Morales.
Humboldstrasse 94, 60318 Frankfurt am Main
Tel.: 069-550194, 550195, Fax: 069-5964516
E-Mail: cgfrande@yahoo.com
Mo.-Fr. 8.30–13.30 h

Bremen:
Honorarkonsul: Reinhard Kütter
Wilhelm-Kaisen-Brücke 1, 28195 Bremen
Tel.: 0421-3605202, Fax: 0421-3605234
E-Mail: reinhard.kuetter@kuehne-nagel.com
Di. 10:00-13:00 h, Do. 14:00-17:00 h.

Kiel:
Honorarkonsul: Peter H.W. Frank
Makler Str. 11-14, 24159, Kiel
Tel.: 0431-3800909, Fax: 0431-3053385
E-Mail: chileconkiel@frank-holz.com

Stuttgart:
Honorarkonsul: Georg Kieferle
Etzelstraße 9, 70180 Stuttgart
Tel: 0711-604722, Fax: 0711-605579
E-Mail: kieferle@kieferle-partner.de

Deutsch-Südamerikanische Parlamentariergruppe

c/o Deutscher Bundestag, Referat WI3 Internationale Beziehungen
Sekretariat der Parlamentariergruppen
Platz der Republik 1, 11011 Berlin
Tel.: 030-22737541, Fax: 030-22736124
E-Mail: parlamentariergruppen@bundestag.de

Abgeordnetengruppen für Deutschland, Österreich und die Schweiz des chilenischen Parlaments
(Comisiones Parlamentarias de la Camara de Deputados)
www.camara.cl/camara/diputados.aspx?prmTab=grupos#tab

Abgeordnetengruppe für Deutschland des chilenischen Senats
(Grupo Interparlamentario Chileno-Alemán del Senado)
www.senado.cl/appsenado/index.php?mo=comisiones&ac=listado
E-mail: agrisen@senado.cl

Deutsche politische Institutionen in Chile:

Friedrich-Ebert-Stiftung, FES
Leiter: Yesko Quiroga
Hernando de Aguirre 1320, Providencia, Santiago
Tel.: 2-3414040, E-Mail: feschile@fes.cl, www.fes.cl

Hanns-Seidel-Stiftung, HSS Leiter: Jorge Sandrock Marchant Pereira, of. 601, Providencia, Santiago Tel.: 2-2044690, Fax: 2-3419480 E-Mail: sandrock@hss.de, www.hss.de
Heinrich-Böll Stiftung Leiter des Büros Cono Sur: Michael Alvarez Av. Francisco Bilbao 882, Providencia, Santiago, Tel.: 2-3416441, E-Mail: alvarez@boell.de, www.boell-latinoamerica.org
Konrad-Adenauer-Stiftung, KAS Leiter: Winfried Jung Enrique Nercaseaux 2381, Casilla 16280, Providencia, Santiago Tel.: 2-2342089, Fax: 2-2342210, E-Mail: fkachile@fka.cl, www.kas.de

Österreich – Chile

Österreichische Botschaft
Barros Errazuriz 1968, 3 piso, Santiago Tel.: 2-2234774, 2234281, 2741590, Fax: 2-2049382 E-Mail: santiago-de-chile-ob@bmeia.gv.at www.bmeia.gv.at/santiago-de-chile.html Mo.-Fr. 10.00-12.00 h
Handelsabteilung der Österreichischen Botschaft: Isidora Goyenechea 2934, of. 601, Las Condes, Santiago Tel.: 2-2330557, Fax: 2-2336971 E-Mail: santiago@advantageaustria.org www.advantageaustria.org/cl

ARICA
Honorarkonsulat (ohne Pass- und Sichtvermerksbefugnis)
Honorarkonsul: Juan Andrés Worm Stari
Sotomayor 169, Arica, Postanschrift: Casilla 153, Arica
Tel./Fax: 58-231274, E-Mail: consulaustriaarica@gmail.com
Konsularbezirk: I. und XV. Region
Mo.-Fr. 12.00-14.00 h

VALPARAISO
Honorarkonsulat (ohne Pass- und Sichtvermerksbefugnis)
Honorarkonsul: Dipl.Ing. Dr. Michael Bier
Santo Domingo 26, Valparaíso
Tel.: 32-2251883, Fax: 32-216420
E-Mail: consuladoaustriavalpo@gmail.com
Konsularbezirk: V. Region
Di. und Do. 10.00-13.00 h

VALDIVIA
Honorarkonsulat (ohne Pass- und Sichtvermerksbefugnis)
Honorarkonsul: Dr. Marcos Iampaglia
Av. Espana 1000, Valdivia, Postanschrift: Casilla 1344 Valdivia
Tel.: 63-204021, Fax: 63-278057, E-Mail: miampaglia@infodema.cl
Konsularbezirk: IX., X., XI. und XIV. Region
Mo.-Fr. 9.30-12.00 h

Chilenische Botschaft in Österreich

Konsularabteilung der Botschaft von Chile
Konsulin: Irene Acevedo
Lugeck 1/III/10, 1010 Wien
Tel.: +43-1-5122353, Fax:+43-1-5129208-33,
Notruf: +43-1-5129208, E-Mail: echileat1@chello.at
Mo.-Fr. 9.00-13.00 h
Österreich, Slowakei, Slowenien, Bosnien und Herzegowina

Chilenische Konsulate in Österreich (ohne Beglaubigungs-, Pass- und Visabefugnis)
Honorarkonsulat, Prof. Dkfm. Armin G. Felhe Blaasstraße 13, 1190 Wien Tel. und Fax: 1-3676167, Notruf: 1-3676167 Mo.-Fr. 10.30-13.00 h. Amtsbereich: Wien, Burgenland,
Honorarkonsulat, DKfm. Dr. Johann Günther Bärengasse 11, 5020 Salzburg Tel. und Notruf: 0662-430948, Fax: 0662-43094815 Mo.-Fr. 9.00-11.00 h. Salzburg
Honorarkonsulat, Komm. Rat Dieter Fuchshuber Kaplanhofstraße 3, 4020 Linz Tel.: 0732-653332, Fax: 0732-65333213, Notruf: 0664-2102088 E-Mail: alphagold@eunet.at Di., Mi., Do. 9.00-12.00 h. Oberösterreich, Tirol, Vorarlberg,
Honorarkonsulat, Prof. Ing. Josef Prugger Bahnhofstraße 26/V, Postfach 205, 9010 Klagenfurt Tel:. 0463-513423, Fax: 0463-51342317, Notruf: 0463-513423 Mo.-Fr. 10.00-12.00 h. Kärnten, Steiermark

Verein der Auslands-Österreicher in Chile
Kontaktaufnahme über die österreichische Botschaft oder über den Vereins-Präsidenten Peter von Moldovanyi, E-Mail: pvmoldo@mi.cl
Österreicher-Stammtisch: Infos bei maikenkayser@hotmail.com

Chile ist der drittwichtigste Abnehmer österreichischer Produkte in Südamerika, lag 2008 jedoch gemessen am Lieferwert pro Kopf von ca. EUR 6,60 eindeutig an erster Stelle.

Wichtigste Einfuhrwaren aus Österreich sind: Maschinen und Anlagen, elektronische Spielgeräte, Eisen- und Stahlwaren, Papier und Pappe, Kraftfahrzeuge, elektrische Maschinen, Waren aus Holz, Medikamente, Kunststoffe und Kunststofferzeugnisse, Energydrinks, Mess-Prüf-Kontrollgeräte, Werkzeuge, chemische Erzeugnisse, Gummiwaren.

Wichtigste Ausfuhrwaren nach Österreich sind: Molybdänverbindungen (ca. 83 % der Gesamtimporte), Früchte (Walnüsse, Äpfel und Birnen, Weintrauben), Zellstoff, Fische und Meeresfrüchte (insbesondere Lachs), Schuhe, Wein, Getreide, Gemüse, Chemikalien etc.

2008
Österreichische Exporte nach Chile 2008: 109.459.074 EUR
Importe aus Chile 2008: 182.939.745 EUR

Beispiele für Erfolge österreichischer Unternehmen in Chile:

- Doka Schalungstechnik erhielt den Betonschalungstechnik-Auftrag des größten Inmobilienprojekt Südamerikas, dem sogenannten „Costanera Center" des Deutschen Horst Paulmann.
- Vier Stadtautobahnen in Santiago sind mit einem elektronischen Mautsystem der Firma Kapsch, einem sogenannten „Free-Flow-System" bestückt.
- Die Casinos Austria AG erhielt 2006 den Zuschlag für die Errichtung und den Betrieb eines Casinos in Los Angeles, ein weiteres Casino wird in Ovalle gebaut.
- Die Novomatic-Gruppe ist Partner des größten Casinobetriebes in Südamerika, gelegen in San Francisco de Mostazal-Monticello (südlich von Santiago).
- Die Andritz-Gruppe erhielt 2009 vom chilenischen Papierkonzern CMPC einen Auftrag über EUR 100 Mio. zur Errichtung von Kesseln und elektrischen Anlagen für eine Zellulosefabrik.

Das Österreichische Lateinamerika-Institut (www.lai.at) ist eine interdisziplinär orientierte Einrichtung des wissenschaftlichen und kulturellen

Austauschs mit Lateinamerika. Das Bildungsangebot umfasst Sprachkurse, kulturelle und wissenschaftliche Veranstaltungen und einen Universitätslehrgang, der in Kooperation mit der Universität Wien durchgeführt wird. Außerdem beherbergt das LAI eine regionalspezifische Fachbibliothek und bietet Beratungen und Auskünfte für Lateinamerikaner sowie für Österreicher an, die an Lateinamerika interessiert sind.

Österreicher im Tourismus in Chile

- Margot und Peter Krinner, www.rukarayen.com, bei Pucón
- Franz Schubert, www.trekkingchile, bei Talca
- Hannes Schönauer, www.montanamarchile.com, bei Concepción
- Arvid Puschnig, www.turout.com, Puerto Varas
- Andrea und Helmut, (Hostal Mozart), www.urlaub-anbieter.com/Pension-am-Meer.htm, bei Puerto Montt

Die erste organisierte Einwanderung von Österreichern nach Chile gab es 1856 durch evangelische Tiroler, welche 1856 in Puerto Montt ankamen und sich am Lago Llanquihue niederließen. Sie waren 1837 mehr oder weniger gezwungen, aus dem katholischen Tirol nach Schlesien auszuwandern, wo ihnen aber nach einigen Jahren der Siedlungsraum zu eng wurde. Die Tiroler waren eher Viehzüchter als Ackerbauern, ihre Häuser hatten alpinen Charakter.

Braunauer Sudeten aus Böhmen kamen um 1875 an und erhielten in sehr kurzer Zeit ca. 120 Hektar Land je Familie. Sie waren Bürger des österreichischen Kaiserreichs und litten unter wirtschaftlichen Veränderungen sowie an den Nachfolgen des Kriegs zwischen Preußen und Österreich (u. a. Schlacht von Königsgrätz 1866). Der Ort Braunau in Böhmen wurde häufig verwechselt mit Braunau am Inn, auch Hindenburg bezog sich fälschlicherweise auf Braunau in Böhmen, wenn er Hitler als „böhmischen Gefreiten" bezeichnete.

Von fast 100 Familien aus dem Braunauer Land sind die meisten rund um den Lago Llanquihue angesiedelt worden: 23 in Neu Braunau, 41 im Gebiet um Los Bajos, Octay, Playa Maitén, Punta Larga, Quebrada Honda und Quilanto, 14 um Río Pescado, Los Riscos, 11 in Línea Pantanosa sowie ein Paar in Rio Blanco, Volcán und in La Laja. Ein Museum am Ortsrand von Nueva Braunau mit vielen interessanten Gegenständen des 19. Jahrhunderts zeugt heute von dieser Zeit.

Ab 1938 gab es eine vermehrte Emigration von jüdischen Österreichern nach Chile. 1940 erfolgte die Gründung der Exilorganisation „Austria Libre" (später nach dem Zweiten Weltkrieg Umbenennung in „Verein der Österreicher in Chile") und 1943 erhielten die österreichischen Emigranten in Chile Ausweispapiere mit dem Eintrag der österreichischen Staatsbürgerschaft, obwohl zu diesem Zeitpunkt der Staat Österreich gar nicht existierte.

Heute leben ca. 1200 Personen mit Österreicher-Pass in Chile.

Universitätspartnerschaften		
Universität Wien	Universidad de Chile Santiago	seit 1995
Technische Universität Wien	Pontífica Universidad Católica, Santiago	seit 2002
Technische Universität Wien	Universidad de Chile, Santiago	
Technische Universität Wien	Universidad Técnica Federico Santa Maria, Valparaíso	seit 2007
Technische Universität Wien	Universidad de Magallanes, Punta Arenas	
Wirtschaftsuniverssität Wien	Universidad Gabriela Mistral	seit 2003
Akademie der bildenden Künste Wien	Pontífica Universidad Católica, Santiago	seit 2001
Karl-Franzens-Universität Graz	Pontífica Universidad Católioca, Valparaíso	seit 1998
Universität Klagenfurt	Universidad Técnica Federico Santa Maria	seit 2004
Montanuniversität Leoben	Universidad La Frontera, Temuco	seit 2003
Donau-Universität Krems	Pontífica Universidad Católica del Norte, Antofagasta	seit 2000
Donau-Universität Krems	Universidad de Talca	seit 2001

Diplomatische Akademie Wien	Academia Diplomática de Chile „Andrés Bello"	
FH Kufstein Tirol	Pontífica Universidad Católica de Valparaíso	
Universität für künstlerische und industrielle Gestaltung Linz	Universidad de Chile, Santiago	seit 2001
Fachhochschule Krems	Universidad Autónoma de Chile	seit 2009
Fachhochschule Kärnten	Universidad de Santiago de Chile, Santiago	
Fachhochschule Joanneum	Universidad de Santiago de Chile, Santiago	

Wertvolle Tipps für ÖsterreicherInnen in Chile gibt es unter www.bmeia.gv.at/botschaft/santiago-de-chile/ratgeber/oesterreicherinnen-in-chile.html.

Schweiz – Chile

Schweizer Botschaft / Embajada de Suiza
Américo Vespucio Sur 100, p.14, Casilla 3875, Las Condes, Santiago, Tel.: 2-9280100, Fax: 2-9280135 Öffnungszeiten: Mo.-Fr. 10.00-12.00 h Telefonanrufe: Mo.-Do. 08.00-10.00 h, 14.00-17.00 h Fr. 08.00-14.00 h (Anrufe vermeiden während der Schalterstunden). E-mail: san.vertretung@eda.admin.ch www.eda.admin.ch/Santiago
Schweizer Honorarkonsulat für den Süden Chiles Marianne Fiala-Beutler, Casilla 3076, Temuco Tel.: 45-922210, E-mail: temuco@honorarvertretung.ch www.embajadadesuiza.cl

Chilenisch-Schweizerische Handelskammer La Concepción 177, of. 11-A, Providencia, Santiago P.O. Box 3, Correo Quilicura, Santiago, Tel.: 2-8920391, E-mail: lbanicles@camarachilenosuiza.cl www.swisschile.cl
Chilenische Botschaft in der Schweiz
Eigerplatz 5, 12. Stock; 3007 Bern Tel.: 031-3700053, Fax : 031-3720025 E-Mail: embajada@embachile.ch Botschafterin: María Carolina Rossetti Gallardo
Konsulat Bern: Eigerplatz 5, 12. Stock; 3007 Bern Tel.: 031-3700057, Fax : 031-3720025 E-Mail: consulado.berna@embachile.ch Konsul: Christian von Loebenstein Hufe 9:00-13:00 h Appenzell, Aargau, Bern, Freiburg, Glarus, Graubünden, Jura, Luzern, Nidwalden, Obwalden, St. Gallen, Schaffhausen, Schwyz, Tessin, Thurgau, Uri, Zug, Zürich E-mail: consulado.berna@embachile.ch
Honorar-Konsulat Zürich: Postfach 1828, Wiesenstrasse 7, 8032 Zürich, Tel.: 043-4990771
Konsulat Lausanne: World Trade Center, Av.de Grattapaille 2, 1018 Lausanne Tel.: 021-64105 20, E-Mail: info.chile@consuladolausnne.ch Konsul: Felipe Artal Cajiao, 9:00-13:00 h, Genf, Neuenburg, Wallis, Waadt E-mail: consulado.berna@embachile.ch
Misión Organización Mundial De Comercio 58 Rue De Moillebeau, 1e. Etage, 1209 Geneve; Suisse Tel.: 022-9180080, 9180081, Fax: 022-7344194 E-mail: info@misionchileomc.ch, www.misionchileomc.ch Botschafter: Mario Carlos Matus Baeza

Misión Permanente O.I. Ginebra
58 Rue De Moillebeau, 4eme Etage; 1209 Geneve 19
Tel.: 022-9198800, E-mail: misionchile@misginchile.org
www.misginchile.org/index.html
Botschafter: Carlos Portales Cifuentes

Zwischen 1840 und 1850 kamen die ersten Schweizer Kolonialisten in Valparaíso an. Der erste Schweizer Laden wurde dort 1850 gegründet, ein Uhren- und Schmuckgeschäft.

Der Berner Patrizier Alfred von Rodt pachtete ab 1877 gleich die ganze Robinson-Insel (Isla Juan Fernandez), züchtete dort Rinder, Pferde und Ziegen und beutete fast die gesamten Hummerbestände aus. Seine Kinder führten dann wegen geringer Schulbildung auf der Insel ein einfaches Leben als Fischer und Jäger.

Ab 1873 besiedelten Schweizer die Gegend von Punta Arenas. Nachdem es dort aber zu Waldbränden, Plünderungen und Räubereien kam, verließen die meisten die Gegend. Aber einige gründeten 1883 nördlich von Punta Arenas die Colonia Suiza. 1910 eröffnete Alberto Baeriswyl Pittet in Puerto Yartou eines der größten Sägewerke in der Region. 500 Personen lebten in der Siedlung, wo es Elektrizität, Telefon, eine Schule und verschiedenste Läden gab. Heute wird in Puerto Yartou ein Ortsmuseum eingerichtet, welches die Geschichte und das Werk der Schweizer Einwanderer in Magellan zeigen soll.

Im Gebiet zwischen dem Río Bío Bío und der Gegend von Temuco kam es zwischen 1883 und 1886 zur Immigration von 2600 in ihrer Heimat meist landlosen Schweizern. Sie sollten wie vorher die Deutschen und Österreicher das Land urbar machen. Die ersten von ihnen gegründeten Dörfer waren Quechereguas und Victoria, danach Traiguén, Chanco, Licura, Ñielol, Lautaro etc.

Da bei den Schweizern drei Sprachen gesprochen wurden, verständigten sie sich in Araukanien untereinander schnell mit Spanisch. In Santiago dagegen schickten sie die Kinder in die Deutsche, Französische oder

Italienische Schule, bis 1939 die Schweizer Schule Santiago gegründet wurde. Generell integrierte sich die Schweizerkolonie gut in die chilenische Gesellschaft.

Ein bedeutender Einwanderer war der Schweizer Ricardo Roth, welcher 1913 die Touristikfirma „Andina del Sud" gründete und als Pionier u. a. die Seenregion von Argentinien und Chile erschloss.

Berühmteste Chilenen Schweizer Abstammung sind Eduardo Frei Montalva (Staats-Präsident von 1964-1970) und sein Sohn Eduardo Frei Ruiz-Tagle (Staats-Präsident von 1994-2000). Letztgenannter erhielt 2009 die Schweizer Nationalität und unterlag nur knapp bei der Präsidentschaftswahl Anfang 2010.

1918 eröffnete die Schweiz ein Honorarkonsulat in der Hauptstadt Santiago. Es wurde 1923 in ein Generalkonsulat, 1944 in eine Gesandtschaft und 1957 in eine Botschaft umgewandelt.

Zwischen der Schweiz und Chile bestehen zahlreiche bilaterale Verträge. Bereits 1897 hatten sich die beiden Staaten in einem Handelsvertrag die Meistbegünstigung zugesichert. Heute sind die Wirtschaftsbeziehungen durch ein Investitionsschutzabkommen (2002) und das Freihandelsabkommen Efta-Chile (2004) geregelt. Schon 1948 war der Personenverkehr durch die Aufhebung der Visumpflicht erleichtert worden. Ein Luftverkehrsabkommen ermöglichte ab 1962 den Linienverkehr zwischen Zürich und Santiago, es wurde 2004 revidiert. Seit 1968 besteht ein Rahmenabkommen über wissenschaftliche und technische Zusammenarbeit, die sich seit 1992 auf den Umweltbereich (Luftreinhaltung) konzentriert. In 2008 wurde ein Aktionsplan zur wissenschaftlichen Zusammenarbeit in den Bereichen erneuerbare Energie und Klimawandel unterschrieben.

Den Flüchtlingen, welche die Schweiz während der Militärdiktatur aufgenommen hatte, erleichterte ein 1996 abgeschlossenes Abkommen über soziale Sicherheit die Rückkehr. Die Unterzeichnung eines Rechtshilfeabkommens (2006) belegt das Vertrauen der Schweiz in den wieder hergestellten chilenischen Rechtsstaat.

Seit 2008 gibt es ein Abkommen mit Chile zur Vermeidung der Doppelbesteuerung auf dem Gebiet der Steuern vom Einkommen und vom Vermögen, welches aber von Chile noch nicht ratifiziert worden ist. Es soll 2011 in Kraft treten.

Schweizerkolonie 2008: 4330 Personen
Schweizer Exporte nach Chile, 2008: CHF 220.5 Mio. Schweizer Importe aus Chile, 2008: CHF 69.3 Mio. Chilenische Produkte in der Schweiz: www.saboresdechile.ch

Die Handelsabteilung der Schweizerischen Botschaft in Santiago befasst sich unter anderem mit der Handelsförderung der Schweiz in Chile, wobei sie in enger Zusammenarbeit mit der Chilenisch-Schweizerischen Handelskammer (Santiago) und der Exportförderungsorganisation **Osec (Zürich)** Schweizer Firmen in deren Marktprospektion und Marktanalysen unterstützt. Die lokale Partnersuche für Schweizer Firmen gehört auch zu den Aufgaben dieser Abteilung sowie folgender Service:

- **Marktannäherungsaktivitäten**
- Generelle Daten über Chiles Handels-, Rechts- und Wirtschaftslage; sektorielle oder thematische Informationen und die ersten Elemente der Information
- **Messeberichte**
- Personalisierte und spezifische Marktstudien
- **Präzise Daten über einen Sektor oder ein spezielles Thema**
- Komplette Marktstudie
- Geschäftspartnervermittlung
- **Marktsondierungsmission**
- Organisation eines zwei bis dreitägigen Terminprogramms mit chilenischen Geschäftsleuten, inklusive Hotelreservation und Übersetzung

Chilenisch-Schweizerische Handelskammer

La Concepción 177, of. 11-A, Providencia, Santiago
P.O. Box 3, Correo Quilicura, Santiago, Tel.: 2-8920391
E-mail: lbanicles@camarachilenosuiza.cl, www.swisschile.cl
Dienstleistungen und Tätigkeiten der Kammer:

- Monatliche Stammtische, bei denen Referate zu Themen aus Wirtschaft, Wissenschaft oder Technologie angeboten werden. Diese Events bieten eine exzellente Austauschplattform für die Mitglieder der Handelskammer auf hierarchisch höchster Ebene.
- Organisation und Durchführung von Spezialevents und Projekten für die Mitglieder der Handelskammer, zum Teil in Zusammenarbeit mit der Schweizer Botschaft in Chile.
- Messesupport und Vermittlung von Marktstudien in Chile für Schweizer und Liechtensteiner Firmen im Auftrag der Osec.
- Management und Betreuung der Experten der Plattform Pool of Experts in Chile
- Monatlicher Newsletter
- Vermittlung von Stellenanfragen
- Erarbeitung von Vorteilen für die Mitglieder der Handelskammer in Form von Rabatten

Osec Business Network Switzerland

Konatktperson: Thomas Foerst, Consultant Lateinamerika
Stampfenbachstrasse 85 - P.O. Box 492, 8035 Zürich
Tel.: 044-3655471, Fax: 044-3655221
E-Mail: tfoerst@osec.ch www.osec.ch
Schweizer Unternehmen haben das Recht auf eine kostenlose Erstberatung bei der Osec in Zürich oder direkt bei der Botschaft.

Schweizer Institutionen in Chile:

Instituto Chileno-Suizo de Idiomas y Cultura

José Victorino Lastarria 93, Santiago, Tel.: 2-6385414
www.chilenosuizo.cl

CLUB SUIZO DE SANTIAGO Dublé Almeyda 2191, Santiago-Ñuñoa Roland Kägi, Presidente Tel.: 2-2047331, Handy: 90662192 (7273521 Haus), Fax: 225 5257 E-Mail: clubsuizo@vtr.net mit Tennisplätzen und Schwimmbad nahe der Schweizer Schule
CORPORACION HELVETICA V REGION Manuel Antonio Matta 239 oder Casilla 3377, Viña del Mar Sr. Roberto Ortúzar Figueroa, Presidente Tel.: 32-2660467, 09-8278623, Privat: 32-2660467 E-Mails: suiza5aregion@123mail.cl, orwal@terra.cl
COLECTIVIDAD SUIZA DE CONCEPCION Anibal Pinto 372 oder Casilla 652, Concepción Eduardo Bugmann Zambrano, Presidente Tel.: 41-2247200, 09-6180739 E-mail: ebugmann@gmail.com
ASOCIACION DE DESCENDIENTES SUIZOS DE LA ARAUCANIA (ADES) Casilla 284, Victoria IX Region Sr. Ramón Dufey, Presidente Tel.: 45-845063, Handy: 09-8895263 (Sekret.: 07-7862994) Fax: 45-845063 E-mails: radufey@swisslatin.ch, pschifferli@swisslatin.ch www.swisslatin.ch/ades
SOCIEDAD SUIZA DE VICTORIA Av. Libertador B. O'Higgins esquina Club Hípico, Victoria Sergio Reyne Serrat, Presidente Tel.: 45-841298, 09-0004881
COLONIA SUIZA DE LOS ANGELES Av. Gabriela Mistral 577, Los Angeles Guillermo Schälchli, Presidente Tel.: 43-322484

COLECTIVIDAD SUIZA DE LAUTARO Av. Vicuña Mackenna 371, Lautaro Jacques Truhán, Presidente Tel.: 45-531090, 09-2166385 E-Mail: jtruan704@hotmail.com
CLUB SUIZO DE TEMUCO Av. Inglaterra 0925 oder Casilla 596, Temuco Sr. Sergio Conus, Presidente Tel.: 45-240474, 09-8831019, Fax: 45-240474
CLUB SUIZO DE OSORNO Casilla 901, Osorno Sr.Walter Geser, Presidente Tel.: 64-210878, Fax: 64-234190 E-Mail: ageserm@hotmail.com
CIRCULO SUIZO DE MAGALLANES Croacia 624, Punta Arenas Eladio Iglesias, Presidente Privat: 61-213319, Büro: 61-213485, Fax: 61-238006 E-mail: eiglesiash@hotmail.com E-mail: circulosuizodemagallanes@gmail.com oder Dr. Eduardo Lépori, Vicepresidente Croacia 799, Punta Arenas Tel.: 61-242168, Fax: 61-223335 E-mail: suizo@hotmail.com
DAMAS SUIZAS SANTIAGO María Monvel 263-1 oder Casilla 216-12, La Reina, Santiago Erna Schibli, Presidenta Tel.: 2-7614490 (privat), Mobil: 09-95499030 E-Mail: clav3@mi.cl

DAMAS SUIZAS DE VICTORIA
Av. Libertador B. O'Higgins 0803, esquina Club Hípico, Victoria
Gloria Fischer de Meynet, Tel.: 45-841298, Mobil: 09-0005275
Mónica Heise de Reyne, Vicepresidenta
Mónica Gebert de Siegmund, Pro-Secretaria
Tel.: 45-841536, E-Mail: monicagebert@hotmail.com

DAMAS SUIZAS DE TEMUCO
Avenida Alemania 0702, Temuco
Sra. Heidi Grüebler Stiller
Tel.: 45-748705, Mobil: 09-8226269
E-mail: adelheit@ufro.cl

KORRESPONDENTEN:

Erwin Neracher, Croacia 1056, Punta Arenas, Tel.: 61-222014
Máximo Schälchli, Casilla 81, Temuco
Tel.: 45 - 327908, Mobil: 09-7288876, Büro: 45–213029

Schweizer und Schweizerstämmige im Tourismus in Chile:

- Brigitte Gautschi und Alberto Mostajo, www.corvatschchile.cl, San Pedro de Atacama
- Rosana und Romina Jofre, Nikolai Maurer, Tel. 55-851416, San Pedro de Atacama
- Daniel Russ, www.jeeptour-laserena.cl, La Serena
- Armin Baumeler, www.patiosuizo.com, Santiago
- Reto Stöckli, www.swisschiletours.com, www.chile-private-tours.com, Santiago
- Ruedi Rüesch, www.vinachillan.cl
- Thomas Buschor, www.suizandina.com, bei Curacautin
- Iris Spichiger, www.campoiris.cl, Purén
- Beat und Claudia Zbinden, www.torresuiza.com, Villarrica
- Hans Liechti und Verónica Araneda, www.travelaid.cl, Pucón
- Nadia und Armin Dübendorfer Muñoz, www.zapatoamarillo.cl, Puerto Octay
- Hostal Suizo y Galeria de Arte, Tel.: 65-252640, Puerto Montt
- Martin Sicher, www.newworld.cl, Ancud
- Wolfgang Staub und Paty Ramos, www.aike.cl, Puerto Ibañez
- Josef Schmid, www.osterinsel.ch, Osterinsel

Schweizer und liechtensteinische Staatsangehörige, die im Ausland in eine **Notlage** geraten, können bei der Schweizerischen Botschaft oder beim Generalkonsulat um Rat und Hilfe bitten.

Der **konsularische Schutz** der Schweizer Vertretungen umfasst hauptsächlich Leistungen, die nicht durch eine Reiseversicherung erbracht werden können. Das Eidgenössische Departement für auswärtige Angelegenheiten (EDA) empfiehlt eine **Versicherung** abzuschließen, die zusätzliche Kosten im Zusammenhang mit Rettung, medizinischer Behandlung, Repatriierung und Rechtsschutz übernimmt.

Der **konsularische Schutz** beginnt dann, wenn die Mittel zur Selbsthilfe ausgeschöpft sind. In einem Notfall klärt die Vertretung zusammen mit der Hilfe suchenden Person die Möglichkeiten der Unterstützung ab.

Die Hilfe des EDA richtet sich nach den Bedürfnissen im Einzelfall, den örtlichen Rahmenbedingungen und der Rechtslage. Sie umfasst zum Beispiel folgende **Dienstleistungen:**

- bei Verlust des Passes oder der Identitätskarte Ausstellung eines provisorischen Reisedokuments.
- Hilfe bei der Geldüberweisung ab der Schweiz.
- Benachrichtigung von Rettungsdiensten.
- Auszahlung rückzahlbarer Vorschüsse für die Heimreise oder medizinische Behandlung.
- Vermittlung von Kontakten zu Ärzten, Spitälern oder Notfalldiensten, Besuch kranker oder verletzter Personen im Spital.
- Organisation von Heimschaffungen.
- Benachrichtigung der Angehörigen im Todesfall; Veranlassung der Rückführung oder Beisetzung der sterblichen Reste.
- Für Personen in Haft: Benachrichtigung der Angehörigen; Einsatz für die Rechte des Inhaftierten auf einen Pflichtverteidiger und nötigenfalls für einen offiziellen Übersetzer; Vermittlung von Adressen von privaten Anwaltskanzleien; Besuch der verhafteten Person im Gefängnis; Einsatz für eine menschenwürdige Behandlung und die Respektierung der Grundrechte während des Freiheitsentzugs.

Rückerstattung der Auslagen und Gebühren: Für Dienstleistungen des konsularischen Schutzes muss die Auslandvertretung grundsätzlich in **Rechnung stellen:**

Gebühren entsprechend dem Zeitaufwand (CHF 150.- pro Stunde): Bei Unfall, Krankheit, Tod oder Verhaftung sind die ersten vier Arbeitsstunden gratis; Hilfeleistungen zu Gunsten von Opfern schwerer Verbrechen sind gebührenfrei; bei Mittellosigkeit können die Gebühren erlassen werden.

Die **Auslagen müssen der Vertretung zurückerstattet werden.** Weil die Kosten für Rettung, medizinische Behandlung, sanitäre Heimschaffung, im Todesfall oder für Anwaltshonorare in einem unerwarteten Rechtsstreit sehr hoch sind, empfiehlt das EDA ausdrücklich den Abschluss einer **Reiseversicherung.**

Ein regelmäßiger Kontakt zwischen den Auslandschweizern und den Schweizerischen Botschaften und Konsulaten kann sehr nützlich sein. Auch ist die Anmeldung bei der Botschaft für Schweizer Bürger, die einen Auslandswohnsitz haben, vorgeschrieben.

Folgende Unterlagen werden benötigt:

- Original-Schweizerpass und Original-Identitätskarte (ausgestellt nach dem 01.01.1995, im Kreditkartenformat) sowie allenfalls diejenige der Familienangehörigen (keine Fotokopien).
- Für im stellungs- oder wehrpflichtigen Alter Stehende (19.-42. Altersjahr, Offiziere 19.-55.), militärische Ausweisschrift (Auslandurlaub oder Wehrpflichtblatt für Auslandschweizer)
- Familienbüchlein, falls vorhanden
- Heimatschein

Schweizerbürger auf Durchreise in Chile können sich ebenfalls am Schalter der Botschaft melden und unter Vorzeigen ihres Original-Schweizerpasses ein „Proforma"-Anmeldeformular ausfüllen. Es handelt sich dabei jedoch nicht um eine Vorschrift, sondern bedeutet einzig eine Vorbeugemaßnahme. Für die Anmeldung auf dem Postweg braucht die

Botschaft die genaue Adresse der Schweizerbürger, um ihnen die nötige Dokumentation zusenden zu können.

Der eingeschriebene Schweizerbürger kann:

- sich für die Ausübung des Korrespondenzstimmrechtes anmelden, der freiwilligen AHV für Auslandschweizer (unter restriktiven Bedingungen) beitreten,
- dem Soliswiss (Solidaritätsfonds der Auslandschweizer) beitreten,
- Pass und/oder Identitätskarte beantragen und
- die eingeschriebenen Schweizerbürger werden gebeten, der Botschaft laufend mitzuteilen:
- jede Änderung der Wohn-, Korrespondenz- oder E-Mail-Adresse, der (Mobil-)Telefonnummer.
- jede Änderung im Zivilstand: Geburt, Heirat, Trennung, Scheidung, Todesfall.
- der Erwerb oder der Verlust einer anderen Nationalität,
- die definitive Ausreise aus Chile.

Das Auslandschweizersekretariat in Bern gibt regelmäßig die Revue „Panorama Suizo" – die Zeitschrift der Schweizer im Ausland – heraus. Darin werden in Spanisch Informationen sowie regionale Nachrichten publiziert. Die Zeitschrift wird an alle bei der Botschaft eingeschriebenen Schweizer Haushalte gratis versandt. Versionen in anderen Sprachen können auf www.revue.ch konsultiert werden.

Kapitel 12

ERFAHRUNGSBERICHTE

Ein Schweizer

Armin Baumeler ist Jahrgang 1973, stammt aus dem Kanton Luzern und arbeitete bis 2002 als Siebdrucker in der Schweiz. Nach mehreren Chile-Reisen wanderte er 2002 in die Hauptstadt Santiago aus mit dem Vorhaben, etwas im Tourismus aufzubauen. Er gründete den Patio Suizo, ein Gästehaus im europäisch geprägten Stadtteil Providencia.

■ *Was hat Sie bewogen, nach Chile zu ziehen?*

Die Möglichkeit, selbstständig in Chile zu arbeiten und etwas Eigenes aufzubauen mit der Erfahrung von Europa und mit vergleichsweise wenig Kapital.

■ *Was schätzen Sie an Chile und den Chilenen?*

Die Leute sind hilfsbereit und nett und die südländische Lebensweise kommt mir entgegen.

■ *Haben Sie je zu spüren bekommen, dass Sie ein Fremder im Lande sind?*

In Santiago fällt man als Europäer weniger auf als in anderen Landesteilen. Manche Santiaguinos der Oberschicht fallen ja auch auf, wenn sie in ärmeren Gegenden unterwegs sind.

■ *Was gefällt Ihnen am Leben in Chile?*

Das Wetter in Santiago und die Landschaft rundherum mit Bergen und dem Meer in unmittelbarer Nähe.

Eine Österreicherin

Ulrike Dabsch wurde 1980 geboren. Es zog sie seit ihrem Bank- und Finanzwirtschaftsstudium in Wien in die Ferne. Nach verschiedenen Auslandsaufenthalten brachte sie die Liebe vor mehr als fünf Jahren schließlich nach Chile. Im Jahr 2005 ist sie – auf der Suche nach einem Praktikum – auf Chile Inside gestoßen. Mittlerweile ist sie Teilhaberin einer der größten Agenturen in Chile, welche jedes Jahr hunderte Teilnehmer aus der ganzen Welt berät und betreut. Sie unterstützt diese bei der Organisation und Vermittlung von Sprachkursen, Praktika, Freiwilligenarbeit, Working Holiday und Farm Stay Programmen in ganz Chile und kümmert sich auch um eine passende Unterkunft für ihre Teilnehmer. Für Chile-Reisende stellt die Agentur auch Mietwagen zur Verfügung.

■ *Was hat Sie bewogen, nach Chile zu ziehen?*

Bei meinem Auslandsstudium in Kanada habe ich meinen chilenischen Freund kennengelernt und mich schließlich dazu entschlossen, nach Chile zu reisen. Aus den geplanten drei Monaten sind mittlerweile mehr als fünf glückliche Jahre geworden.

■ *Was schätzen Sie an Chile und den Chilenen?*

Ich schätze an Chile, dass es mich aufgenommen und mir die Möglichkeit gegeben hat, mich privat wie auch beruflich hier niederzulassen und erfolgreich zu sein.

■ *Haben Sie je zu spüren bekommen, dass Sie ein Fremder im Lande sind?*

Natürlich falle ich als blonde und hellhäutige Mitteleuropäerin sofort als Nicht-Chilenin auf, aber damit habe ich bisher keine schlechten Erfahrungen gemacht. Ganz im Gegenteil, die Chilenen sind sehr interessiert an den Ausländern, die in ihrem Land leben, und möchten auch immer wissen, wie es uns in ihrem „Chile lindo“ gefällt.

■ *Was gefällt Ihnen am Leben in Chile?*

Die landschaftliche Vielfalt von Chile ist einmalig und wunderschön. Geographisch gesehen hat das Land von der trockensten Wüste im Norden über die Millionenmetropole Santiago bis hin zu Gletschern und ewigem Eis in Patagonien wirklich alles zu bieten. Das Land ist also definitiv mehr als eine Reise wert!

Eine Deutsch-Österreicherin

Maiken Kayser hat es seit ihrer Kindheit in Salzburg, Hamburg, Zürich und Wien in die Ferne gezogen. Nach verschiedenen Auslandsaufenthalten hat sie die Liebe vor mehr als 16 Jahren schließlich nach Chile gebracht. Im Jahr 2002 ist sie – nach mehreren interessanten Stellen in den unterschiedlichsten Branchen – in der Deutsch-Chilenischen Industrie- und Handelskammer gelandet: „Wir sind die Brücke zwischen Deutschland und Chile und unterstützen Unternehmer beider Länder und auch anderer Nationalitäten bei ihrem Markteintritt in den entsprechenden Ländern."

■ *Was hat Sie bewogen, nach Chile zu ziehen?*

Während meines Studiums der Handelswissenschaften in Wien an der WU habe ich meinen chilenischen Ex-Mann kennengelernt und mich schließlich nach einigen Chile-Reisen und -Aufenthalten dazu entschlossen, in Chile ein neues Leben zu beginnen. Aus den geplanten drei Monaten sind mittlerweile mehr als 16 glückliche und aufregende Jahre geworden.

■ *Was schätzen Sie an Chile und den Chilenen?*

Ich schätze an Chile, dass es mich aufgenommen hat und mir die Möglichkeit gegeben hat, mich privat und beruflich zu realisieren. Die Chilenen sind sehr hilfsbereit und solidarisch. Die Chilenen sind die Engländer oder Preußen Südamerikas.

■ *Haben Sie je zu spüren bekommen, dass Sie ein Fremder im Lande sind?*

Ich habe bisher sehr unterschiedliche, gute, lustige und herausfordende Erfahrungen gesammelt. Allgemein kann man sagen, dass die Chilenen gegenüber Fremden offen und doch distanziert sind. Ich habe sehr gute chilenische Freunde. Wenn man Freundschaften mit Chilenen geschlossen hat, bleiben diese erhalten.

■ *Was gefällt Ihnen am Leben in Chile?*

Die landschaftliche Vielfalt von Chile ist einmalig und wunderschön. Das Land bietet alles.

Zwei Deutsche

Betty und Christoph Wander stammen beide aus Dresden, schon immer hat es beide zum gemeinsamen Reisen, meist per Motorrad, in die Ferne gezogen. Seit sie in Chile leben, arbeiten sie beide auf selbstständiger Basis. Christoph Wander hat die Firma „vivest group" gegründet, welche sich mit der Vermittlung von Immobilien, Projektentwicklung und erneuerbaren Energien beschäftigt. Mit ihrer kleinen Medienagentur arbeitet seine Frau Betty im Bereich Internet und bietet hier Rundumservice.

■ *Was hat Sie bewogen, nach Chile zu ziehen?*

Schon lange trugen wir den Gedanken mit uns, einmal den Unterschied zwischen Reisen und Leben in einem anderen Land kennenzulernen. Als wir dann 2000 mit unseren Motorrädern durch Chile reisten, stand für uns sehr schnell fest, in diesem Land wollen wir den Schritt wagen und eben diese Erfahrung erleben. Gesagt, getan, Anfang 2004 begann unser Abenteuer Chile.

■ *Was schätzen Sie an Chile und den Chilenen?*

Chile gibt uns die Möglichkeit, beruflich neue Wege zu gehen und dabei unser europäisches Know-how einzusetzen. Wir fühlen uns in Chile sehr gut aufgenommen, die Landschaft ist grandios und das mediterrane Klima in Zentralchile sagt uns sehr zu.

■ *Haben Sie je zu spüren bekommen, dass Sie ein Fremder im Lande sind?*

Ja, natürlich bekommt man zu spüren, das man als Fremder in einigen Dingen etwas anders tickt, schließlich treffen da auch zwei unterschiedliche Kulturen aufeinander. Insofern empfinden wir das als ganz normal und natürlich. Allerdings, und das ist für uns sehr wichtig, wir waren hier noch nie unwillkommen, eher im Gegenteil, wir sind bis dato fast immer sehr herzlich aufgenommen wurden.

■ *Was gefällt Ihnen am Leben in Chile?*

Unser Leben ist mit Chile deutlich „bunter" geworden. Durch unseren Schritt in die Selbstständigkeit haben sich für uns ganz neue Möglichkeiten ergeben, wir sind beruflich deutlich vielseitiger eingespannt.

Wir können hier naturverbunden leben und sind trotzdem in 15 Minuten im Stadtzentrum, ein Hausbau bedeutet hier nicht, sein ganzes Leben dafür arbeiten und sparen zu müssen. Wir genießen sehr die Schönheit und Weite der Landschaft, hier gibt es noch viele Stellen, die ursprünglich und natürlich sind, einfach auch, weil die Bevölkerungsdichte, mal vom Großraum Santiago abgesehen, deutlich geringer ist als in Europa.

Fazit

Das Beherrschen der spanischen Sprache ist Grundvoraussetzung zum (Über-)Leben in Chile. Es ist ein Auswanderungsland vor allem für Leute mit genügend Kapital, ab einem fünfstelligen EUR-Bereich, besser noch sechs- oder siebenstellig. Als Unternehmer bietet einem das Land viele Möglichkeiten und Freiheiten bei niedrigen Löhnen und relativer Stabilität im Vergleich zu anderen Ländern Lateinamerikas. Jedoch muss man sich mit den Gesetzmäßigkeiten des Landes vertraut machen, um nicht durch juristische Finessen oder Betrug seinen Besitzstand zu verlieren.

Da Chile in den letzten zwei Jahrzehnten praktisch zum Einwanderungsland (vor allem durch Peruaner) wurde, herrscht mittlerweile teilweise eine gewisse Ausländerfeindlichkeit, die sich auch auf Europäer ausdehnen kann. Zumindest wird man nicht mehr mit offenen Armen empfangen, nur weil man ein Gringo aus Europa ist. Die Mittel- und Oberschicht in Chile ist anspruchsvoll und kritisch, manchmal auch misstrauisch gegenüber Europäern. Jedoch sind geldbringende Touristen gerne gesehen.

Abgänger renommierter Universitäten mit Zusatztitel haben gute Chancen auf einen gutbezahlten Job. Desweiteren haben Spezialisten in ihrem Fachgebiet (vor allem Ingenieure, Informatikexperten etc.) gute Chancen auf dem Arbeitsmarkt. Im Gesundheitswesen und anderen Berufsfeldern sind in Chile kostenintensive Extra-Kurse zu belegen, damit die Titel dort anerkannt werden. Wer für ein deutsches Unternehmen, Institut oder im Schulwesen nach Chile versetzt wird, kann dort ein angenehmes Leben führen.

Hausangestellte, Köchinnen und Gärtner bekommen in Chile nur einen Monatslohn von umgerechnet ein paar Hundert EUR. Viele Unternehmer und gut verdienende Angestellte nehmen diesen Service in Anspruch, den sich in Europa nur wenige leisten können.

Die Lebenshaltungskosten liegen in Chile höher als in vielen anderen Ländern Lateinamerikas. Grob gerechnet betragen sie etwa 70 % von denen in Mitteleuropa. Im Vergleich zu Mitteleuropa sind die Mehrzahl der Grundnahrungsmittel, Dienstleistungen, Verkehrsmittel sowie Kost und Logis um einiges günstiger. Bei den technischen Produkten ist das Niveau ähnlich. Telefongespräche sind billiger von Deutschland nach Chile als umgekehrt.

Man muss gewisse Abstriche machen in Bezug auf das Lebensniveau und die Wohnqualität. Andererseits liegen das Gebirge und das Meer fast vor der Haustüre, wenn man sich ein Auto sowie die Freizeitangebote leisten kann.